UTB 3355

Eine Arbeitsgemeinschaft der Verlage

Böhlau Verlag · Wien · Köln · Weimar
Verlag Barbara Budrich · Opladen · Toronto
facultas.wuv · Wien
Wilhelm Fink · Paderborn
A. Francke Verlag · Tübingen
Haupt Verlag · Bern
Verlag Julius Klinkhardt · Bad Heilbrunn
Mohr Siebeck · Tübingen
Nomos Verlagsgesellschaft · Baden-Baden
Ernst Reinhardt Verlag · München · Basel
Ferdinand Schöningh · Paderborn
Eugen Ulmer Verlag · Stuttgart
UVK Verlagsgesellschaft · Konstanz, mit UVK/Lucius · München
Vandenhoeck & Ruprecht · Göttingen · Bristol
vdf Hochschulverlag AG an der ETH Zürich

Studieren, aber richtig
Herausgegeben von Theo Hug, Michael Huter und Otto Kruse

Die Bände behandeln jeweils ein Bündel von Fähigkeiten und Fertigkeiten. Das gesamte Paket versetzt Studierende in die Lage, die wesentlichen Aufgaben im Studium zu erfüllen. Die Themen orientieren sich an den wichtigsten Situationen und Formen des Wissenserwerbs. Dabei werden auch das scheinbar Selbstverständliche behandelt und die Zusammenhänge erklärt.

Weitere Bände:
Klaus Niedermair: Recherchieren und Dokumentieren (UTB 3356)
Theo Hug, Gerald Poscheschnik: Empirisch Forschen (UTB 3357)
Gerlinde Mautner: Wissenschaftliches Englisch (UTB 3444)
Steffen-Peter Ballstaedt: Visualisieren (UTB 3508)
Jasmin Bastian, Lena Groß: Lerntechniken und Wissensmanagement
   (UTB 3779)

Informationen, Materialien und Links: star.huterundroth.at

Otto Kruse

Lesen und Schreiben

Der richtige Umgang mit Texten im Studium

2., überarbeitete Auflage

UVK Verlagsgesellschaft mbH · Konstanz
mit UVK/Lucius · München

Zum Autor
Prof. Dr. Otto Kruse ist Leiter des Centre for Academic Writing am Departement für Angewandte Linguistik an der Zürcher Hochschule für Angewandte Wissenschaften ZHAW in Winterthur, Schweiz.

Bibliografische Information der Deutschen Nationalbibliothek
Die Deutsche Nationalbibliothek verzeichnet diese Publikation in der Deutschen Nationalbibliografie; detaillierte bibliografische Daten sind im Internet über http://dnb.d-nb.de abrufbar.

Das Werk einschließlich aller seiner Teile ist urheberrechtlich geschützt.
Jede Verwertung außerhalb der engen Grenzen des Urheberrechtsgesetzes ist ohne Zustimmung des Verlages unzulässig und strafbar. Das gilt insbesondere für Vervielfältigungen, Übersetzungen, Mikroverfilmungen und die Einspeicherung und Verarbeitung in elektronischen Systemen.

1. Auflage 2010
2. Auflage: © Verlag Huter & Roth KG, Wien 2015. www.huterundroth.at
Lizenznehmer: UVK Verlagsgesellschaft mbH, Konstanz

Satz und Layout: Claudia Wild, Konstanz
Einbandgestaltung: Atelier Reichert, Stuttgart
Coverillustration: Graf+Zyx
Druck und Bindung: Pustet, Regensburg

UVK Verlagsgesellschaft mbH
Schützenstr. 24 · 78462 Konstanz
Tel. 07531-9053-0 · Fax 07531-9053-98
www.uvk.de

UTB-Band Nr. 3355
ISBN 978-3-8252-4303-6

Inhalt

Worum es in diesem Buch geht und wie man es benützt 8

I Lesen 11
 1 Warum sich mit Lesen beschäftigen? 12
 2 Literalität 15
 3 Das Erlernen der Langsamkeit 17
 4 Platz für das Lesen schaffen 19
 5 Arten des Lesens 21
 6 Die Texte hinter dem Text 23
 7 Lesepensum im Studium 25
 8 Leseleistung und Leseprobleme 27
 9 Verbindung von Lesen und Denken 31
 10 Aktives Lesen 34
 11 Texte entschlüsseln 37
 12 Zusammenfassen von Texten 40
 13 Kritisches Lesen 45
 14 Exzerpieren: Das Gelesene dokumentieren 47
 15 Arten von Texten in Bibliothek und Internet 48
 Zusammenfassung 52

II Schreiben 55
 1 Was heißt Schreiben im Studium? 56
 2 Schreiben, um sich ein Thema zu erarbeiten 58
 3 Planung in Schreibprojekten 61
 4 Vergleich Facharbeit und Seminararbeit 64
 5 Die erste Seminararbeit 66
 6 Textgenres im Studium 71
 7 Ein Thema eingrenzen 77
 8 Fragestellung, Ziel, Problem festlegen 79
 9 Recherchieren 80
 10 Texte strukturieren 84
 11 Feedback: Über das Schreiben reden 88
 12 Vorgehen und Methode spezifizieren 90
 Zusammenfassung 94

III Konventionen wissenschaftlicher Texte ... 95
1 Was sind Konventionen? ... 96
2 Zentrale Begriffe definieren ... 96
3 Wissenschaftlich argumentieren ... 99
4 Die richtigen Adressaten ansprechen ... 104
5 Sich in der richtigen Disziplin positionieren ... 107
6 Die eigene Autorenrolle definieren ... 110
7 Richtig zitieren ... 112
8 Die äußere Form gestalten ... 119
Zusammenfasung ... 121

IV Die Sprache als Werkzeug verwenden ... 123
1 Grundvariationen: Der Satz ... 124
2 Zeitliches Relief: Tempus ... 127
3 Aussagen präzisieren: Adverbien ... 130
4 Ausdrücke illustrieren: Adjektive ... 132
5 Komplexere Satzkonstruktionen ... 133
6 Über Gelesenes schreiben: Referieren ... 137
7 Dissens ausdrücken: Kritik ... 141
8 Direkte und indirekte Selbstreferenz ... 142
9 Heckenausdrücke und Verstärker ... 146
10 Metasprachliche Leserführung ... 150
11 Wissenschaftssprache ... 153
Zusammenfassung ... 156

V Die eigene Kompetenzentwicklung planen ... 157
1 Wie entwickeln sich Schreib- und Lesekompetenz? ... 158
2 Die eigene Schreibstrategie verstehen ... 162
3 Anfangshemmungen überwinden, Routinen entwickeln ... 164
4 Gemeinsames Schreiben ... 167
5 Feedback geben und nehmen ... 170
6 Die Abstimmung mit der Dozentin / dem Dozenten ... 173
7 Größere Schreibprojekte ... 175
8 Was tun, wenn es einmal nicht klappt? ... 176
9 Wo finde ich Rat? ... 179
10 Wie geht es nach dem Studium weiter? ... 180
Zusammenfassung ... 182

Literaturhinweise 185
Sachegister 187

Überblicke

Typische Leseschwierigkeiten im Studium 12
Lesetechnik und Lesephasen 35
Grundinformationen über einen Text 41
Verben des Referierens 44
Phrasen des Reflektierens und Hinterfragens von Texten 46
Was ist »wissenschaftlich« am wissenschaftlichen Schreiben? . . . 58
Die Makrostruktur des Schreibprozesses 62
Matura- und Seminararbeit im Vergleich 65
Die erste Seminararbeit Schritt für Schritt 70
Wie formuliere ich meine Fragestellung? 79
Literatursuche in der Bibliothek 82
Literatursuche im Internet 83
Strukturmerkmale wissenschaftlicher Arbeiten (Berichtform) . . . 87
Arten des Feedbacks und Phase der Textherstellung 89
Mögliche Vorgehensweisen in theoretischen Arbeiten 93
Was Sie über Konventionen wissen sollten 96
Wozu argumentiert man in den Wissenschaften? 100
Die wichtigsten rhetorischen Elemente beim Argumentieren 103
Die wichtigsten Zitationssysteme 116
Bestandteile von Seminar- und Abschlussarbeiten 119
Manuskriptgestaltung 120
Adverbien: Sprachliche Mittel um Aussagen zu präzisieren 131
Verben des Referierens 137
Ausdrücke der Missbilligung und des Kritisierens 141
Direkte und indirekte Selbstreferenz 143
Heckenausdrücke im Deutschen 149
Kooperatives Schreiben 169

Worum es in diesem Buch geht und wie man es benützt

Studieren heißt auch, reflektiert mit Texten umgehen zu lernen. Alles Wissen muss, bevor es von einer Gemeinschaft verwendet werden kann, in Textform gebracht und veröffentlicht werden. Texte herzustellen, zu publizieren und zu lesen, gehört also zum Kreislauf des Wissens oder, was nur ein anderes Wort dafür ist, zur Wissenskommunikation. Und wenn man eines im Studium über Lesen und Schreiben lernen sollte, so sind dies die Regeln und Funktionsweisen dieser besonderen Art von Kommunikation.

Lesen und Schreiben sind keine Kompetenzen, die man einmal lernt und dann »anwendet«, obwohl die Schule anfangs diesen Eindruck erwecken mag. Lesen und Schreiben stehen nicht für sich allein, sondern erfüllen in den Wissenschaften definierte Funktionen im Umgang mit Fachwissen. Sie können dazu dienen, Wissen zu konstruieren, zu dokumentieren, zu reflektieren, zu diskutieren, zu transformieren, zu definieren usw. Es ist wichtig hinter dem Lesen und Schreiben diese Aufgaben wahrnehmen und unterscheiden zu lernen. Auch zu lernen, wer die Menschen hinter den Texten sind, kann ein wichtiges Erkenntnisziel sein.

Am Anfang des Studiums geht es darum, sich mit den wissenschaftlichen Formen von Lesen und Schreiben vertraut zu machen, wie sie beispielsweise in Seminaren oder bei der Prüfungsvorbereitung verlangt werden. Zwischen Schule und Studium gibt es einen relativ großen Bruch, denn sowohl das Lesen als auch das Schreiben verlangen neue Strategien und stellen neue Anforderungen. Das Attribut »wissenschaftlich« im Umgang mit Texten verlangt Genauigkeit, Selbständigkeit und Kenntnis von Textkonventionen. Der Band wird Sie dabei unterstützen, diese Anforderungen zu verstehen, damit Sie Lösungen für die neuen Herausforderungen finden können.

Zur Lese- und Schreibkompetenz gehört es auch zu verstehen, was im eigenen Kopf passiert, wenn er mit einem schwierigen Text konfrontiert wird. Ein wichtiges Anliegen des Bandes ist es, Ihnen zu helfen, das eigene Denken zu steuern und Ihnen Gelegenheit zu geben, Ihre eigenen **Lese- und Schreibstrategien** zu prüfen und zu optimieren. Wie bei allen Fertigkeiten, über die man zu wenig redet, bilden sich auch beim Lesen und Schreiben persönliche Routinen aus, die man gelegentlich reflektieren und an neue Bedingungen anpassen sollte. Das Studium ist dafür ein guter Zeitpunkt.

> **Fragen, auf die Sie Antworten bekommen**
>
> - Wozu liest man, wozu schreibt man?
> - Was sind Lese- und Schreibstrategien? Welche gibt es?
> - Welche Probleme können beim Lesen und Schreiben auftreten?
> - Wie kann man zu einem sicheren Verständnis des Gelesenen kommen und es korrekt wiedergeben?
> - Was sind Wissensdarstellungen und welche Arten davon gibt es?
> - Welche Darstellungsnormen gibt es für Texte?
> - Welche Textgenres sollten Sie im Studium beherrschen?
> - Wie kann man Texte in eine Form bringen, die von einer wissenschaftlichen Gemeinschaft akzeptiert wird?
> - Wie organisiert man den Schreibprozess?
> - Was kann man bei Lese- oder Schreibblockaden tun?
> - Wie lassen sich Lese- und Schreibkompetenz systematisch verbessern?

Lesen und Schreiben sind geistige Tätigkeiten, die eines gemeinsam haben: den Text. Texte sind Wissensspeicher und stellen die Schnittstelle zu den Wissensvorräten Ihres Faches dar. Durch Lesen können Sie sich das vorhandene Wissen Ihres Fachs selbst erschließen und durch Schreiben erhalten Sie eine Stimme, mit der Sie sich in die kollektive **Wissenskonstruktion** einschalten können, auch wenn Ihnen das am Studienanfang noch etwas weit hergeholt erscheinen mag. Lesen und Schreiben machen Sie tendenziell selbständig und schließen Sie an die Diskussionen an, die in Ihrem Fach geführt werden. Zu zeigen, wie man durch Lesen und Schreiben Anschluss an die Kommunikation in einer fachlichen Gemeinschaft finden und dadurch die eigene Wissensentwicklung steuern kann, ist das zentrale Anliegen dieses Bandes.

Nutzen können Sie diesen Band auf zwei Arten. Die erste ist die systematische. Sie setzen sich mit einer Tasse Tee in einen Lehnstuhl, legen sich einen Bleistift zum Anstreichen parat und beginnen den Text von vorne bis hinten durchzuarbeiten. Dafür dürften Sie schätzungsweise acht Stunden Zeit benötigen, die Pausen nicht eingerechnet. Der Vorteil dieser Art des Lesens ist, dass Sie einen Überblick über alle Themen erhalten, die mit dem Lesen und Schreiben verbunden sind. Nach Bedarf zu lesen, ist die zweite Art, diesen Band zu verwenden. Sie ist insofern vorteilhaft, als Sie dadurch Informationen genau zu dem Zeitpunkt erhalten, an dem Sie sie zur Lösung eines Problems brauchen. Das erleichtert das Behalten. Für diese zweite Art des Lesens ist der Band mit einem fein aufgelösten Inhaltsverzeichnis versehen, das auf die Probleme ausgerichtet ist, die beim Lesen und Schreiben am häufigsten auftreten. Es wird Ihnen helfen, die rechte Information im rechten Augenblick zu finden.

> **Literaturtipps**
>
> Sowohl zum Lesen als auch zum Schreiben wissenschaftlicher Arbeiten gibt es Vertiefungsliteratur, die Sie als Ergänzung zu diesem Band verwenden können. Hier zwei Empfehlungen:
> Brun, Georg / Hirsch Hadorn, Gertrude (2009): Textanalyse in den Wissenschaften. Eine methodische Einführung. Zürich: vdf (= UTB 3139)
> Frank, Andrea / Haake, Stefanie / Lahm, Swantje (2007): Schlüsselkompetenzen: Schreiben in Studium und Beruf. Berlin: J. B. Metzler

I Lesen

> *Die Leute wissen nicht, was es einen Zeit und Mühe kostet, um Lesen zu lernen. Ich habe achtzig Jahre dazu gebraucht und kann noch nicht sagen, daß ich am Ziele wäre.*
> Johann Wolfgang von Goethe

1 Warum sich mit Lesen beschäftigen?
2 Literalität
3 Das Erlernen der Langsamkeit
4 Platz für das Lesen schaffen
5 Arten des Lesens
6 Die Texte hinter dem Text
7 Lesepensum im Studium
8 Leseleistung und Leseprobleme
9 Verbindung von Lesen und Denken
10 Aktives Lesen
11 Texte entschlüsseln
12 Zusammenfassen von Texten
13 Kritisches Lesen
14 Exzerpieren: Das Gelesene dokumentieren
15 Arten von Texten in Bibliothek und Internet

Texte unterschiedlicher Art zu lesen und zu verarbeiten, ist das tägliche Brot des Studierens. Betrachtet man genauer, was Lesen bedeutet, so findet man heraus, dass erstaunlich komplexe Fähigkeiten dafür erforderlich sind. Dieses Kapitel bietet eine Übersicht darüber, was das Lesen verlangt und wie man es optimiert.

I Lesen

1 Warum sich mit Lesen beschäftigen?

Lesen ist ein störanfälliger Prozess, der oft nur widerwillig vollzogen wird oder zu ungenügenden Resultaten führt. »Ungenügend« kann heißen, dass man nicht versteht, was man liest, es nicht behält, zu lange dafür braucht oder nicht damit zu Ende kommt, obwohl man eigentlich will. Nicht alles davon ist ein Problem, denn manchmal signalisiert ein vermeintliches Leseproblem, dass es besser ist, einen Text beiseite zu legen, um einen besseren zu suchen. Aber es ist sinnvoll, sich darauf einzustellen, dass das Lesen eine Herausforderung darstellt, der man nicht immer auf Anhieb gewachsen ist. Deutschsprachige Autoren lieben es, ihre Lesenden lange Zeit im Dunkeln tappen und selbst herausfinden zu lassen, worum es ihnen geht. Das erfordert spezielle **Lesetechniken**, die dabei helfen, den Sinn eines Textes zu entschlüsseln und das enthaltene Wissen zu rekonstruieren. Auch erfordert es Techniken, die einem verstehen helfen, welche Texte der Mühe wert sind und welche nicht. Nicht alles, was kompliziert klingt, hat auch Substanz.

Überblick

Typische Leseschwierigkeiten im Studium

- Nicht mit dem Lesen anfangen können (Aufschieben)
- Keine Motivation zum Lesen haben
- Müde werden beim Lesen
- Alles schnell wieder vergessen
- Nicht verstehen, was man liest
- Hintergrundinformation fehlt
- Unsystematisch mal dies, mal das lesen
- Zu wenig Geduld haben, die Logik des Textes nachzuvollziehen
- Den Text nicht in einen Zusammenhang einordnen können
- Der Kopf sperrt sich gegen neue Ideen
- Unklarheiten über die Fachbegriffe nicht auflösen können
- Zu viel Zeit zum Lesen aufbringen zu müssen (zu langsames Lesen)
- Zu wenig Zeit zur Verfügung haben
- Zu gründliches Exzerpieren (fast alles wird zusammengefasst)

von Teilnehmenden eines Workshops genannt

1 Warum sich mit Lesen beschäftigen?

Lesen führt Sie in neue gedankliche Welten ein, in neue Wissensgebiete, in unbekannte symbolische Interaktionsfelder und in schriftliche Konversationen, die seit langer Zeit geführt werden. Wenn Sie ein solches Feld symbolischen Handelns betreten, müssen Sie herausfinden, wie man sich dort verhält. Auch in symbolischen Welten gibt es Regeln des Umgangs und Regeln zur Orientierung, die aber schwerer sichtbar sind, als in der begehbaren Welt.

Lesen ist ein direkter Weg zur Begegnung mit der Kultur eines Faches, eines Landes oder Sprachraums. Lesen ist eine Tätigkeit, die zu vielen unterschiedlichen Aspekten einer Kultur in Beziehung steht, wie nachfolgende Abbildung zeigt.

Der engste Kreis des Lesens ist der Kreis der Gedanken und der kognitiven Aktivitäten, die Sie dabei ausführen. Hier geht es um die Steuerung der Aufmerksamkeit, die Verarbeitung des Gelesenen (Integration in Vorwissen, Interpretation etc.) und der Lesestrategien, die Sie verwenden. Dies ist sicherlich ein vertrauter Kreis für Sie, den Sie naturgemäß als Erstes zu beeinflussen versuchen, wann immer Sie Ihr Lesen optimieren wollen.

Der zweite, etwas weitere Kreis des Lesens ist der physische und mediale Kontext. Sie müssen eine Lesesituation (Ort, Haltung, Arbeitsplatz) schaffen und Ent-

Einbettung des Lesens in unterschiedliche Kontexte

Der kulturelle Kontext:
Intellektuelle Traditionen, Besonderheiten der Sprache, schulische Prägungen, Lesetraditionen

Der disziplinäre Kontext:
Besonderheiten des Faches, Traditionen, Heuristiken, Arten der Wissensgewinnung, intellektuelle Traditionen und Habitus, Ideengeschichte

Der funktionale Kontext:
Lernsituation, Lehrveranstaltung, Hochschule, übergeordnetes Thema

Der physische und mediale Kontext:
Medium, Arbeitsplatz, örtliche Bedingungen

Die kognitive Aufgabe:
Steuerung von Aufmerksamkeit, Informationsaufnahme, Interpretation, Leseabsicht

In Anlehnung an: Jakobs 2005, 17.

scheidungen treffen, wie Sie mit den Medien umgehen. Lesen bringt Sie in Kontakt mit Papier, Büchern, Bibliotheken, Bildschirmen und virtuellen Umgebungen. Sie müssen lernen, welche Unterschiede zwischen Medien und Situationen bestehen und wie man sein Lesen entsprechend anpassen kann.

Der dritte Kreis umfasst die funktionalen Kontexte, also die Einbettung des Lesens in Lernkontexte, Lehrveranstaltung, Studiengänge oder aber in die Kontexte von Literatur, Freizeit, Unterhaltung, Alltag, Religion. Jeder Kontext stellt andere Aufgaben und verlangt andere Arten des Lesens. Müssen Sie für ein bestimmtes Fach etwas lesen, dient das vielleicht der Prüfung, dem Verfassen einer Hausarbeit oder der Vorbereitung einer Seminardiskussion. Hochschulen sind allerdings nicht immer genau darin, Ihnen zu sagen, welche Leseleistung jeweils verlangt wird und überlassen es Ihnen, die richtige Lesestrategie und die passende Antwort auf die überall herrschende Papier- und Informationsflut zu finden.

Der vierte Kreis umfasst den disziplinären Kontext. Die Besonderheiten der Fächer bestimmen sehr stark, wie Texte aussehen, in welchen Traditionen sie stehen, welcher Art das in ihnen enthaltene Wissen ist, welchen intellektuellen **Habitus** die Autoren annehmen und wie die jeweilige Geschichte des präsentierten Wissens aussieht. Lesen dient letztlich der **Selbstsozialisation** in ein bestimmtes Fach und zeigt Ihnen, wie man dort denkt und spricht. Ähnliches gilt natürlich auch außerhalb der Wissenschaft in Domänen wie der Literatur, der Technik, der Religion oder des Journalismus. Jede **Domäne** besitzt andere **Textgenres** und Textgewohnheiten. Sie haben gelernt, schnell zu unterscheiden, welchem Genre ein Text, den Sie gerade lesen, angehört, ob es also ein Kochrezept, eine Kaufhauswerbung, eine Kirchenzeitung oder ein wissenschaftlicher Text ist. Im Studium geht es darüber hinaus darum, die Tiefenstrukturen der wissenschaftlichen Textgenres kennen zu lernen und letztlich auch darum, deren Herstellung zu verstehen.

Der fünfte und letzte Kreis schließlich umfasst die Besonderheiten des Kulturraumes und seiner dominierenden Sprache. Deutschsprachige Texte unterscheiden sich merklich von englischen, französischen oder italienischen. Der Umgang mit Sprache, die Autorenrollen und Genreinterpretationen sind anders. Auch die Leseerfahrungen in den Schulen, die familiären Lesetraditionen und die **Lesesozialisation** sind kultur- und sprachspezifisch. Welche Ihre eigenen kulturellen Prägungen sind, und wie diese Prägungen Ihre Einstellungen zu Sprache, Lesen und Schreiben bestimmen, merken Sie oft erst bei einem Auslandsaufenthalt (manchmal auch schon, wenn Sie Bücher in anderen Sprachen lesen). Sofern Sie mehrsprachig aufgewachsen sind und entsprechend von Kind auf den Spagat zwischen Sprachen und Kulturen managen mussten, kennen Sie kulturelle Unterschiede schon länger.

2 Literalität

Bewusstes und reflektiertes Lesen wird sich der unterschiedlichen Bezugsfelder, in denen es steht, nach und nach bewusst. Lesen steht nicht für sich allein, sondern ist Teil dessen, was man »Literalität« nennt (Definition siehe Kasten), der Bezüge also, die Menschen, nachdem sie einmal Lesen und Schreiben gelernt haben, zur Schrift aufbauen. Literalität hat viele Schichten, deren innerste der Umgang mit Buchstaben, Wortverbindungen und Sätzen ist, den wir in der Grundschule lernen, und um den herum sich immer komplexere kognitive Leistungen, Verwendungsweisen und soziale Bezüge aufbauen.

> **Definition**
>
> **»Literalität«**
>
> »Literalität« bezeichnet die Bezüge, die Menschen zur Schrift und Schriftsprache (im Gegensatz zur Mündlichkeit) aufbauen. Sie umfasst also Fähigkeiten, Gewohnheiten und Kommunikationsformen, die auf dem Schriftgebrauch beruhen, sowie Einstellungen und Meinungen dazu. Da Schrift immer an ein Medium gebunden ist (wie Wachstafel und Griffel, Papier und Stift, Computer und Schreibprogramm, Handy und SMS etc.), ist der Mediengebrauch zwangsläufig Teil von Literalitätskonzepten. Wissenschaft ist von fixierten Texten in einem Speichermedium abhängig, da erst dadurch die Aufzeichnung, Sammlung und Systematisierung größerer Wissensmengen möglich wird. In diesem Band geht es nicht einfach um Lesen und Schreiben, sondern um »akademische Literalität«, also um den Schriftgebrauch in den Wissenschaften in Abhängigkeit von den intellektuellen Traditionen, Forschungsmethoden, Medien und Kommunikationsformen.

Lesen und Schreiben begleitet Sie also lebenslang und öffnet Ihnen immer wieder Bezüge zu neuen Lebensbereichen, stellt Sie aber auch immer wieder vor neue Herausforderungen. Die Anforderungen an Lesen und Schreiben ändern sich nicht nur deshalb schnell, weil Sie sich entwickeln, sondern auch, weil die Schriftlichkeit selbst sich ständig wandelt, so dass wir im Laufe einer Lebensspanne mehrfach umlernen müssen.

Ein guter Auftakt zu einer Auseinandersetzung mit Ihrer eigenen Literalität könnte darin bestehen, dass Sie Ihre eigene Literalitätsbiographie aufschreiben

Lesen

> **Anregung**
>
> **Schreiben Sie Ihre Literalitätsbiographie**
>
> Versuchen Sie, Ihrer eigenen Literalitätsentwicklung (= Lese- und Schreibsozialisation) auf die Spur zu kommen, indem Sie sich dran machen, sie aufzuschreiben. Sie können damit herausfinden, wie sich Ihr Verhältnis zur Schrift entwickelt hat. Beginnen Sie, in einem Brainstorming von 10 Minuten Stichworte zu sammeln, und schreiben Sie dann einen Fließtext zu zwei bis drei Punkten davon, die Ihnen gerade interessant erscheinen:
>
> - Was fällt mir als Erstes zu meiner Lese- und Schreibentwicklung ein?
> - Wie war das Schreibenlernen in Elternhaus, Kindergarten und / oder Schule?
> - Welche Bedeutung hatten / haben Lesen und Schreiben im Elternhaus?
> - Wie hat sich Literalität von meinen Großeltern zu den Eltern zu mir verändert?
> - Welche Medien wurden jeweils benutzt? Welche Medien bevorzuge ich?
> - Welche Literatur spricht mich an? Welche Schriftsteller und Textgenres waren mir wichtig?
> - Was schreibe ich gerne? Mit welchem Anspruch? Für welche Adressaten?
> - Welche Schreibleistungen wurden in der Schule verlangt? Wie habe ich darauf reagiert?
> - Welche Bedeutung haben Texte unterschiedlicher Art für mich? Emotional, intellektuell, sozial, fachlich?
> - Höhe- und Tiefpunkte der Literalitätsentwicklung, Vorlieben und Abneigungen
> - Welche Beziehungen zu fremden Kulturen habe ich über Lese- und Schreiberfahrungen erhalten?
> - Wie waren / sind Lesen / Schreiben in meine Beziehungsnetzwerke eingebunden?
> - Was hätte ich immer gerne gelesen / geschrieben, bin aber nie dazu gekommen? Warum?
> - Wie nutze ich internetgestützte Angebote (Facebook, Blogs, Foren), um mich selbst darzustellen? Welche Autorenrolle habe ich dabei? Wie begegne ich anderen Menschen dabei?
>
> Da beim autobiographischen Schreiben das Gedächtnis immer nur einige wenige Erinnerungen preisgibt, sollten Sie sich mehrfach an diese Aufgabe setzen. Sie werden feststellen, dass Ihnen immer wieder neue Aspekte Ihrer literalen Entwicklung in den Sinn kommen.

(siehe Anregung, S. 16). Sie können damit ermessen, an welchem Punkt Sie gerade stehen und mit welchen Voraussetzungen Sie in die Auseinandersetzung mit dem wissenschaftlichen Lesen und Schreiben einsteigen.

3 Das Erlernen der Langsamkeit

Da Geschwindigkeit heute als zentrale Tugend angesehen wird und unsere Fähigkeiten danach bemessen werden, wie schnell wir bestimmte Aktivitäten hinter uns bringen, ist es wichtig, darauf aufmerksam zu machen, dass die Schwierigkeit beim Lesen in der Bewältigung der Langsamkeit liegt. »Bewältigung« ist hier in dem Sinne gemeint, dass es notwendig ist, Langsamkeit zuzulassen. Es ist nicht in dem Sinne zu verstehen, dass wir das Lesen schnell hinter uns bringen sollten. »Effizient lesen« heißt, den Verstand auf die Geschwindigkeit abzubremsen, die erforderlich ist, komplexe Gedankengänge in einem Text nachzuvollziehen und zu durchdenken. Der Versuch, schnell zu lesen, führt meist zu ineffizientem Lesen, weil wir dann nur ungenügend Kapital aus dem gelesenen Text schlagen können. Daran ändern auch die oft propagierten »Schnelllesemethoden« nichts, die zwar geeignet sind, Information in vertrauten Themenfeldern zu suchen, die aber versagen, wenn es um die Aneignung neuen Wissens geht.

Eine besondere Herausforderung für langsames Lesen ist das Internet. Der Austausch von Texten hat sich durch die elektronischen Medien so beschleunigt, dass wir mit einer nie gekannten Inflation an verfügbaren Texten konfrontiert sind. Dieser Vielfalt von Texten steht deren Ungerichtetheit und schwer zu beurteilenden Qualität gegenüber. Wer aus Büchern schlau werden will, muss Zeit investieren, um in die Tiefe zu gehen. Die Autoren, Lektoren und Verleger haben sich um die Verdichtung von Wissen bemüht, was eine gewisse Anstrengungsbereitschaft auf der Seite des Lesers verlangt. Wer hingegen aus dem Web schlau werden will, muss seine Zeit ins Suchen investieren und sich das Wissen selbst aus verschiedensten Quellen zusammenstellen. Die Tugenden des Internet liegen nicht in Verdichtung und Ordnung, wie die der Printmedien, sondern in Grenzenlosigkeit, Vielfalt und freier Kombinierbarkeit.

Mit dem beschleunigten Austausch von Texten im Web entstehen neue Literalitätsformen. Die Schrift erobert weitere Bereiche, die früher dem Mündlichen vorbehalten waren. Wo das Telefon benutzt wurde, schreibt man jetzt E-Mails. Wo vordem Hören gefragt war, wird jetzt Lesen verlangt. Zur Schreib- und Lesekompetenz muss jetzt **Medienkompetenz** treten, damit effektiver Umgang mit Information möglich ist. Such- und Selektionsverhalten sind in den digitalen Medien wichtiger als das Lesen selbst. Statt, wie die Leser eines Buches, ein festes Menü zu erhalten, stehen die Teilnehmer im Web an einem endlosen Büffet, aus dem sie ihren Speiseplan selbst zusammenstellen müssen.

Das Internet kommt den Lesern bei dieser Auswahl insofern entgegen, als es Häppchen anbietet, kurze, eingängige Texte, bei denen man nicht ein einziges Mal ins Nachdenken kommt. Nachdenken, das wissen die Internet-Texter, bedeutet, dass der Text weggeklickt wird. »Don't make me think«, heißt denn auch eines der bekanntesten Bücher zum Web Design (Krug 2005), das davon ausgeht, dass wir im Internet nicht lesen, sondern es nach Schlüsselwörtern »scannen« und hauptsächlich nach dem nächsten klickbaren Element suchen. So ist auch das Lesen im Internet merklich anders als das Lesen von gedruckten Texten. Es ist flüchtiger, fragmentarischer, kursorischer, mehr ein «Durchwursteln« als ein Lesen, wie Krug weiter sagt. Soll ein Text gründlicher gelesen werden, drucken wir ihn aus und hoffen, ihn in einer ruhigen Stunde genauer durchgehen zu können.

Die Welt der **Printmedien**, die fünfhundert Jahre Literalitätsentwicklung geprägt hat, ist vergleichsweise pointiert, geordnet, von Zufälligem befreit, wohl strukturiert und gut expliziert. Sie unterstellt der Welt Ordnungen, die einem Inhaltsverzeichnis ähneln und suggeriert Wirklichkeiten, die einem durchdachten Text gleichen. Das Web hingegen ist weniger strukturiert und scheint zufällig organisiert, persönlicher, vitaler, chaotischer. Die in Printmedien wohl unterscheidbaren Momente von Unterhaltung, Wissen, Kommunikation und Werbung sind aufgeweicht und schwerer durchschaubar. Absichten, Einflussnahme, Kontrolle und Lesersteuerung werden subtiler und schwerer wahrnehmbar ausgeübt. Die ordnende Hand eines Herausgebers fehlt ebenso wie die Sicherheit einer durchgehenden Paginierung. Linear geschriebene Texte legen Weltordnungen nahe, in denen es Anfang und Ende gibt. Das Web kennt vernetzte Textstrukturen, in denen man über Links quer durch die ganze Galaxie springen kann. Dabei ist das Web selbst – trotz seiner umfassenden Präsenz – unhistorisch, indem es alles Unaktuelle still und heimlich überschreibt oder löscht. Als kulturelles Gedächtnis jedenfalls, wie es die Bibliotheken immer waren, eignet sich das Web nicht.

Es ist von Bedeutung, dass Sie die Unterschiede im Leseverhalten wahrnehmen, die von den verschiedenen Medien ausgehen, und zwar nicht nur, weil Sie dann beide differenziert behandeln können, sondern auch, weil beide Medien etwas anderes mit Ihnen machen. »The medium is the massage« (anstatt »message«), sagte Marshal McLuhan (1967) und versuchte damit auszudrücken, dass nicht nur der Inhalt, sondern noch mehr das Medium bestimmt, wie Menschen denken und die Welt wahrnehmen. Der Umgang mit dem Internet macht also etwas anderes mit Ihnen als der Umgang mit dem Papier. Es verlangt andere Vorgehensweisen, es räumt Ihnen mehr Spielraum bei der Auswahl ein, es bietet Ihnen Interaktivität statt fester Ordnungen an. Es verhindert auf vielfache Weise aber auch, dass Sie das Gelesene nachvollziehen. Es nimmt Ihnen die Ruhe, die es braucht, sich auf Texte einzustellen, in denen verdichtete Botschaften über die Welt enthalten sind, die Nachdenken erfordern.

In der Hand halten Sie ein Buch aus der Gutenberg-Galaxie, das Sie auf das Lesen auf dem Papier vorbereiten will. Es soll Ihnen helfen, die innere Freiheit (wieder) zu finden, sich auf einen längeren, strukturierten und sein Thema langsam entfaltenden Text einzulassen. Dies ist nach wie vor der wichtigste Weg, auf dem Wissen kommuniziert wird und auf dem sich Ihr Denken mit den Gewohnheiten der Wissenskommunikation synchronisieren lässt. Ihre Aufgabe besteht darin, immer wieder den Wechsel von der Hochgeschwindigkeitswelt des Web auf die langsame Postkutschenwelt des gedruckten Textes zu schaffen. Sie müssen den Punkt finden, an dem Sie Ihr Notebook zuklappen und das Buch aufschlagen, um sich Satz für Satz durch eine wohl organisierte, verdichtete, gedankliche Welt hindurchzuarbeiten.

4 Platz für das Lesen schaffen

Lesen ist ein essentieller Teil des Lebens und nicht eine isolierte Aktivität, die irgendwo nebenbei stattfindet. Immer mehr von dem, was in Privatleben und Beruf geschieht, geschieht auf dem Papier. Handeln wird immer mehr zum symbolischen Handeln. Beziehungen zwischen Menschen werden zunehmend durch schriftliche Texte vermittelt. Aus Texten schlau zu werden und auf Texte mit Texten zu reagieren, wird einen Hauptteil Ihres Berufes ausmachen. Ihr Kopf wird also eine Art Durchlauferhitzer für Geschriebenes sein, und es wird darauf ankommen, ihn auf diese Aufgabe vorzubereiten.

Schaffen Sie also dem Lesen den Platz, den es verlangt und versuchen Sie, das Lesen bewusst zu gestalten, statt sich von ihrem Lesepensum bedrängen zu lassen. Die acht goldenen Regeln (siehe Kasten) sollen Ihnen dazu dienen, Ihre Einstellung zum Lesen zu reflektieren. Natürlich können Sie den Regeln auch folgen.

> **Wichtig**
>
> **Die goldenen Regeln des Lesens**
>
> 1 *Lesen als Arbeit.* Auch wenn man bei Lesenden scheinbar keine Anzeichen von Arbeit erkennen kann (weil Bewegungslosigkeit, Lehnstuhl, Ruhe etc.), muss man es als (manchmal sogar harte) Arbeit ansehen und entsprechend die beste Tageszeit dafür reservieren sowie eine entsprechende Anstrengungsbereitschaft aufbieten.
> 2 *Lesen statt fernsehen.* Werfen Sie Ihren Fernseher aus der Wohnung, wenn Sie dazu tendieren, statt zu lesen den Fernseher anzuschalten. Fernsehen kann eine Sucht sein und die bekommen Sie nur in den Griff, wenn Sie dieses Gerät abschaffen. Seien Sie radikal, sonst bleibt Ihr Leben eine Telenovela.
> 3 *Lesen statt surfen.* Schalten Sie den Computer aus beim Lesen, sofern Sie nicht gerade Texte online lesen (was meistens eher ein Überfliegen als ein Lesen ist). Sie halten sich sonst geschäftig mit dem Computer, statt zu arbeiten. Schalten Sie den Computer erst wieder ein, wenn Sie sich den Text erarbeitet haben und ihn exzerpieren oder wenn Sie etwas recherchieren wollen.
> 4 *Passende Lesesituation schaffen.* Schaffen Sie sich einen komfortablen Leseplatz und einen angenehmen Ort zum Lesen. Schalten Sie Störquellen aus. Wer viel liest, sollte auf ausreichendes Licht und einen Rücken schonenden Sitzplatz achten.
> 5 *Nicht rauchen, nicht essen, wohl aber trinken beim Lesen.* Ein eingenebelter oder verkrümelter Leseort kann nicht gut sein.
> 6 *Aktiv mit dem Gelesenen umgehen.* Nur Romane haften von allein im Kopf. Alles andere muss man anstreichen, zusammenfassen, gründlich herausschreiben und mit Anmerkungen versehen. Noch besser ist, auf das Gelesene mit eigenen Texten zu reagieren, damit Sie Ihre eigenen Gedanken elaborieren und festhalten können.
> 7 *Weniger ist mehr.* Leseplanung ist wichtig. Was und wie viel wollen Sie lesen pro Tag, pro Woche, pro Semester, pro Studiengang? Lesezeit ist kostbar und es gibt viele konkurrierende Aktivitäten, die dem Lesen den Platz streitig machen. Planen heißt deshalb, intelligent auszuwählen und realistisch zu sein.
> 8 *Nach dem Lesen für genügend Bewegung sorgen.* Wenn der Körper träge wird, braucht er einen Impuls, um wieder in Bewegung zu kommen. Nicht am Buch kleben bleiben, sondern den Wechsel suchen. Joggen, tanzen, Rad fahren, wandern, Theater spielen – alles, was den Körper bewegt, ist als Ausgleich gut.

Lesen lässt sich optimieren. Um auf dem Hochschulniveau flexibel lesen zu können, müssen Sie **metakognitive Kompetenzen** entwickeln. Das heißt, Sie müssen Ihre eigenen Denkoperationen und Denkgewohnheiten beim Lesen verstehen und steuern lernen. Sie müssen Lesestrategien finden, die zu Ihren eigenen intellektuellen Gewohnheiten, den Eigenarten der Texte und den jeweiligen Aufgaben passen. Zudem müssen Sie lernen, während des Lesens zu prüfen, ob Ihr Leseverhalten noch angemessen ist, ob die Verständnis-, Behaltens- oder Wiedergabeleistung und das Lesetempo dem Lesezweck noch entsprechen oder ob Sie Ihr Leseverhalten modifizieren müssen.

Jenseits aller kognitiver Gewandtheit aber sollten Sie bedenken, dass Lesen im Studium immer auch davon abhängig ist, wie sehr Sie mit dem Fachgebiet und den Menschen vertraut sind, die hinter den Texten stehen. Anfangs, wenn Ihnen solches Hintergrundwissen noch fehlt, ist es oft nötig, sich durch **Sekundärliteratur**, Recherche oder Gespräche mit dem Hintergrund vertraut zu machen. Auch Wikipedia bietet Ihnen oft wichtige erste Anhaltspunkte zur Einordnung. Wichtige Informationen über die Hintergründe erhalten Sie in Seminaren und Vorlesungen, weshalb es sinnvoll ist, das Lesen mit diesen Veranstaltungen zu koppeln.

Bevor wir uns **Lesetechniken** ansehen, ist es wichtig, zu verstehen, dass wir nicht nur lesen, um mit einem Fach vertraut zu werden, sondern dass wir uns mit dem Fach vertraut machen, um besser und schneller lesen zu können. Das Ziel des Studierens (und der fachlichen Sozialisation) ist nicht das Fachwissen selbst, sondern die Fähigkeit, sein Fachwissen lebenslang auf dem neusten Stand zu halten. Dem dient das Lesen.

5 Arten des Lesens

Eine wichtige Voraussetzung, um zu einem flexibleren Leseverhalten zu gelangen, ist die Prüfung des Lesezweckes. Die Wahl einer Lesestrategie hat vor allem die Bedeutung, dass Sie aktiv an das Lesen herangehen. Sie sollten selbst entscheiden, was Sie mit dem Text machen und nicht den Text entscheiden lassen, was er mit Ihnen macht. Die Zwecke des Lesens:
- *Lesen, um zu lernen:* Sie wollen sich auf eine Prüfung vorbereiten; Sie müssen den Text in einzelne Wissenseinheiten herunter brechen und dann memorieren. Sie transferieren die Wissenseinheiten auf Karteikarten oder in Word-Dokumente und prüfen regelmäßig, wie viel Sie vom Gelernten behalten haben.

- *Lesen, um zu diskutieren:* Sie lesen ein Thesenpapier, um im Seminar darüber zu diskutieren. Sie müssen die argumentative Struktur herausarbeiten und sich eine eigene Meinung bilden, damit Sie für die Diskussion gewappnet sind. Sie legen sich Argumente und Belege zurecht, damit Sie Ihren Standpunkt fundiert präsentieren und andere Meinungen stützen oder widerlegen können. Hier ist eine Lesestrategie angemessen, die Information nicht nur aufnimmt, sondern sie gleichzeitig in eigene argumentative Strategien einordnet.
- *Lesen, um sich in ein Thema einzuarbeiten:* Sie sollen eine Seminararbeit zu einem bestimmten Thema schreiben und suchen nach dem vorhandenen Wissen. Sie wissen noch nicht genau, worum es in Ihrer Arbeit gehen wird, da Sie das Thema noch nicht eingegrenzt haben. Sie sehen eine Menge an Büchern und Artikel durch und konzentrieren sich auf Inhalts- und Stichwortverzeichnis. Ihr Lesen ist darauf ausgerichtet, Texte nach Schlüsselinhalten abzusuchen und an einzelnen Punkten zu sondieren, worum es geht. Abstracts, Inhaltsverzeichnis, Einleitung oder Klappentexte geben gute Hinweise, worum es im Text geht. Im Internet recherchieren Sie über Suchsysteme und hangeln sich von Link zu Link. Was Sie brauchen, speichern Sie oder drucken es aus. Während des Sichtens der Literatur und der Lektüre erster Texte bildet sich ein Bild vom Gegenstand und von der Forschungslage heraus. Hier ist das Lesen also Teil der Vorbereitung für eine eigene Arbeit oder Teil des Aufbaus von Expertise zu einem Thema. Entsprechend wichtig ist es, eine Strategie zu entwickeln, die kumulativen Wissensaufbau erlaubt. Je nach Anlass kann auch das Dokumentieren hier besonders wichtig sein, damit Sie später gezielt auf das erarbeitete Wissen zurückgreifen können.
- *Lesen, um zu verstehen:* Nicht, dass es Arten des Lesens ohne Verstehen gäbe, aber es gibt ein Lesen, das speziell darauf ausgerichtet ist, schwierige Texte zu erarbeiten. Sie haben beispielsweise einen der Klassiker ihres Fachs in den Händen, der schwer zu entziffern ist. Sie müssen komplexe Theorien durchdenken und den Text in seinem historischen Kontext verstehen. Sie arbeiten den Text mit Hilfe von Sekundärliteratur durch. Möglicherweise haben Sie auch ein naturwissenschaftliches Buch in der Hand, das komplexe Sachverhalte zu Formeln verdichtet präsentiert. Lesen heißt hier Nachvollziehen von komplexen Theorien, Gleichungen und Funktionsdarstellungen, aber auch Aufspüren von geistigen Strömungen, Traditionen, Diskursen. Diese Art des Lesens wird optimalerweise im Rahmen einer Seminargruppe geleistet, in der Sie Ihre Erkenntnisse austauschen und gegenseitig vertiefen können.
- *Lesen, um zu schreiben:* Sie müssen eine Seminar- oder Abschlussarbeit schreiben. Sie haben sich die wichtigsten Texte beschafft, auf Ihrem Schreibtisch häu-

fen sich die Photokopien, und Sie haben jetzt eine längere Zeitstrecke vor sich, um die Texte zu exzerpieren. Sie schreiben heraus, was Sie für Ihren eigenen Text brauchen, den Rest überfliegen Sie. Hier ist ein Wechsel von selektivem und genauem Lesen wichtig und eine gelassene Zeitperspektive, die Ihnen erlaubt, den Berg von Büchern und Photokopien langsam abzuarbeiten.

- *Lesen, um zu genießen:* Sie haben Ihren Computer ausgeschaltet und machen es sich auf dem Sofa bequem. Sie lassen sich in ein interessantes Sachbuch oder einen Roman versinken und dürfen das Lesen zur Anregung oder zum Entspannen nutzen. Sie lesen ohne Druck, nur getragen von Ihrem Interesse am Thema. Lesen wird recht einfach in diesem Kontext, da es nicht einem äußeren Zweck dient. Das einzig problematische an dieser Lesestrategie liegt darin, dass Sie sich diese Art des Lesens viel zu selten gönnen.

Diese Lesezwecke verlangen jeweils andere Vorgehensweisen und unterschiedliche Lesestrategien.

6 Die Texte hinter dem Text

Texte stehen nicht für sich allein. Hinter jedem Text stehen Dutzende von weiteren Texten, die die Voraussetzung dafür bilden, dass der Text überhaupt geschrieben werden konnte. Und hinter den Dutzenden stehen wieder Dutzende, die noch weiter in die Vergangenheit zurückreichen. Einige der Texte im Hintergrund werden im Text zitiert und damit offen gelegt. Sehr viel mehr bleiben jedoch unbenannt, da sie die Vorläufer der Vorläufertexte sind oder nur einen unspezifischen Beitrag geleistet haben. Jeder Text ist also als Spitze eines Eisbergs zu verstehen, der von vielen vorhergehenden Texten gebildet wird, wobei, wie bei jedem Eisberg, ein großer Teil des Eises unter Wasser bleibt, so dass man ihn nicht sieht.

Betrachtet man Texte im Kontext der vorhergehenden und benachbarten Texte, so analysiert man **Diskurse**. Diskurse lassen sich als Textsysteme oder Textnetzwerke verstehen. Diskurse stehen in Kontexten, also fachlichen, ideologischen, politischen, beruflichen oder wissenschaftshistorischen Zusammenhängen. Nur im Lichte dieser Kontexte sind Diskurse verständlich und nur im Lichte der Diskurse sind Texte verständlich.

Aber hinter dem Text steht doch eine Autorin oder ein Autor? Ist es nicht wichtiger, Schlüsse auf diese Figur zu ziehen und deren Meinung zu verstehen versuchen? Gewiss doch, die Autoren sind diejenigen, die im Text Regie geführt haben.

Die Musik haben jedoch meist andere gemacht, auf die die Autoren in ihren Texten zurückgreifen. Die Ideen, aus denen Texte gemacht sind, existieren in der Regel bereits, bevor der Autor sie aufgegriffen hat. Das ist in **Lehrbüchern** am augenfälligsten. Dort wird tatsächlich vorwiegend das berichtet, was andere erforscht und entwickelt haben. Lehrbuchautoren versuchen zwar, eine eigene Darstellungsform zu finden, damit ihre Texte eingängig und gut verständlich sind, bringen aber vor allem die Ideen ihrer fachlichen Gemeinschaft zum Ausdruck.

Alle wissenschaftlichen Texte tragen auch selbst etwas zum Wissen ihres Fachs bei. Es kann sein, dass ihre Autoren von eigenen Forschungsarbeiten berichten oder, unter Rückgriff auf vorhandene Forschungsergebnisse, eine neue Sicht auf bestimmte Themen präsentieren. Nichts davon geht ohne Rückgriff auf früher Geschriebenes. In den Wissenschaften ist deshalb der Bezug auf frühere Texte genau reglementiert. Es besteht die Pflicht, alle Gedanken, die anderen Texten entnommen sind, zu zitieren. Tut man dies nicht, kann man des **Plagiats** bezichtigt werden, also des Diebstahls fremder Ideen oder wissenschaftlicher Leistungen.

Wenn man die Texte hinter dem Text in den Blick nimmt, sieht man, dass Wissen nicht statisch, sondern im Fluss ist und ständig weiterentwickelt wird. Jeder Text bezieht sich auf frühere Texte und stößt neue Texte an. Die Wissenschaft ist aber nicht additiv, denn es gibt auch Beiträge, die zu einer Art Revolution der Betrachtungsweise führen, die aus den gewohnten Denkbahnen ausbrechen und ein neues **Paradigma** einführen. Kuhn (1973) hat die Vorstellung aufgebracht, dass die Wissensentwicklung nicht kontinuierlich, sondern eher revolutionär verläuft. Diese Sprünge nennt er »Paradigmenwechsel«. Sie können aus großen Neuentdeckungen entstehen oder aus Neuinterpretationen bekannter Fakten. Texte zu lesen, die solche Wechsel einleiten und einem neuen Paradigma Platz machen, ist immer etwas Besonderes, da man damit an einem Neuanfang teilhaben kann. Ein neues Paradigma ist oft auch Ausgangspunkt für neue Konversationen in wissenschaftlichen Gemeinschaften. Rückbezüge in Texten gehen meist nur bis zu dem letzten Paradigmenwechsel zurück.

Für das Verständnis von Texten ist das Zurückverfolgen des Dargestellten auf die Vorläufertexte oft eine wichtige Basis, vor allem in den textintensiven Studiengängen. Man spricht auch von **Rezeptionstiefe**, also davon, welcher Zeitraum im Erscheinen von Publikationen dabei noch berücksichtigt wird. Einen Teil der Hintergrundinformation liefert Ihnen dabei der gelesene Text selbst, der, sofern wissenschaftlich, immer verpflichtet ist anzugeben, worauf er aufbaut. Die Rezeptionstiefe kann man also anhand des Literaturverzeichnisses abschätzen, aus dem ersichtlich ist, wie weit die Autoren ihr eigenes Thema zeitlich zurückverfolgt haben. Da die Autoren nicht alle Literatur, sondern immer nur eine Auswahl angeben, ist es auch Aufgabe der Leser, den Hintergrund des Textes weiter zu ergründen.

Viele Lese- und Verständnisprobleme sind damit verbunden, dass man mit den historischen und thematischen Kontexten nicht vertraut ist. Lesen heißt deshalb auch immer, sich diese Kontexte zu erschließen, denn erst damit lassen sich die gelesenen Inhalte in einen Rahmen stellen. Das Lesen wird sicherer, schneller und gezielter. Je größer die kulturelle oder historische Distanz zwischen Lesenden und Kontext ist, desto schwerer ist es auch, Texte zu entschlüsseln und desto mehr Energie muss in das Studium von Kontext und Diskursen investiert werden.

7 Lesepensum im Studium

Wie viel kann ich lesen, wie viel muss ich lesen? »Das ist doch durch den Studienplan vorgegeben«, sagen Sie vermutlich. Da ist etwas Wahres dran, denn viele Kurse verlangen ein hohes Lese- und Arbeitspensum, und die Prüfungsvorbereitungen tun ein Übriges.

Aber wollen Sie sich damit zufrieden geben, sich die wichtigste Quelle Ihrer intellektuellen Entwicklung so reglementieren zu lassen? Lesen von Vorgegebenem vermittelt zwar Wissen, bildet aber nicht. Was der Unterschied ist? Zur Bildung gehören die bewusste Auswahl von Lektüre und die Übernahme von Verantwortung für das, was man dem eigenen Kopf antun will. Die deutschsprachigen Universitäten, wie sie von Humboldt konzipiert wurden, ließen den Studierenden große Freiheit darin, was sie lernen wollten. Sie sollten selbst auswählen, ihren eigenen Interessen nachgehen und eigene Schwerpunkte setzen können.

Das Bologna-Studium hat die Universitäten weit in die entgegengesetzte Richtung getrieben. Das Lernen wird auf die Stunde genau verplant und das Lesepensum wird genauer reglementiert als der Fahrplan der Bundesbahnen (und genau so wenig eingehalten, aber das nur am Rande). Die Wahlmöglichkeiten wurden stark reduziert. Da gilt es gegenzusteuern.

Versuchen Sie zunächst einmal zu planen, wie viel Sie während des nächsten Semesters und während der Semesterferien lesen wollen oder müssen. Das ist keine leichte Aufgabe, da nie ganz klar ist, wie groß das Lesepensum für die einzelnen Kurse sein wird, aber gerade deshalb ist es wichtig, sich einmal einen Überblick zu verschaffen.

I Lesen

> **Selbsttest**
>
> **Leseschwerpunkte und Lesepensum**
>
> Tragen Sie die Anzahl gelesener Texte ein!
>
> | | Ist:
Im letzten Semester tatsächlich gelesen | Soll:
Im nächsten Semester will ich lesen |
> |---|---|---|
> | Fachartikel aus meinem Studienfach | | |
> | Fachbücher / Lehrbücher für das Studium | | |
> | Populärwissenschaftliche Texte aus meinem Fach | | |
> | Fachtexte aus Interessensgebieten / Hobbys | | |
> | Tageszeitungen aus Printmedien und Internet | | |
> | Wochenzeitschriften, Magazine, Illustrierte | | |
> | Belletristik, Lyrik | | |
> | Kommunikative Texte
(SMS, E-Mail, Briefe, Blogs, Werbung) | | |
> | Andere | | |

Wenn Sie Ihre Eintragungen im Kasten betrachten, versuchen Sie einmal zu eruieren, mit welchen realen und symbolischen Welten Sie durch das Lesen verbunden sind. Texte sind Brücken oder Fenster zu symbolischen Welten, zu Teilgebieten Ihres Fachs, zu Nachbardisziplinen, Anwendungsfeldern, religiösen, literarischen oder sozialen Welten.

Betrachten Sie die Zusammenstellung bitte noch einmal und beantworten Sie für sich die folgenden Fragen:
- Wie viel Zeit muss ich für die Lektüre zur Verfügung stellen?
- Wie viel Stunden pro Woche (und welche Tage / Zeiträume) stehen mir dafür zur Verfügung?
- Ist das Pensum realistisch? Wo muss ich Abstriche machen?
- Wie ist das Verhältnis von Pflicht zu Kür?

- Wenn keine freiwillige Lektüre angegeben ist, warum? Bin ich mit dem Vorgegebenen ausgelastet?
- Wo finde ich heraus, was in meinem Fach gerade diskutierenswert ist?
- Wo finde ich heraus, welche Lektüre mich interessieren würde?

Natürlich ist die Menge an Lesestoff allein kein gutes Kriterium. Wenn Sie am Studienanfang stehen und pro Semester ein Fachbuch außer der Reihe für sich durcharbeiten, kann das ein hohes Pensum sein. Wer sich zu viel vornimmt, liest letztendlich weniger als jemand, der die eigenen Kräfte realistisch einteilt. Leseplanung soll Sie auch nicht zur Sklavin oder zum Sklaven eines großen Plans machen, das führt zu nichts. Es soll Ihnen aber eine gewisse Kontrolle geben über etwas, das sonst leicht der Außensteuerung durch den Studienplan zum Opfer fällt.

8 Leseleistung und Leseprobleme

Das Lesen verlangt eine Reihe kognitiver, emotionaler und motorischer Leistungen, die zusammenwirken müssen, damit Lesen gelingt. Wir sind uns dieser Leistungen selten bewusst, so dass ich sie hier einmal explizit aufzähle.

Motorik: Lesende müssen den ganzen Körper in eine Ruhelage bringen und alle Aufmerksamkeit auf eine kognitive Tätigkeit richten. Die Bewegung der Augen, das Umblättern und vielleicht das Anstreichen mit einem Stift sind die einzigen Zeichen motorischer Aktivitäten. Alle anderen Bewegungsimpulse müssen unterdrückt werden. Das fällt nicht nur Kindern, sondern auch Erwachsenen schwer. Viele Kinder, die diese Bewegungsunterdrückung nicht aushalten, bezeichnen wir als hyperaktiv, unterstellen ihnen mithin eine Art von Krankheit, obwohl sie letztlich nur ihrem natürlichen Bewegungsdrang folgen.

Selbstmotivierung: Lesen verlangt Motivation. In realen Kommunikationssituationen ist es schon allein die Präsenz eines Kommunikationspartners, die die Motivation erhält. Mit dem Buch allein muss man selbst für Motivation sorgen. Fehlt die Motivation, fallen einem die Augen zu, man wird müde. Was interessiert, liest man leichter und schneller als etwas, das einen nicht interessiert. Wie schafft man es, sich zu motivieren, oder, wenn man denn anfangs motiviert ist, die Motivation während des Lesens nicht zu verlieren? Motivation ist von vielen Faktoren abhängig, darunter dem Wissensstand, dem Zweck des Lesens und der thematischen Nähe des Lesestoffs zu den persönlichen oder fachlichen Interessen.

Aufmerksamkeit: Die Aufmerksamkeit längere Zeit auf den Punkt zu konzentrieren, den ein fremder Autor in seinem Text nach und nach entwickelt, ist Voraussetzung für gelingendes Lesen, ist aber gleichzeitig auch ermüdend. Da die wenigsten wissenschaftlichen Texte ihren Leserinnen und Lesern in puncto Lesbarkeit entgegenkommen, ruft Lesen oft Müdigkeit, Langeweile und Verdruss hervor. Abneigung gegen Langweiliges und Schwieriges ist per se kein Problem, sondern im Gegenteil eine natürliche Reaktion, der man auch vertrauen sollte, da sie tendenziell zu interessenorientiertem Lesen führt. Es gibt dabei eine Wechselwirkung zwischen eigenem Interesse und Interessantheit des Textes. Vor allem dann, wenn eigenes Interesse gering ist und der Text selbst kein Interesse zu wecken versteht, ist das Lesen schwierig (siehe Kasten).

Fehlende Interaktivität: Lesen ist nicht interaktiv wie die mündliche Kommunikation. Man kann nicht nachfragen, nichts einwerfen und wird im Gegenzug auch nicht persönlich angesprochen. Man kann dem Gegenüber nicht signalisieren, dass man mehr Information braucht, sondern muss, wenn überhaupt, selbst an anderer Stelle nach Information suchen. Verständnisprobleme lassen sich nicht an Ort und Stelle klären, sondern man muss warten, bis der Text eine Klärung ermöglicht. Man muss in gewisser Weise die Interaktion mit dem Text selbst gestalten, die Fragen, die man an ihn hat, also selbst beantworten, die Verständnisprobleme notieren, auftretende Widersprüche kommentieren usw. Was in der mündlichen Kommunikation die Auseinandersetzung mit dem Kommunikationspartner ist, wird in der Lesesituation eine Auseinandersetzung mit dem eigenen Textverständnis. Vorteil der Lesesituation ist, das sollte man auch bedenken, dass man mehr Zeit hat. Man kann langsam lesen, zurück blättern, Seiten überspringen, Notizen machen, Lexika zu Rate ziehen, Freunde anrufen usw., was in der mündlichen Situation nicht möglich ist.

Aktives Rekonstruieren: Lesen heißt nicht einfach, einem Text Wissen zu entnehmen, sondern verlangt Interpretationsarbeit. Ausgangspunkt eines Textes ist in der Regel eine komplexe Wissensstruktur mit vielfach vernetzten Elementen, die der Autor des Textes in einen Strom von Wörtern »linearisiert« hat. Will man komplexe Dinge wie einen Dieselmotor, die Wissensgesellschaft oder das Bankensystem darstellen, muss man deren einzelne Bestandteile in einem Text nacheinander darstel-

> **Wichtig**
>
> **Wechselwirkung von Interesse und Interessantheit**
>
> | | Interessierte/r Leser/in | Uninteressierte/r Leser/in |
> |---|---|---|
> | **Interessanter Text** | Lesen ist selbst motivierend und anregend. Allenfalls technische oder inhaltliche Probleme treten auf.

Abhilfe: Lesetechnik rekapitulieren | Lesen wird als Zwang empfunden; etwas sperrt sich gegen den Text / das Thema.

Abhilfe: Die eigene Motivation prüfen. Warum interessiert das Thema nicht? |
> | **Uninteressanter Text** | Der Text wird als abweisend und schwierig, aber auch als herausfordernd erlebt.

Abhilfe: Strategien des genauen Lesens und der Textanalyse werden verlangt. | Lesen wird zur Qual, so als müsste man ein schales Gericht essen, ohne Hunger zu haben.

Abhilfe: Text weglegen, neuen Text / neues Thema suchen. |

len und ebenso nach und nach die Bezüge der Elemente zueinander schildern. Die **Linearität** ist eine Eigenheit der sprachlichen Darstellung, die sie von bildlichen Darstellungen unterscheidet, in denen Beziehungen zwischen vielen Elementen gleichzeitig dargestellt werden und das Dargestellte nicht nur in einer Richtung gelesen werden kann. Lesen und Schreiben sind an das langsame Nacheinander der Informationsvermittlung gebunden. Für die Leser ergibt sich die Aufgabe, aus den nacheinander dargestellten Elementen die ursprüngliche komplexe Wissensstruktur wieder herzustellen. Das erfordert einigen Aufwand und dazu muss man das eigene Wissen über den Gegenstand aktivieren und einsetzen. Es reicht also nicht, die einzelnen Elemente aufzunehmen, sie müssen auch zu dem komplexen Wissensgefüge wieder zusammengesetzt werden. Von diesem Prinzip weichen die hypertextuellen Strukturen, wie wir sie im Web finden, ab. In ihnen muss man zwar auch dem vorgegebenen Strom von Wörtern folgen, kann sich aber wenigstens die Makrostruktur des Textes über **Hyperlinks** selbst zusammenstellen.

Behalten: Gedächtnisleistungen beim Lesen sind nötig, um einem längeren Text überhaupt folgen zu können und um das Gelesene später in einem anderen Kontext anwenden zu können. Da das später Gesagte auf dem früher Gesagten aufbaut, ist das Behalten eine wesentliche Erfordernis, der man bei längern Texten oft nur dadurch genügen kann, dass man das Gelesene in Notizen festhält oder aktiv rekapituliert, so dass man es sich einprägt. Schwierig ist das Behalten deshalb, weil das **Arbeitsgedächtnis** mit seiner relativ geringen Kapazität es nicht erlaubt, zu viel Information parallel zu verarbeiten. Eine externe Zwischenspeicherung des Gelesenen durch Notizen, Anstreichen, Zusammenfassung ist deshalb unabdingbar, vor allem dann, wenn die aufgenommene Information neu ist. Probleme mit der Behaltensleistung beklagen viele, die nicht aktiv genug lesen und die das eigene Vorwissen nur ungenügend aktivieren. Etwas anders gelagert sind Behaltensleistungen, wie sie zur Prüfungsvorbereitung verlangt werden. Hier ist es nötig, die prüfungsrelevanten Wissenselemente zu isolieren, zusammenzufassen und sich einzuprägen, damit sie in der Prüfung abgerufen werden können.

Verarbeiten: Das Nachvollziehen allein genügt in aller Regel nicht. Gelesenes muss darüber hinaus reflektiert, in das eigene Vorwissen eingeordnet und für weitere kommunikative Zwecke bereitgestellt werden. Dazu muss man das Gelesene weiter bearbeiten und sich verfügbar machen. Bewegt man sich lange in den Denkmustern, die ein Autor in einem Text aufspannt, dann mögen diese beim Lesen konsistent erscheinen, aber beim Rekapitulieren oder Reproduzieren merkt man, dass man sich in diesem Gedankensystem noch nicht allein bewegen kann. Hier sind also Zwischenschritte nötig, um eine interne **Wissensvernetzung** und -integration zu ermöglichen. Diese kann man durch Diskussion mit anderen, durch graphische Darstellungen (wie dem Mind Map), durch schriftliches Zusammenfassen oder einfach durch aktives Durchdenken erreichen. Hilfreich ist eine kritische Prüfung des Gelesenen, um das Dargestellte zu reflektieren und zu beurteilen. »Kritische Prüfung« heißt dabei nicht »kritisieren«, sondern alternative Denkformen auszuprobieren, um die vom Autor gewählten besser verstehen zu können.

Zeitplanung: Zeit verfügbar zu machen, ist Voraussetzung für effektives Lesen. Beim Lesen gilt oft: Weniger ist mehr oder, etwas abgewandelt, langsamer ist schneller. Wer zu wenig Zeit und Energie für das Lesen verfügbar macht, kann sich nicht in die Auseinandersetzung mit dem Text begeben und die anfallenden Verständnisprobleme lösen bzw. den Text nicht hinreichend in das Vorwissen integrieren. Zeitproblemen liegt oft eine falsche Planung zugrunde, in der der Aufwand für das Lesen unterschätzt wird. Anders gelagert sind Zeitprobleme, bei denen die verfügbare Zeit objektiv zu knapp ist, z. B. weil die Studienanforderungen sehr hoch sind oder eine Prüfung ansteht. Dann nützt natürlich eine Veränderung des Leseverhaltens wenig, denn es geht um die richtige Selektion, Gewichtung und Priorisierung. Es ist dann notwendig, zu einer realistischen Planung zu kommen und etwas über Bord zu werfen, damit wenigstens ein Teil der Leseaufgaben erfüllt werden kann.

Selbsttest

Stärken und Schwächen beim Lesen von Fachtexten

Meine Selbsteinschätzung:	gering	mittel	hoch
Ausdauer beim Lesen	( )	( )	( )
Lesegeschwindigkeit	( )	( )	( )
Genauigkeit im Nachvollziehen	( )	( )	( )
Aktiver Umgang mit dem Text	( )	( )	( )
Selbständigkeit in der Auswahl der Lektüre	( )	( )	( )
Umfang meines Lesepensums	( )	( )	( )
Selbstmotivierung	( )	( )	( )
Kritisches Reflektieren des Gelesenen	( )	( )	( )
Lesesituation angemessen gestalten	( )	( )	( )

9 Verbindung von Lesen und Denken

Lesestrategien sind sehr individuell geprägt und können anfangs nicht sehr flexibel eingesetzt werden. Manche Leser behandeln ihre Bücher wie den Fernseher und zappen sich durch die Kapitel. Andere lesen vom ersten bis zum letzten Buchstaben alles so gründlich, als würden sie es auswendig lernen. Die dritten wiederum entwickeln so viele eigene Ideen beim Lesen, dass sie kaum von der Stelle kommen. Eine vierte Gruppe prüft jedes Wort so genau, dass sich die Teile eines Textes gar nicht zu einem Bild zusammenfügen, sondern in tausend disparate Splitter zerfallen. Die Mitglieder einer fünften Gruppe wiederum haben so viel Ehrfurcht vor dem gedruckten Wort, dass sie keinen Mut haben, sich ihm mit eigenen Gedanken in den Weg zu stellen und alles kritiklos abspeichern.

Jede dieser Strategien ist mit einem bestimmten Denkstil verbunden. Das Lesen initiiert eine Reihe von Denkoperationen, die sich in Interaktion mit dem gelesenen Text vollziehen. Das Denken hat dabei zwei grundsätzliche Aufgaben zu bewältigen: Es muss einerseits die auf dem Papier befindlichen Buchstaben und Wörter entziffern und sie zu den jeweils übergeordneten Einheiten (Sätze, Absätze, Kapitel etc.) zusammenfügen. Und es muss andererseits einen Interpretationsprozess in Gang setzen und aus dem eigenen Wissen über die Welt rückschließen, was das Gelesene bedeutet und wie Sätze, Absätze, Kapitel usw. zu verstehen sind.

Wir haben also zwei verschränkte Vorgänge vor uns, von denen einer bottom-up, der andere top-down verläuft (siehe nachfolgende Abbildung). Der rekonstruktive Prozess, der nachvollzieht, muss sich mit dem interpretativen, der das Nachvollzogene einordnet und ihm Bedeutung verleiht, zusammenfinden, damit Textverständnis erfolgen kann.

Bei kompetenten Lesern ist dabei die Buchstaben- und Worterkennung automatisiert. Wir lesen Texte nicht Buchstabe für Buchstabe und setzen daraus Wörter zusammen. Wir lesen auch nicht Wort für Wort, sondern richten unsere Aufmerk-

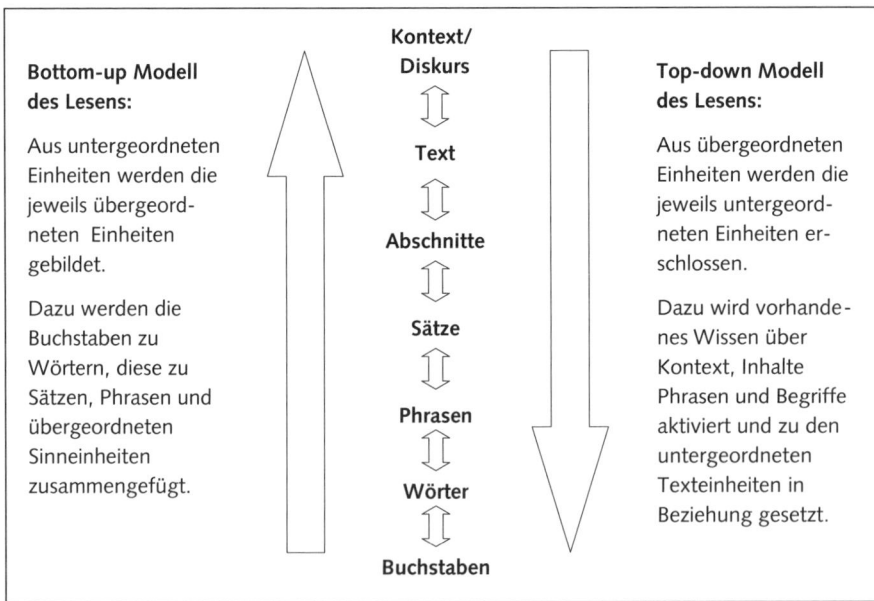

Denkbewegungen des Lesens

samkeit auf identifizierbare Phrasen und Satzstrukturen und versuchen, deren Bedeutung zu dekodieren. Nur wenn wir die Phrase oder den Satz nicht verstehen, lesen wir gezielt Wort für Wort, um herauszufinden, was das Nichtverstehen verursacht hat.

Dieses Dekodieren kann nur erfolgreich sein, wenn parallel zur Buchstaben- und Worterkennung Vorwissen aktualisiert wird. Dieses Vorwissen setzt typischerweise an den übergeordneten Diskursen und Kontexten an, in denen der Text seine Wirksamkeit entfaltet. Wer einen Text zum Thema »Bruttosozialprodukt« liest, wird das vorhandene volkswirtschaftliche Wissen aktualisieren und es zu dem Text in Beziehung setzen. Das Denken muss also einen ständigen Abgleich zwischen Vorwissen und Gelesenem herstellen und versuchen, beide in Deckung zu bringen oder einen Unterschied zu konstatieren.

Parallel zu diesen beiden Denkarten gibt es noch eine dritte Art des Denkens, das steuernde Denken, das sich auf die Gestaltung des Leseprozesses selbst bezieht. Es begleitet das Lesen und tritt vor allem dann in Aktion, wenn im Leseprozess etwas nicht funktioniert und die Lesestrategie verändert werden muss. Dann wird die Aufmerksamkeit vom Inhalt des Textes auf den Prozess des Lesens gerichtet und geprüft, ob das Lesen weitergeführt, verändert oder abgebrochen werden soll.

Diese drei Denkbewegungen, das dekodierende Denken mit seiner nachvollziehenden Zielsetzung, das einordnende Denken mit seiner interpretierenden Zielsetzung und das steuernde Denken, das den Prozess überwacht, müssen irgendwie koordiniert werden. Bei einfachen Texten greifen diese drei Prozesse fast geräuschlos ineinander und erfolgen parallel zueinander. Bei komplexeren Texten, in denen Begriffe, Ausdrücke und Satzstruktur selbst einiges an Aufmerksamkeit verlangen, ist nicht genügend Kapazität für alle drei Denkarten vorhanden. Hier wird mehrfaches Lesen verlangt, um zu einem befriedigenden Ergebnis zu kommen.

Lesestrategien unterscheiden sich danach, wie sie diese drei Elemente miteinander verbinden. Dazu gehört die Frage, wie viel Planung und Lesesteuerung am Anfang erfolgt und ob die Lesenden eher dazu tendieren, die lokale Textarbeit (auf der Ebene von Sätzen, Phrasen, Absätzen) oder die auf der übergeordneten Sinnebene (Kontexte, Diskurse, Fachwissen, Argumente) zu bevorzugen. Manche Lesende schauen darauf, den Text auf der Satzebene genau rekonstruieren zu können. Sie operieren nach dem Muster, dass gutes Detailverständnis Voraussetzung für das Gesamtverständnis ist. Andere operieren eher auf der globalen Ebene und versuchen, die Makrostrukturen zu verstehen, da sie davon ausgehen, dass sich aus ihnen auch die lokalen Textebenen besser verstehen lassen.

Es ist wichtig, die eigenen Lesestrategien kennen zu lernen und sie durch flexible und situationsgerechte Strategien zu ersetzen bzw. zu ergänzen. Für das Lesen in wissenschaftlichen Kontexten ist es anfangs besonders bedeutsam, an den steuernden Kognitionen anzusetzen und das Lesen bewusst zu gestalten, damit die zugrunde liegenden Routinen neu ausgerichtet werden können.

10 Aktives Lesen

Lesetechnik baut auf dem Prinzip auf, die Lesenden aktiv zu machen und sie in eine aktive Auseinandersetzung mit dem Text zu verwickeln. Damit soll verhindert werden, dass man sich beim Lesen widerspruchslos der Textlogik anvertraut und die Aufmerksamkeitssteuerung dem Text überlässt, statt sie selbst zu leisten. Gute Texte haben ein hohes suggestives Potenzial und lassen Zusammenhänge oft logischer erscheinen als sie tatsächlich sind, d.h. sie manövrieren die Lesenden an den kritischen Punkten des Themas vorbei. Didaktisch gut gestaltete Texte haben zudem die Eigenschaft, dass sie das Vorwissen der Leser selbst ansprechen. Dies ist zwar eine gute Lesehilfe, aber sie erspart den Lesenden wiederum eigenes Denken. Das wichtigste Ziel jeder Lesetechnik besteht deshalb darin, die Kontrolle über das Lesen selbst zu übernehmen und sie nicht den steuernden Hinweisen des Autors zu überlassen.

Aktives Lesen setzt an drei Punkten an: Erstens an der Leseplanung und -vorbereitung, zweitens an der bewussten Steuerung des Leseflusses bzw. der Informationsaufnahme, und drittens an der Nachbereitung des Lesens durch rekapitulierende, kritische und dokumentierende Aktivitäten. Lesetechniken teilen dazu das Lesen in Phasen auf, und versuchen zu definieren, wie man das Lesen vorbereitet, wie man die Information beim Lesen aufnimmt und was nach dem Lesen geschehen soll.

Vor dem Lesen ist es wichtig, sich den Zweck, das Ziel und die Zeit bewusst zu machen und den örtlichen Rahmen zu wählen. Zwar gibt es geübte Leser, die in jeder Situation lesen können, jedoch ist das Lesen, vor allem dann, wenn es systematisch sein soll, auch an einen passenden Rahmen gebunden. Für viele Lesezwecke ist es ratsam, sich an einen Ort zu begeben, der wenig Ablenkung und Unterbrechung erlaubt, wie z.B. eine Bibliothek oder einen speziellen, nur dem Lesen vorbehaltenen Arbeitsplatz. Neben dem äußeren Rahmen ist auch der kontextuelle Rahmen abzustecken. Das ist die Klärung, was für einen Text man zu lesen hat, wie viele Texte man lesen muss, mit welchem Ziel und in welcher Reihenfolge man dies tut.

Zur Vorbereitung des Lesens ist es wichtig, Informationen über Autor, diskursive Zusammenhänge, Publikationsquelle usw. zu sammeln. Diese Kontextinformationen sind oft der wichtigste Schlüssel zum Verständnis des Textes. Der Kasten »Grundinformationen über einen Text« gibt Aufschluss darüber, welche Informationen dabei bevorzugt in Frage kommen.

Überblick

Lesetechnik und Lesephasen

Vorbereitung	Während des Lesens	Nachbereitung
• Texte suchen und auswählen • Eignung prüfen • Erwartungen formulieren • Fragen an den Text stellen • Informationen über Kontext (Autor, Diskurs, Quelle) suchen • Leseziel festlegen • Zeitrahmen abstecken • Motivation prüfen • Lesesituation gestalten	• Markieren / Unterstreichen • Begriffe klären, ggf. Glossar anlegen • Argumentation rekapitulieren • Darstellungsgang eruieren • Kernelemente isolieren • Zusammenfassungen schreiben • Graphische Veranschaulichungen nutzen • Sekundärliteratur einsetzen • Wörterbücher und Lexika nutzen • Lesefortschritt und Zielorientiertheit prüfen	• Rekapitulieren • Leseergebnis dokumentieren • Vorher gestellte Fragen beantworten • Behaltensleistung prüfen • Gelesenes mit anderen Texten in Beziehung setzen • Text zusammenfassen • Kritische Einschätzung schreiben • Text reflektieren • Kommunikation über den Text • Integration in einen eigenen Text

Die vermutlich wichtigste Aktion vor dem Lesen ist das Festlegen dessen, was man vom Text wissen will. Man sollte Fragen stellen, die der Text beantworten soll und diese Fragen so aufschreiben, dass man sie nach der Lektüre beantworten kann. Dieser Hinweis, der von der SQ3R-Technik von Robinson (1970) stammt (siehe Kasten), ist wichtig, um aktiv mit dem Text umzugehen. Vor der Festlegung von Fragen ist es sinnvoll, den Text erst einmal zu überfliegen und die äußeren Textmerkmale und Strukturhinweise zu studieren.

Während des Lesens hat man wiederum eine breite Palette unterschiedlicher strukturierender Handlungen zur Verfügung, die man je nach Lesezweck einsetzen kann. Eine Hilfe für aktives Lesen besteht im Anstreichen (sofern man nicht ein Buch, das der Bibliothek gehört, in der Hand hat). Mit Anstreichen hebt man das Wichtige hervor. Man kann unterschiedliche Farben und Markierungen nutzen, etwa für Schlüsselbegriffe, für Hinweise auf das Vorgehen des Autors, für Kernaussagen oder Kernergebnisse.

Methodik

Die SQ3R-Lesetechnik

Die älteste und bekannteste Lesetechnik stammt von Francis Robinson (1970). Sie besteht aus fünf Elementen:

Survey: Vor dem eigentlichen Lesen überfliegt man den Text und verschafft sich einen Überblick, wie er aufgebaut ist. Dabei orientiert man sich an Titel, Abstract, Gliederung, Überschriften, Einleitung, Kapitelzusammenfassungen und anderen strukturierenden Textbestandteilen.
Question: Ausgehend vom eigenen Vorwissen stellt man Fragen an den Text. Die Fragen werden schriftlich festgehalten und am Schluss kontrolliert. Die Fragen sind besonders wichtig, um aktiv an den Text heranzugehen, aber auch, um selektiv zu lesen und dem Text genau das zu entnehmen, was von Interesse ist.
Read: Der Text wird abschnittweise gelesen, das Wichtige wird festgehalten. Hier verbirgt sich natürlich das, was das Lesen eigentlich ausmacht.
Recite: Der Text wird abschnittweise rekapituliert und in eigenen Worten zusammengefasst. Das Wesentliche wird herausgestrichen.
Review: Der Inhalt des ganzen Textes wird zusammenfassend festgehalten, wobei die im Punkt »Questions« festgehaltenen Fragen als Orientierung benutzt werden können. Hier können auch Mind-Map-Elemente verwendet werden, um die Struktur des Textes komprimiert zu visualisieren.

Ist man mit einem Themengebiet wenig vertraut, ist ein aktiver Umgang mit neuen Begriffen nötig. Hier reicht unterstreichen nicht, denn hier sollte man das Lesen auch dazu nutzen, ein Fachvokabular aufzubauen. Ein **Glossar** anzulegen, in das alle neuen Begriffe samt Definitionen aufgenommen werden, kann hier nützlich sein. Manche Begriffe erfordern zusätzliche Recherchen in Fachwörterbüchern.

Nach dem Lesen ist es wichtig, das Ergebnis zu sichern. Hier sollte man noch einmal Zeit investieren, um zu rekapitulieren, was der Text aussagt, wie man ihn einschätzt und was man aus ihm weiter verwenden kann. Auch die Beantwortung der vorher an den Text gestellten Fragen gehört dazu. Nach dem Lesen sollte man die Leseposition wieder verändern und zum Notebook zurückkehren, um die handschriftlichen Notizen, die man während des Lesens gemacht hat, zu übertragen und zu kommentieren.

11 Texte entschlüsseln

Sich einen Text zu erarbeiten, heißt, seine Tiefenstruktur zu entschlüsseln. Das ist bei Texten nötig, die komplexe oder abstrakte Themen behandeln sowie bei Texten, zu denen die Lesenden eine große historische oder kulturelle Distanz haben. Zwei Prinzipien spielen bei der Entschlüsselung von Texten eine besondere Rolle: das Verhältnis von Detail und Ganzem und das Verhältnis von Text und Kontext.

Das Verhältnis von Detail und Ganzem besagt, dass man ein Verständnis von einzelnen Textpassagen nur gewinnen kann, wenn man den Gesamttext versteht und umgekehrt, dass man den Gesamttext nur verstehen kann, wenn man die einzelnen Teile kennt. Es ist also ein abwechselndes Lesen nötig, das sich zunächst einen Überblick verschafft, um daraus eine erste Zusammenfassung des Textes zu gewinnen. In einem zweiten Schritt sind die einzelnen Textpassagen durchzuarbeiten um die Details im Lichte der Gesamtdeutung des Textes zu interpretieren. Dabei bedingt die Detailsicht die Gesamtsicht ebenso, wie die Gesamtsicht das Detail verstehen hilft.

Das zweite Verhältnis ist das von Text und Kontext. Der Text ist gegen konkurrierende Texte zu lesen und in den fachlichen oder historischen Rahmen einzubetten. Jeder Text greift etwas auf, das kontextspezifisch ist und bringt etwas ein, das dem Kontext zuwiderläuft. Viele Texte versuchen, eine neue Sicht gegen andere zur Geltung zu bringen oder verteidigen eine etablierte Sicht gegen Neuerer.

Für das Textverständnis wichtig ist die Rekonstruktion der Aussagen und ihrer Struktur. Hier ist zunächst zu berücksichtigen, welche Art von Text man vorliegen hat. Jede Textart fußt auf unterschiedlichen Darstellungseinheiten, die für die Rekonstruktion herangezogen werden müssen. Hier sind die wichtigsten:

Begriffe: Vor allem dann, wenn Sie sich in ein neues Fach oder ein neues Themengebiet einarbeiten, sind Begriffe besonders zu beachten. Begriffe sind die Kernelemente jeder Fachsprache und Grundeinheiten des Textaufbaus. Begriffe werden in jeder Disziplin relativ einheitlich verwendet. Allerdings verändern sie ihre Bedeutung im Lauf der Zeit auch, und nicht selten findet man in Teilgebieten oder in benachbarten Disziplinen abweichende Bedeutungen. Begriffsbedeutungen werden durch Definitionen festgelegt. Sie besagen, wie der Begriff verwendet wird. Wenn Sie ein neues Thema bearbeiten, kann es sinnvoll sein, sich ein Glossar anzulegen, in dem Sie alle verwendeten Begriffe des Textes und ihre Definitionen festhalten. Ein Glossar ist auch eine sinnvolle Ergänzung für jede Seminararbeit. Ist Ihnen ein Glossar zu aufwändig, können Sie die Begriffe im Text mit einer besonderen Farbe markieren, so dass Sie später die Definitionen wieder einfach auffinden können. Für Prüfungsvorbereitungen sind Begriffe manchmal wie Vokabeln auswendig zu lernen, einschließlich ihrer Definitionen und Beziehungen zu benachbarten Begriffen.

Kernaussagen, Postulate, Thesen: Die zentralen Aussagen eines Textes herauszuarbeiten ist wichtig, weil in ihnen das steckt, was dem Autor wichtig ist, seine Meinung also. Am einfachsten sind sie zu erkennen, wenn sie die Form einer These annehmen. Dann hat das Postulat gewissermaßen den Aufkleber »ich bin wichtig«. Oft sind die Kernaussagen aber nicht markiert und man muss selbst erschließen, worum es dem Autor geht. Postulate und Thesen findet man sowohl auf der Mikroebene des Textes als auch auf der Makroebene.

Argumente: Sie dienen dazu, Behauptungen oder Thesen zu stützen. Sie liefern die Gründe, warum es vernünftig ist, eine bestimmte Behauptung als wahr anzunehmen. Argumente sind selbst auch Behauptungen, die aber funktional eine andere Rolle haben als die Postulate, weil sie nur begründende Funktion haben. Sie müssen in den Wissenschaften durch Belege abgestützt werden.

Theorien: Sie sind komplexe Zusammenhangsdarstellungen, in denen Begriffe, Postulate, Argumente und Belege zu größeren Einheiten zusammengefasst sind. Theorien dienen dazu, Dinge zu erklären, indem allgemeine Zusammenhänge, meist kausaler Art, postuliert werden. Die meisten Theorien haben Namen, was ihre Identifizierbarkeit und die Kommunikation erleichtert. Theorien kann man dazu verwenden, konkrete Erscheinungen zu erklären.

Fakten: Darunter versteht man empirisch geprüfte Behauptungen von Zusammenhängen, die von einer Fachgemeinschaft als wahr gelten. Fakten sind also experimentell reproduzierbare oder (wie in den Geschichtswissenschaften) aus Dokumenten belegbare Sachverhalte, die unter Wissenschaftlern derzeit nach allgemeinen methodischen Standards als wahr angenommen werden. Fakten werden dementsprechend in jeder Wissenschaft anders bestimmt.

Berichte: Sie stellen dar, was jemand getan hat. Der Forschungsbericht ist das wichtigste Genre in den Natur- und Sozialwissenschaften. Kern des Forschungsberichts ist die Darstellung des methodischen Vorgehens und der Ergebnisse. Die Forschung wird jedoch in einen Wissensstand eingebettet und die Ergebnisse werden wieder auf diesen Wissensstand rückbezogen. Da alle Forschungsberichte eine Standardstruktur haben, das so genannte **IMRAD-Schema** (das die Abfolge der Anfangsbuchstaben von Abstract-Introduction-Method-Results-Discussion nicht ganz genau wiedergibt), ist es für die Wiedergabe auch sinnvoll, dieser Struktur zu folgen.

Kontextueller Rahmen: Alle Texte stehen in einem kontextuellen Zusammenhang und bemühen sich, den kontextuellen Rahmen, in dem sie verstanden sein wollen, selbst abzustecken. Sie geben also Auskunft darüber, zu welcher Disziplin Autor und Text zu zählen sind, ggf. auch in welchem interdisziplinären Zusammenhang die Arbeit entstanden ist. Sie benennen Forschungsfelder, zu denen sie etwas beitragen und geben ihre Diskurspartner an, mit denen sie in Kooperationsbeziehungen oder in Auseinandersetzungen stehen. Kontextinformationen sind wichtig für das Verständnis von Texten, da verschiedene der eben genannten Aspekte davon abhängen, z. B. die Terminologie, theoretische Präferenzen, Forschungsansätze. Oft ist es nötig, den kontextuellen Rahmen zu erschließen und durch weitere Literatur zu eruieren. Dazu sind theoretische Arbeiten oder Literaturberichte geeignet, in denen empirische Originalarbeiten zusammengefasst und diskutiert werden.

12 Zusammenfassen von Texten

Ein wesentlicher Schritt des Lesens besteht darin, das Gelesene in einen eigenen, auf das Wesentliche reduzierten Text zu verwandeln. Zusammenfassen ist eine essenzielle Handlung in den Wissenschaften, die dazu dient, in Texten gespeichertes Wissen zu identifizieren und zu reproduzieren. Zu den meisten wissenschaftlichen Texten gibt es bereits Zusammenfassungen (die **Abstracts** in Forschungsartikeln beispielsweise), die Ihnen beim Verständnis und bei der Suche nach Information helfen.

Zusammenfassungen können einen unterschiedlichen Kompressionsfaktor haben. Die Zusammenfassung kann zum Originaltext im Verhältnis 1:2 stehen, aber auch im Verhältnis von 1:100, wenn man etwa ein ganzes Buch auf einer halben Seite zusammenfasst. Auch wenn das Zusammenfassen eine sehr elementare wissenschaftliche Handlung zu sein scheint, birgt es einige erkenntnistheoretische und methodische Tücken, die Sie kennen sollten.

Es gibt zwei zentrale Gründe für das Zusammenfassen. Erstens dient es dazu, das zusammengefasste Wissen für den eigenen Gebrauch verfügbar zu machen, etwa für eine Prüfung oder für einen praktischen Zweck. Dann ist die Form der Zusammenfassung nicht weiter reglementiert, sondern dient einfach als Basis des eigenen Wissens. Zweitens dient das Zusammenfassen dazu, Wisseneinheiten für einen eigenen Text bereit zu stellen, damit man z. B. den Stand der Forschung zu einem Thema darstellen kann. Dann muss das Zusammenfassen definierten Qualitätsanforderungen genügen und den Konventionen des Zitierens und Verweisens genügen.

Es gibt in den Wissenschaften genaue Vorgaben dafür, wie man mit fremden Texten umgeht. Das unterscheidet die Wissenschaften von allen anderen Domänen, in deren Texte es zwar auch Text-Text-Bezüge gibt, aber nicht die Pflicht, jeden dieser Bezüge auch offenzulegen. Darauf werden wir später noch einmal zurückkommen, wenn es um die Regeln des Zitierens geht. Zunächst ist festzuhalten, dass das Zusammenfassen eine Voraussetzung für genaues Zitieren und für den Umgang mit fremder Literatur ist. Fremde Texte, so sagt die Regel, sind inhaltsgetreu in eigener Sprache wiederzugeben. Zwei Ausnahmen gibt es dazu: Ist tatsächlich der Wortlaut von Bedeutung, können wörtliche Passagen, durch Anführungszeichen kenntlich gemacht, übernommen werden. Die zweite Ausnahme besteht darin, dass Fachbegriffe in fremden Texten nicht umschrieben, sondern beibehalten werden. Fachbegriffe bilden das terminologische Grundgerüst jeder Wissenschaft, und ihre Verwendung dient einer genauen und sicheren Wissenskommunikation. Nicht immer ist es am Anfang ganz einfach zu entscheiden, was Fachbegriff ist und was nicht. Hier sind **Fachlexika** gefragt.

Überblick

Grundinformationen über einen Text

Wer ist Autor / sind die Autoren?	• Biographische Angaben • Sonstige Veröffentlichungen • Fachzugehörigkeit • Institution
Wann ist der Text erschienen?	• Wann verfasst? • Erscheinungsdatum, spätere Auflagen • Was kann Autor (nicht) gelesen haben?
Wo ist der Text zuerst erschienen?	• Ort der Veröffentlichung • Medium (Buch, Zeitschrift, Zeitung, Internet) • Herausgeber, Verlag, Buchreihe
Überlieferungsgeschichte	• Originalsprache, Übersetzung • Be- und Überarbeitungen • Mehrere Fassungen? • Kritische Ausgaben?
Thema des Textes	• Titel und Untertitel • Abstract • Zentrale Begriffe
Textsorte	• Art des Textes • Funktion und Kontext • Zeitgeist
Adressaten	• Laien oder Fachpublikum • Für oder gegen wen ist der Text geschrieben?
Publikations- und Diskussionszusammenhang	• Politischer Kontext • Diskussionszusammenhang • Bezug zu anderen Autoren • Stellung im Gesamtwerk des Autors
Wirkungsgeschichte des Textes	• Bekanntheitsgrad • Folgen / Rezeption • Neuauflagen, Übersetzungen, Impact

Modifiziert nach: Brun / Hirsch-Hadorf 2009, S. 17 ff.

> **Tipp**
>
> **Wie man wissenschaftliche Texte zusammenfasst**
>
> - Kontextuellen Rahmen festhalten (Autor, Quelle, Art der Veröffentlichung, Disziplin etc.)
> - Originaltext einmal ganz lesen, Überblick verschaffen
> - Rekapitulieren der Kernaussagen mit Bezug zum gesamten Text
> - Klären unklarer Passagen durch Sekundärliteratur oder Lexika
> - Inhalte in eigener Sprache wiedergeben (paraphrasieren)
> - Fachbegriffe beibehalten (Definitionen beachten und wiedergeben)
> - Kernaussagen wörtlich zitieren
> - Kritisch mit Text umgehen (Widersprüche, Zweifel, Bedenken notieren und anmerken)
> - Mehrstimmige, referierende Wiedergabe (Autor A sagt, Autorin B geht darauf ein …)
> - Fair mit dem Text und dessen Autor umgehen
> - Text in den übergeordneten Kontext (systematischen, diskursiven oder historischen Zusammenhang) einbetten
> - Für genaue bibliographische Angaben sorgen (Namen, Verlag, Publikationsort, Erscheinungsjahr, Seitenzahl, Ausgabe).

Es gibt zwei unterschiedliche Arten des Zusammenfassens, die Sie unterscheiden müssen. Die erste ist die einfache, nacherzählende Wiedergabe des Inhalts. Sie gibt den Inhalt auf der Sachebene wieder, ähnlich wie sie der Autor geschildert hat, allerdings in reduziertem Umfang. Die zweite Art ist eine Art Bericht über das Gelesene und dessen Autor. Dabei wird nicht direkt über den Gegenstand geredet, sondern über das, was der Autor über den Gegenstand sagt und wie er dabei vorgeht.

Im Folgenden finden Sie ein Beispiel für eine **zusammenfassende Inhaltswiedergabe** eines Textes von Harald Weinrich (1989). Hier ist zunächst der Originaltext:

> Etwas wissen und es wissenschaftlich wissen, ist nichts wert, wenn es nicht auch den anderen Angehörigen der wissenschaftlichen Population bekannt gegeben wird. Alle wissenschaftlichen Erkenntnisse sind einem allgemeinen Veröffentlichungsgebot unterworfen, und kein privates Wissen oder Geheimwissen darf sich wissenschaftlich nennen. Das Gebot der Veröffentlichung ist

jedoch mehr als ein bloßes Mitteilungsgebot; es ist nämlich in seiner striktesten Form nur erfüllt, wenn ein Forschungsergebnis allen anderen Wissenschaftlern, die es je für relevant halten können, zugänglich gemacht wird. Alle diese Wissenschaftler sind nämlich, sobald sie die Nachricht von einem Forschungsergebnis empfangen haben, im Prinzip einem ebenso strikten Rezeptionsgebot, das mit einem Kritikgebot gepaart ist, unterworfen, und die kritisch rezipierenden Wissenschaftler dürfen nicht eher Ruhe geben, bis sie die mutmaßliche wissenschaftliche Erkenntnis allen denkbaren Falsifikationsversuchen ausgesetzt und sie auf diese Weise entweder erhärtet oder zu Fall gebracht haben.

Eine zusammenfassende Inhaltswiedergabe davon könnte folgendermaßen aussehen:

Wissenschaftliches Wissen muss, um von einer Fachgemeinschaft anerkannt zu werden, veröffentlicht und allen potenziellen Nutzern zugänglich gemacht werden. Im Gegenzug zu diesem »Veröffentlichungsgebot« gibt es ein »Rezeptionsgebot«, das allen Wissenschaftlern die Pflicht auferlegt, das veröffentlichte Wissen nicht nur zu berücksichtigen, sondern es auch kritisch zu prüfen (»Kritikgebot«).

Hier ist der Originaltext auf etwa ein Viertel verdichtet worden. Die Begriffe »Veröffentlichungsgebot«, »Rezeptionsgebot« und »Kritikgebot« sind erhalten geblieben, sonst wurde der Text in eigenen Worten wiedergegeben. Beachten Sie, dass die Autorenrolle der wiedergebenden Person der des Originalautors gleicht. Sie stellt das Wissen aus dem gleichen Blickwinkel dar wie dieser und kann dem entsprechend auch keine eigenen Gesichtspunkte in die Wiedergabe einbringen. Wie sieht eine **referierende Zusammenfassung** dagegen aus?

Weinrich (1989) geht in seiner Darstellung zur Wissenschaftssprache von der Frage aus, was gegeben sein muss, damit Wissen von einer Fachgemeinschaft als wissenschaftlich akzeptiert werden kann. Drei Dinge nennt er: Publikations-, Rezeptions-, und Kritikgebot. Er hält es für ein allgemeines Gesetz der Wissenschaften, dass Wissen allen möglichen Wissenschaftlern zugänglich gemacht wird und dass diese es wiederum auf alle möglichen Arten danach prüfen, ob es stichhaltig ist.

Die Zusammenfassung im referierenden Modus ist meist länger als die unmittelbare Wiedergabe. Dafür erlaubt sie, genauer zu qualifizieren, was der Autor des referierten Textes getan, beabsichtigt, gedacht oder erforscht hat. Typisch für den referierenden Wiedergabemodus sind Verben, die wissenschaftliches Handeln genauer spezifizieren (siehe Kasten). Damit lässt sich bezeichnen, was der Autor getan, gedacht, gesagt, erforscht, untersucht, postuliert, dargestellt hat. Das ist auch Ausgangspunkt für eine kritische Rezeption, die es Ihnen ermöglicht, Dinge in Frage zu stellen. Wenn Sie sich eine Formulierung anschauen wie

> Weinrich hält es für ein allgemeines Gesetz, dass …,

dann deuten Sie schon an, dass man gerade dies in Zweifel ziehen kann (ohne den Zweifel selbst auszudrücken). Da Weinrich diese Formulierung so selbst nicht gewählt hat, ist eine Interpretation darin enthalten, allerdings eine, die sich aus dem Text stützen lässt.

Die referierende Textwiedergabe erlaubt Ihnen also, **Sprecherintentionen**, **Sprechakte**, Forschungshandlungen und rhetorische Mittel des Autors anzuspre-

Überblick

Verben des Referierens

Forschungshandlungen	Wissen konstruieren	Diskursive Handlungen
• untersuchen	• von einer Frage ausgehen	• These aufstellen
• zeigen	• darstellen	• behaupten, postulieren
• demonstrieren	• vermuten	• widerlegen
• belegen	• begründen	• widersprechen
• vergleichen	• Modell bilden	• in die Diskussion bringen
• entdecken	• konzipieren	• berichten
• prüfen	• nennen	• auf jemand verweisen
• erforschen	• Hypothese aufstellen	• sich auf … beziehen
• herausfinden		• sich abgrenzen
		• erwähnen
		• Meinung vertreten

In Anlehnung an: Hyland 2000.

chen und damit nicht nur wiederzugeben, was er sagte, sondern das Wiedergegebene in Ihren eigenen Darstellungs- und Bewertungsrahmen einzubetten. Diese Qualität der Wiedergabe sehen Sie noch deutlicher, wenn Sie eine Formulierung wie die Folgende betrachten:

> Weinrich hält es, im Gegensatz zu neueren konstruktivistischen Ansätzen, für ein Gesetz, dass ...

Hier stellen Sie Weinrich in einen diskursiven Zusammenhang und setzen dazu an, ihn in einem theoretischen Kontext zu verorten. Gleichzeitig erhalten Sie mit dieser Darstellungsform auch eine eigene Stimme im Text: Sie sind es, die die Zusammenstellung und Einordnung der referierten Literatur moderieren. Lesen Sie zu diesem Punkt auch den Abschnitt IV.6 über das Referieren von fremder Literatur.

13 Kritisches Lesen

Meist genügt es nicht, einen fremden Text wiederzugeben, denn man möchte auch die eigenen Gedanken dazu festhalten. Vielleicht hat man Zweifel an der Richtigkeit des Gelesenen oder hat kritische Einwände gegen einzelne Aspekte vorzubringen. Nun ist ein kritischer Umgang mit Texten nicht identisch damit, den Text zu kritisieren. Wer kritisiert, glaubt zu wissen, was richtig und falsch ist. Das behaupten in den meisten Fällen auch gestandene Wissenschaftler nicht von sich. Außerdem ist Kritik nie sonderlich gut, um eine Auseinandersetzung zu führen, denn sie beendet in der Regel die Kommunikation, statt sie zu entfachen. Es gibt aber eine Alternative dazu, die man »reflektierenden« Umgang mit Wissen nennt. Diese Art von kritischem Umgang können Sie von Anfang an praktizieren, ohne mit den Kritisierten anzuecken. Sie ist zudem geeignet, wissenschaftliches Denken zu trainieren. Deshalb gehe ich etwas ausführlicher auf sie ein.

Gelesenes zu reflektieren heißt, Denkmöglichkeiten zu erproben und Räume für das Denken zu schaffen. Reflektieren wirkt mehr über Fragen als über Behauptungen, operiert mehr mit hypothetischen Annahmen als mit Wahrheitspostulaten und mehr mit tastenden, vorsichtigen statt mit apodiktischen Urteilen. Reflektierender Umgang mit Wissen erfordert eine bestimmte Sprache des Erwägens und Hinterfragens: »Es ist denkbar, dass ...« oder »Man könnte nun argumentieren, dass ...«. Phrasen dieser Art benutzen oft den Konjunktiv um Mögliches und Denkbares auszudrücken (siehe Kasten dazu).

Eine abwägende Art, mit Wissen oder Meinungen umzugehen, erlaubt Ihnen zu reflektieren, ohne sich festzulegen und ohne immer gleich in eine Konfrontation mit dem gelesenen Autor einzutreten. Sie können eigene Gedanken in Beziehung zum Gelesenen setzen und offen lassen, wer letztlich Recht hat. Sie explorieren ein Thema, spinnen es weiter, probieren Alternativen aus, machen Argumente geltend, interpretieren das Gelesene im Lichte Ihrer eigenen Meinung usw. Für die Wissenschaften ist Reflexion dessen, was richtig sein könnte ein wichtiger Teil der Erkenntnisgewinnung.

Es ist also ratsam, das Gelesene beim Lesen kritisch zu hinterfragen und sich mit dem Text gedanklich auseinanderzusetzen. Wenn Sie das auch dokumentieren, lernen Sie, »schriftlich« zu denken, eine Kunst, die in allen Wissenschaften gebraucht wird. Natürlich können Sie dabei je nach Kontext auch eine ich-bezogene Sprache verwenden: »Ich frage mich, ob …«, »Ich würde dagegen einwenden, dass …« usw.

Überblick

Phrasen des Reflektierens und Hinterfragens von Texten

- Es ist aber auch denkbar, dass …
- Eine alternative Sichtweise wäre …
- Man kann sich aber fragen, ob nicht …
- Was unklar bleibt, ist …
- Nicht angesprochen wird …
- Die Erfahrung sagt, dass nicht nur …, sondern auch …
- Es ließe sich auch argumentieren, dass …
- Nimmt man einmal an, dass …, dann lässt sich schlussfolgern, dass …
- Die Begründetheit dieser Aussage kann man bezweifeln, wenn man bedenkt, dass …
- Man könnte nun einwenden, dass …
- Misst man diese Aussage an dem vom Autor selbst formulierten Anspruch, dann …
- Ob dies generell so gilt, ist eine Überlegung wert …
- Die Autorin erweckt den Anschein als …
- Es fragt sich, ob der Autor bedacht hat, dass …
- Man könnte nun folgendes Gedankenexperiment anstellen …
- Alternativ ließen sich folgende Ursachen annehmen …
- Wenn man die Aussage der Autorin im Kontext von … betrachtet, dann …

Ob man eine unpersönliche oder ich-bezogene Darstellungsweise verwendet, ist stark von der Kultur des Fachs und dem Zweck Ihrer Textwiedergabe abhängig.

14 Exzerpieren: Das Gelesene dokumentieren

Vom fremden zum eigenen Text zu gelangen, verlangt in der Regel ein mehrschrittiges Vorgehen. Selten überträgt man Wissen direkt aus dem fremden in den eigenen Text, viel mehr gibt es meistens einen Zwischenschritt, eine Lesephase also, in der man sich mit der Literatur vertraut macht, das Wichtigste herausschreibt, verbindet und dann erst ans Schreiben geht. Dieses systematische Herausschreiben nennt man auch »**Exzerpieren**«. Es geht darum, eine Art Leseprotokolle anzufertigen, die das Wichtigste des Textes enthalten, bzw. das, was für Sie von Interesse ist und was Sie möglicherweise in einem eigenen Text verwenden wollen.

Was sollte ein solches Leseprotokoll enthalten? Da ist zunächst einmal die Zusammenfassung des Textes selbst. Sie ist natürlich Kern des Ganzen, braucht aber einen Rahmen, damit Sie später das selbst Zusammengefasste auch noch verstehen können. Neben der Zusammenfassung gehören folgende Aspekte in das Exzerpt:

> **Checklist**
>
> **Was ein Exzerpt unbedingt enthalten muss**
>
> - genaue bibliographische Angaben (inkl. Autorenvornamen und -nachname, Seitenangabe, Erscheinungsort, Verlag, Herausgeber etc.)
> - Zusammenfassungen von Kernaussagen, Theorien, Definitionen, referierter Literatur, Forschungshandlungen (Untersuchungen, Experimente etc.), Ergebnisse, Generalisierungen, Schlussfolgerungen
> - Zitate, die Sie evtl. verwenden möchten
> - eigene Gedanken und Kommentare
> - Seitenangaben zu allem, was Sie herausgeschrieben haben
> - Angaben zu dem, was Sie *nicht* gelesen haben
> - Hinweise auf Tabellen, Abbildungen, die Sie später vielleicht noch einmal ansehen wollen.

Exzerpte lassen sich auf normalem Papier schreiben, besser sind sie aber auf Karteikarten aufgehoben, vor allem dann, wenn man viele Texte zu exzerpieren hat. Die Karteikarten lassen sich anschließend gruppieren und in die Reihenfolge bringen, in der man die festgehaltenen Inhalte verwenden will. Nichts spricht dagegen, Exzerpte elektronisch zu speichern, entweder als Word-Dateien oder als Dateien in einem Literaturverwaltungsprogramm wie Endnote, RefWorks oder Lidos, in denen man nicht nur die bibliographischen Angaben, sondern auch Exzerpte und Zusammenfassungen speichern kann.

15 Arten von Texten in Bibliothek und Internet

Zum Verständnis von Texten und ihren Lesarten ist auch ein Blick auf die traditionellen und neueren Publikationsarten sinnvoll, denn daraus erhält man gute Hinweise, wie mit dem Text umzugehen ist. Die Wissenschaften sind sehr eigen darin, wissenschaftliche von nichtwissenschaftlichen Publikationen zu unterscheiden und zur Wissenskonstruktion nur das zu zitieren, was auch in wissenschaftlichen Quellen publiziert ist. Das ist eine Maßnahme zur Qualitätskontrolle in den Wissenschaften.

Was Textgenres und Publikationsgewohnheiten angeht, stehen wir mitten in einem großen Umbruch. Das Internet ermöglicht neue Arten von multimedialen Wissensdarstellungen, neue Formen des Austausches darüber und neue Arten des Lesens und der Rezeption. Zwar werden Buch und Zeitschrift noch lange nicht ausgedient haben, aber sie haben in den neuen Medien Konkurrenz bekommen, die ihre Funktionen verändern. Das Gleiche gilt auch für die Bibliotheken. Zwar wird von Google die virtuelle Weltbibliothek aufgebaut, in der man einmal mit einem Klick jeden beliebigen Text auffinden kann, aber selbst wenn diese Vision Wirklichkeit würde, blieben genug Gründe bestehen, um die Bibliotheken als begehbare Orte des Wissens bestehen zu lassen. Einer der Gründe dafür ist, dass die Dauerhaftigkeit elektronischer Speichermedien, speziell der der Internetpublikationen nicht gesichert ist und das Papier nach wie vor die verlässlichere Speicherart ist. Ein zweiter Grund besteht darin, dass viele das Buch nach wie vor als Lesemedium bevorzugen. Ein dritter Grund liegt darin, dass es trotz aller Elektronik nach wie vor menschlicher Hilfe beim Auffinden von Informationen aus allen Arten von Speichermedien bedarf. Hier wird auch in Zukunft viel Beratungsbedarf von den Bibliotheken abgedeckt werden müssen.

Auf absehbare Zeit wird jedenfalls noch gelten, dass Lesende Bibliotheken brauchen und dass sie ihnen zur Verfügung stehen. Wenn Sie an einer Hochschule zu studieren begonnen haben, sollte Sie einer Ihrer ersten Wege in die Institutsbibliothek führen und einer der nächsten in die Universitätsbibliothek. Bibliotheken haben die Eigenschaft, dass man in ihnen stöbern und unerwartete Funde machen kann, besonders wenn man auch etwas ältere Literatur schätzt. Natürlich sind Bibliotheken nach wie vor besonders dafür ausgerichtet, gezielt Publikationen ausfindig zu machen. Damit Sie eine Orientierung in der Bibliothek haben, sind im Folgenden die wichtigsten traditionellen Publikationsformen in den Wissenschaften aufgeführt:

Monographie: ein Fachbuch, das einen in sich geschlossenen Text zu einem definierten Thema enthält. Die Monographie wird von einem Autor oder einer Gruppe von Autoren geschrieben und zeichnet sich durch eine gewisse Geschlossenheit und Kohärenz aus. Monographien können der Darstellung neuer Forschung dienen, meist aber sind sie Synthesen von Forschungen anderer. Monographien bieten Gelegenheit zu komplexeren Wissensdarstellungen, in denen ein Thema systematisch abgehandelt wird. Nicht selten dienen sie auch dazu, Theorien zu entwickeln oder eine konsistente Sichtweise auf ein bestimmtes Phänomen zu präsentieren. Monographien eignen sich dazu, sich mit den Grundlagen des Fachs kritisch auseinanderzusetzen oder einen Überblick über Forschungsfelder zu erhalten.

Handbuch: eine Zusammenstellung von Fachwissen zu einem definierten Thema in einzelnen Artikeln. Sie sind in der Regel von mehreren Fachautoren geschrieben und bieten eine gute Wissens- oder Forschungsübersicht. Handbücher sind Nachschlagewerke, die manchmal systematisch gegliedert sind, manchmal alphabetisch.

Sammelband, Anthologie: Sammlung von Aufsätzen oder Forschungsberichten. Der Sammelband ist von einem Herausgeber (oder einer Gruppe von solchen) zusammengestellt worden und besteht in der Regel aus neu geschriebenen (manchmal auch bereits publizierten, aber übersetzten Texten). Sammelbände werden in der Regel zu einem mehr oder weniger eng abgegrenzten Thema herausgegeben. Sie können Originalforschung beinhalten, aber auch eine Art von Positionsreferaten darstellen, also kürzere, theoretische Artikel zu definierten Themen. Sammelbände bieten deshalb oft gute Einführungen in den neueren Wissensstand zu einem Themengebiet. Aufgrund der Heterogenität der Beiträge liest man selten alle von ihnen.

Tagungsband: Sammlungen von (überarbeiteten) Vorträgen von Tagungen werden auch »Akten« oder »Proceedings« genannt. Ähnlich wie in den eben genannten Sammelbänden werden hier Einzelbeiträge zusammengefasst, die jedoch in der

Regel thematisch nicht so gut aufeinander abgestimmt sind wie dort. Tagungsbände bieten eine gute Übersicht, was augenblicklich (bzw. zu einem bestimmten Zeitpunkt) in einer wissenschaftlichen Gemeinschaft diskutiert wird bzw. wurde.

Festschrift: Gelegentlich werden Sammelbände zu besonderen Anlässen, oft runden Geburtstagen wichtiger Professoren oder Institutsjubiläen, herausgegeben. Hierzu werden Beiträge von Leuten angefragt, die mit dem Professor oder dem Institut in Zusammenhang stehen. Da das Jubiläum der Anlass ist, sind solche Schriften thematisch wenig fokussiert und enthalten oft Gelegenheitsarbeiten (die die Autoren in Zeitschriften nicht haben unterbringen können). Nichtsdestotrotz werden auch darin manchmal wichtige Arbeiten publiziert.

Lehrbuch: Das Lehrbuch erfüllt zwei Funktionen: erstens Wissen systematisch im Zusammenhang darzustellen und zweitens dieses Wissen didaktisch so aufzubereiten, dass es zum Lernen geeignet ist. Es gibt Fächer und Studiengänge, in denen das Lesen von Lehrbüchern einen Grossteil des Lernens ausmacht, während in anderen Fächern die Studierenden kaum je ein Lehrbuch in die Hand nehmen müssen. Gute Lehrbücher sind eine wichtige Hilfe für das fachliche Lernen, nehmen allerdings den Lesenden viel kritische Denkarbeit ab. Sie eignen sich vor allem zum Prüfungslernen, wenn definierter Stoff abgefragt wird.

Wissenschaftliche Zeitschrift: Neben der Monographie ist die wissenschaftliche Zeitschrift das wichtigste Publikationsmedium der Wissenschaften. Sie dient vor allem dazu, neue Forschungsergebnisse publik zu machen und wird deshalb auch »Primärquelle« genannt. Wissenschaftliche Zeitschriften erscheinen regelmäßig mehrfach im Jahr (das kann zweimal jährlich bis monatlich sein) als ein Heft, in dem mehrere Aufsätze enthalten sind. Am Jahresende werden die Hefte von den Bibliotheken zu einem Band gebunden und mit einem Inhaltsverzeichnis versehen, so dass sie wie ein Buch aussehen. Neben wissenschaftlichen Originalartikeln sind oft auch Rezensionen, Abstracts von anderen Veröffentlichungen, Diskussionsbeiträge und Nachrichten aus dem Wissenschaftsbetrieb enthalten. Für die Wissenschaften war die Einführung der ersten beiden Zeitschriften 1665 eine mediale Revolution, ähnlich wie heute die Einführung des Internets. Die eine Zeitschrift, das *Journal des Sçavans,* wurde in Paris herausgegeben, die andere, die heute noch existierenden *Transactions of the Royal Society,* in London. Schon 50 Jahre nach dem Erscheinen der ersten Zeitschriften wurden hunderte von Zeitschriften neu gegründet, deren Entstehen viel zur Formierung der wissenschaftlichen Disziplinen beigetragen hat. Wissenschaftliche Zeitschriften werden zwar von Verlagen herausgegeben, aber es sind die Wissenschaftler selbst, die bestimmen, welche Beiträge aufgenommen werden und welche nicht. Dazu wird für jeden eingereichten Beitrag ein **Peer Review** durchgeführt, indem vorab mehrere Experten Kurzgutachten über die wissenschaftliche Qualität des Artikels schreiben. Nicht selten wird eine Veröffentlichung abgelehnt oder nur unter Überarbeitungsauflagen zum Druck zugelassen.

Zeitschriftenartikel sind in der Regel kurz. Der Platz in Zeitschriften war immer eng bemessen, was zur Folge hatte, dass sich eine sehr knappe Darstellungsform ohne Lese- bzw. Verständnishilfen für Forschungsdarstellungen herausgebildet hat. Die wichtigste Aufgabe beim Lesen von Forschungsartikeln besteht darin, die Methode des Erkenntnisgewinns zu rekonstruieren. Denn davon hängt ab, welchen Wert das darin enthaltene Wissen besitzt. Forschungsartikel werden heute fast ausschließlich in Englisch publiziert. Sie haben eine standardisierte Form, die dabei hilft, die Kerninformation schnell aufzufinden. Die »Introduction« leitet ins Thema ein und bindet die dargestellte Forschung an ein breiteres Fachgebiet bzw. das bereits existierende Wissen. Fragestellung und ggf. Hypothesen werden benannt. Der Teil »Method« sagt, was die Autoren getan haben, um die Fragestellung zu beantworten. Hier findet man also wichtige Hinweise dazu, wie neues Wissen generiert wurde. Der Teil »Results« gibt die Ergebnisse in kondensierter Form, meist als Tabellen wieder. Der Teil »Discussion« schließlich interpretiert die Ergebnisse und gibt Auskunft darüber, in welchem Umfang die Fragestellung beantwortet werden kann. Vorangestellt ist dem ein »Abstract«, eine unkommentierte Zusammenfassung der wesentlichen Inhalte. Man kann es wie ein Inhaltsverzeichnis lesen.

Weniger genau reglementiert als die Printmedien sind die Texte im Internet. Dort haben sich zwar auch schon bestimmte Publikationsformate und Textgenres herausgebildet, aber sie sind noch sehr viel stärker im Fluss und können sich schnell ändern. Hier sind die wichtigsten wissenschaftlichen Publikationsarten im Internet:

Online-Zeitschriften: Es gibt reine Online-Zeitschriften, die nur im Web publiziert sind. Sie sind leicht auffindbar und kostenlos. Es gibt Zeitschriften, die nach wie vor auf Papier gedruckt werden, allerdings parallel dazu auch im Web stehen. Alle großen Verlage für wissenschaftliche Zeitschriften bieten diesen Service an. Man kann die Zeitschriften abonnieren oder Artikel einzeln als PDF-Datei herunterladen (gegen eine Gebühr). Die Bibliotheken der Universitäten haben viele dieser Zeitschriften abonniert, so dass Sie sie als Angehöriger kostenlos abrufen können.

Oft geht das allerdings nur dann, wenn man innerhalb des Netzes der Hochschule die Zeitschriften anwählt. Die Bibliotheken geben gerne Auskunft bei technischen Schwierigkeiten.

Online-Lexika: Es gibt viele Lexika, Enzyklopädien, Synonymwörterbücher etc. im Internet, nicht nur Wikipedia. Sie erlauben Ihnen, viele Dienste in Anspruch zu nehmen, ohne sich vom Platz zu erheben. Die Qualität der Lexika und Wörterbücher einzuschätzen, ist jedoch nicht immer ganz einfach und in der Menge verfügbarer Suchmaschinen die richtige zu finden auch nicht. Wikipedia ist der bekannteste Vertreter dieser Textart, die anfangs mit großen Hoffnungen und viel Skepsis bedacht wurde. Heute scheint festzustehen, dass Wikipedia nicht schlechter als andere große Universallexika abschneidet. Wikipedia zeigt die Möglichkeiten und Probleme hypertextueller Darstellungen. Generell gilt für **Hypertexte**, dass sie vom Prinzip der Linearität der Textorganisation abweichen und mehrere Pfade des Lesens zulassen. Der Text bildet kein Ganzes mehr, das einen roten Faden von der ersten bis zur letzten Zeile besitzt, sondern es gibt viele eher kurze, miteinander verlinkte Texte. Leser müssen einen eigenen Weg, also ihren eigenen roten Faden durch diese Textwelten finden und die Integration der Teiltexte selbst vornehmen.

Hochschul-, Instituts-, Dozentenwebsites: Wichtige Fundquellen für Informationen sind die Webseiten der Hochschulen. Viele Dozierende platzieren ihre Veröffentlichungen, Forschungsprojekte, Mitarbeiter und Lehrveranstaltungen auf ihre Webseiten. Es lohnt sich also, dort zu stöbern, um etwas mehr über Ihre Lehrenden herauszufinden. Manchmal sind diese Informationen auch separiert in speziellen Publikations- oder Projektdatenbanken, die Sie zusätzlich aufsuchen können.

Zusammenfassung

Lesen – das zeigt dieses Kapitel – ist mehr als gedankliches Zusammenfügen von Buchstaben und Wörtern zu Sätzen. Es sind mehrere verschränkte gedankliche Aktivitäten nötig, damit Leseverstehen zustande kommt. Das Leseverhalten muss an Leseabsicht, Lesestoff, Medium und Aufgabe angepasst werden. Um zu verstehen, was Lesen ist, muss man aber über die beteiligten kognitiven Prozesse hinaus einige Überlegungen darüber anstellen, welche Bedeutung die Schrift in unserer Kultur und im eigenen Leben hat.

Zusammenfassung

Im Studium gilt es zunächst, sich auf die Aufgaben des Lesens von wissenschaftlichen Texten einzustellen. Texte sind nicht einfach sprachliche Behälter, die Wissen enthalten, sondern sie sind als schriftliche Konversationen zu verstehen, die in Fachkreisen geführt werden. Hinter jedem wissenschaftlichen Text stehen dutzende von weiteren Texten, die die Voraussetzungen geschaffen haben, dass der Text geschrieben werden konnte. Lesen im Studium heißt, nicht nur die einzelnen Texte zu verstehen, sondern die Diskurse, in die sie eingebettet sind.

Die meisten Lesevorgänge, auch im Studium, gehen glatt und geräuschlos vor sich. Wenn das Lesen allerdings einmal stockt und das Ergebnis unbefriedigend ist, dann ist es sinnvoll, das Repertoire an verfügbaren Lesestrategien und Lesetechniken genauer zu betrachten. Hier sind die wichtigsten Aspekte, die in diesem Kapitel vermittelt werden:

Aktives Lesen ist die wichtigste Bedingung dafür, dass Lesen gelingt. Es erfordert Vorbereitung auf das Lesen und das bewusste Setzen von Zielen. Es erfordert Aktivität während des Lesens durch Anstreichen, Zusammenfassen, Randnotizen und es erfordert eine zusammenfassende Bearbeitung nach dem Lesen. Je nach Komplexität des Gelesenen sind Texte mehrfach zu lesen, um zum Gesamtzusammenhang und zu einem tieferen, kritischen Verständnis zu gelangen.

Das Gelesene wiederzugeben und zusammenzufassen erfordert Überlegungen über die Form der Textwiedergabe. Es wird dargestellt, dass Inhaltswiedergaben oft nicht genügen, sondern dass eine Art Bericht über das Gelesene gegeben werden sollte, der nicht nur den Inhalt beschreibt, sondern auch das, was die Autorin oder der Autor getan, gedacht oder erforscht hat. Dies zwingt dazu, das Gelesene nicht nur nachzuvollziehen, sondern auch zu interpretieren.

Schließlich werden auch die wichtigsten Textarten beschrieben, denen Lesende in den Wissenschaften begegnen, da sie jeweils unterschiedliche Lesestrategien erfordern.

II Schreiben

Woher nehme ich nur all die Zeit, so viele Bücher nicht zu lesen?
Karl Kraus

1 Was heißt Schreiben im Studium?
2 Schreiben, um sich ein Thema zu erarbeiten
3 Planung in Schreibprojekten
4 Vergleich Facharbeit und Seminararbeit
5 Die erste Seminararbeit
6 Textgenres im Studium
7 Ein Thema eingrenzen
8 Fragestellung, Ziel, Problem festlegen
9 Recherchieren
10 Texte strukturieren
11 Feedback: Über das Schreiben reden
12 Vorgehen und Methode spezifizieren

Texte im Studium schreibt man nicht in einem Rutsch, sondern sie entstehen in einem längeren Prozess, indem man Stück für Stück das benötigte Wissen zusammenträgt, strukturiert und integriert. Diesen Prozess werden wir uns in diesem Kapitel nach und nach anschauen.

II Schreiben

1 Was heißt Schreiben im Studium?

Schreiben im Studium unterscheidet sich zwar merklich vom Schreiben in anderen Domänen wie der Schule oder des Journalismus, es ist aber auch in sich selbst sehr heterogen und von Fach zu Fach verschieden. Für Sie ist wichtig, sich vor Augen zu führen, dass Schreiben im Studium Unterschiedliches bedeuten kann. Die wichtigsten Arten des Schreibens sind folgende:

Schreiben als persönliche Lerndokumentation: Vorlesungsmitschriften, Aufzeichnungen aus Seminaren, Reflexionen, Notizen zu Gelesenem gehören zu den Textarten, die Sie für sich selbst schreiben und die niemand außer Ihnen zu Gesicht bekommt. Diese Texte dienen teils der Übung, teils sind sie »transitorische Texte«, die nur eine Vorstufe zu einem weiteren Text sind. Sie sind einerseits notwendig, um Ihr Gedächtnis zu entlasten und andererseits, um Ihr reflexives Denken zu unterstützen oder Ihre reflexiven Fähigkeiten zu trainieren.

Schreiben, um Neues zu lernen: Viele Texte und Schreibanlässe im Studium dienen dazu, sich Wissen zu erarbeiten. Dazu gehören die Seminar- und Abschlussarbeiten. Sie geben Ihnen Gelegenheit, sich in ein Thema einzuarbeiten und einen Aspekt des Themas genauer darzustellen. Mit dieser Art des Schreibens sollen Sie lernen wie man als Mitglied Ihres Faches denkt, argumentiert und spricht. Die abgegebenen Arbeiten dienen gleichzeitig auch als Nachweis, dass Sie diese Fähigkeiten beherrschen.

Schreiben von Abschlussarbeiten: Es ist ein altes Ritual der Hochschule, dass die Absolventen zum Schluss eine längere wissenschaftliche Arbeit schreiben. Diese Arbeit soll einerseits zeigen, dass Sie etwas gelernt haben und disziplinspezifische Kommunikationsformen beherrschen, sie soll andererseits aber auch Gelegenheit geben, sich vertieft mit einer Frage auseinander zu setzen und dabei zu demonstrieren, dass Sie Formen des selbständigen wissenschaftlichen Arbeitens beherrschen.

Schreiben als Prüfung: Es gibt schriftliche Klausuren, in denen Sie zeigen müssen, was Sie gelernt haben bzw. dass Sie gekonnt mit wissenschaftlichen Fragestellungen umgehen können. Diese Arbeiten fordern Sie dazu auf, ein Thema zu reflektieren, kommentieren, rekapitulieren. Es kommt darauf an, diese spezifischen Anforderungen unter Verwendung von Fachwissen zu erfüllen.

Schreiben, um Schreiben zu lernen: Es gibt Situationen, in denen Sie Texte schreiben müssen, damit Sie üben, wie man Texte schreibt. Hier geht es also darum, wie im Deutschunterricht, Schreibformen auszuprobieren. Es kommt nicht so sehr auf den Inhalt des Textes an, sondern auf die Schreiberfahrung.

Forschungsdarstellungen: In manchen Studienfächern, vor allem im Masterstudium, müssen Sie nicht didaktische Texte schreiben, sondern die Texte, die auch in den Wissenschaften selbst verwendet werden wie Forschungsartikel oder Literaturberichte. Auch wissenschaftliche Dokumentationsformen wie **Laborberichte** oder Protokolle kann man dazu zählen.

Berufliches Schreiben: In nicht wenigen Studiengängen werden praxisbezogene Themen behandelt und Sie müssen Texte schreiben, wie sie in beruflichen Kontexten vorkommen. Dazu gehören z. B. technische Dokumentationen, Rezensionen, Arztbriefe, Prüfberichte, Konzepte, Geschäftsvorschläge, Offerten, usw. Die Vielfalt dieser Genres ist so groß, dass man sie unmöglich aufzählen kann.

Populärwissenschaftliches Schreiben: In der Regel schreiben Sie im Studium für eine wissenschaftliche Gemeinschaft. Sie verwenden deren Begriffe, Ausdrucksweise und Darstellungskonventionen, die jedoch für Laien oft unverständlich sind. Gelegentlich müssen Sie Texte auch für nichtwissenschaftliche Adressatengruppen schreiben, und dann eine der populärwissenschaftlichen Textformen verwenden.

Was wissenschaftliches Schreiben von anderen Domänen unterscheidet, ist nicht allein die Tatsache, dass es immer um die Darstellung von Wissen geht, sondern dass dies unter besonderen Qualitätsvoraussetzungen geschehen muss. Auch Journalisten vermitteln Wissen, aber sie tun dies unter einer anderen Perspektive (ihr oberstes Gebot ist Aktualität, nicht Verlässlichkeit) und in einer anderen Rolle (sie sind nicht Wissensproduzenten, sondern eher -vermittler).

Oberstes Gebot der Kommunikation in den Wissenschaften ist es, Wissen genau und unmissverständlich zu kommunizieren. Texte stellen dabei eine Art Transportmittel für Wissen dar. Das Wissen muss so im Text »verpackt« sein, dass es den Transport heil übersteht und vom Empfänger wieder dem Text entnommen werden kann.

II Schreiben

> **Überblick**
>
> **Was ist »wissenschaftlich« am wissenschaftlichen Schreiben?**
>
> Es ist ein bisschen riskant, dies so zu formulieren, dass es für alle Wissenschaften gültig ist. Von den meisten Disziplinen würden folgende Aspekte bejaht werden:
>
> - *Methodisch begründetes Vorgehen:* Eine wissenschaftliche Arbeit muss Auskunft geben, wie das dargestellte Wissen gewonnen wurde, sei es aus eigenen Überlegungen, aus den Forschungen anderer oder aus eigener Forschung. Der Prozess der Erkenntnisgewinnung, der hinter dem Text steht, muss also offen gelegt und reflektiert werden. Er muss für andere nachvollziehbar und nach Möglichkeit auch reproduzierbar sein.
> - *Objektivität:* Wissenschaftliche Aussagen sollen frei sein von subjektiven Urteilen und Meinungen der Untersucher. Wo Meinungen und Urteile gefällt werden, müssen diese expliziert und begründet werden.
> - *Systematik:* Alles Wissen muss an die disziplinäre (manchmal auch interdisziplinäre) Wissenssystematik des Faches angebunden werden. Wissen steht nicht für sich allein, sondern ist immer im Kontext des bereits vorhandenen Wissens darzustellen und einzuordnen.
> - *Kritikgebot:* Dogmatismus ist zu vermeiden, und zwar dadurch, dass als Grundhaltung eine skeptische, kritische Haltung gegenüber dem Wissen eingenommen wird. Dies bedeutet nicht, dass alles kritisiert werden muss, aber wohl, dass alles Wissen, bevor es verwendet wird, kritisch geprüft wird.
> - *Einhaltung von Darstellungskonventionen:* Konservativ ist Wissenschaft in Bezug auf Textnormen. Etablierte Konventionen, wie sie für einzelne Textgenres definiert sind, müssen eingehalten werden.
> - *Sprachliche und terminologische Genauigkeit:* Wissenschaft verlangt eine präzise, eindeutige Sprache und Verwendung der im Fach üblichen Begriffe.

2 Schreiben, um sich ein Thema zu erarbeiten

Sich ein Thema selbst erarbeiten zu müssen, kennen Sie aus der Schule, wenn Sie z. B. ein Referat halten mussten oder von der Facharbeit bzw. Matura-Arbeit, in der Sie selbst ein Thema wählen und einen Fachtext schreiben mussten. Im Studium wird dies immer wieder verlangt und vermutlich ist es eine der wichtigsten Fertigkeiten, die Sie im Studium erwerben.

Schreiben ist dabei meist in einen übergeordneten Kontext der Wissensgewinnung oder -wiedergabe eingebunden, z.B. im Rahmen eines Seminars. Deshalb ist es sinnvoll, das Schreiben als Teil eines Schreibprojektes zu verstehen, zu dem auch andere Dinge wie Lesen, Forschen, Diskutieren gehören.

Was Sie als erstes über diesen Prozess wissen müssen ist, dass das Schreiben nicht einfach der Darstellung von dem dient, was man über das Thema herausgefunden hat, sondern dass es der *Entwicklung* des Themas dient. Schreiben ist nicht aufschreiben von etwas Vorgedachtem, sondern Sammeln und Explorieren von Gedanken oder Wissenselementen, die wir dann nach und nach zu einem Text verdichten und strukturieren. Schreiben erlaubt uns, das Denken über ein Thema besser zu organisieren als wir dies könnten, wenn wir es allein im Kopf durchdenken. Man kann nicht sehr viele Gedanken auf einmal denken. Auf dem Papier aber kann man einige Gedanken erst einmal zwischenlagern und derweilen weiter denken bzw. schreiben. Blickt man dann zurück auf das, was man schon geschrieben hat, kann man das Neue mit den schon geschriebenen Ideen in Beziehung setzen. Tatsächlich funktioniert alles Schreiben nach diesem Muster: Man schreibt einige Sätze, hält inne, um das Geschriebene zu lesen, zu prüfen, zu verbessern und daraus die anschließenden Gedanken zu gewinnen. Wir nutzen das Schreiben also dazu, Gedanken langsam und kontrolliert miteinander zu verknüpfen.

Diese Bewegung beim Schreiben geschieht aber nicht nur auf der Ebene des Satzes, sondern auch auf der Ebene von komplexeren Textteilen. Ähnlich, wie wir beim Lesen die lokalen, untergeordneten und die globalen, übergeordneten Textbestandteile oft nacheinander bearbeiten, müssen wir auch beim Schreiben das Formulieren – also die Arbeit an lokalen Textstellen – und das Strukturieren des Textes – also die Arbeit an der Gesamtstruktur – zeitlich trennen, da unser Arbeitsgedächtnis sonst überlastet ist.

Ein weiterer Vorteil des Schreibens besteht darin, dass wir Texte eine Weile ruhen lassen können, bevor wir sie erneut lesen und weiter bearbeiten. Der eigene Text erscheint uns dann wie ein fremder Text, wir lesen ihn nicht mehr mit den Augen der Autorin oder des Autors, sondern mit den Augen der Leserin bzw. des Lesers. Dies hilft dabei, die Textblindheit zu überwinden, Textschwächen zu entdecken und den Text besser auf seine Adressaten auszurichten. In der Regel beginnt man beim Lesen automatisch, den Text zu überarbeiten und ihn an das anzupassen, was man in der Zwischenzeit erarbeitet bzw. geschrieben hat.

Schreiben erlaubt also, Gedanken langsam zu entwickeln und ihre Qualität schrittweise zu verbessern. Die niedergeschriebenen Gedanken erscheinen einem, wenn man sie eine Weile liegen lässt, wie fremde Gedanken und man erkennt leichter, ob sie tragfähig, logisch, stimmig sind. Niemand ist in der Lage, aus dem Stand einen guten Text zu schreiben. Große Autoren sowohl der Literatur als auch der Wissenschaften sind deshalb exzessive Überarbeiter. Sie lesen und überarbeiten ihre Texte so lange, bis sie nichts mehr daran stört.

Der wichtigste Unterschied zwischen Reden und Schreiben liegt also im Überarbeiten. Schreibende müssen die endgültige Form nicht auf Anhieb finden, sondern können sich ihr langsam annähern. Das gilt es zu nutzen. Sie können mehrere Versionen herstellen, können zwischendrin über den Text nachdenken, können jemand befragen und die Endversion testen, ehe Sie sie freigeben. Diesen Weg vom ersten Entwurf bis zur Endfassung nennen wir **Schreibprozess**, und diesen Prozess zu gestalten ist die wichtigste Bedingung für erfolgreiches Schreiben.

Für Ihre Schreibentwicklung hat das grundlegende Bedeutung. Sie müssen eine positive Haltung zum Überarbeiten gewinnen und die Abneigung, die Sie dagegen entwickelt haben mögen, überwinden. Warum Abneigung? Weil überarbeiten natürlich heißt, etwas mühsam Geschriebenes wieder auseinander reißen zu müssen. Es erinnert an Sisyphus-Arbeit. Zudem wird man dabei mit den eigenen Schwächen im Denken und Formulieren konfrontiert. Glücklicherweise ist das Überarbeiten am Computer heute technisch sehr viel einfacher zu bewältigen als früher mit der Handschrift oder der Schreibmaschine.

> **Tipps**
>
> **Erfahrene Schreiberinnen und Schreiber …**
>
> - nutzen das Schreiben als einen Weg, um Gedanken langsam zu präzisieren, zu prüfen und miteinander in Beziehung zu setzen
> - überarbeiten ihre Texte mehrfach, nicht nur, um sie zu verbessern, sondern auch, um herauszufinden, was sie eigentlich sagen möchten
> - sind mit dem rekursiven Charakter des Schreibens vertraut, d.h. mit der Tatsache, dass sie zu Textteilen, die sie früher geschrieben haben noch einmal zurückkehren müssen, um sie im Lichte dessen zu verändern, was sie in der weiteren Arbeit dazugelernt haben
> - vertrauen in die eigene Fähigkeit, den Schreibprozess zu einem guten Ende zu bringen und halten die anfängliche Unsicherheit aus
> - holen Feedback und Rat von anderen ein, wenn sie ins Stocken kommen
> - verwenden die Merkmale des Textgenres, um das Wissen im Text optimal zu organisieren.

Das Schreiben als Mittel des Denkens und der Ideenentwicklung zu verwenden, bezeichnen wir als »**epistemisches Schreiben**«, als ein Schreiben zur Wissensgewinnung. Wenn man ein Thema bearbeiten muss, hat man anfangs meist nur eine grobe und unzureichende Vorstellung, was man schreiben wird. Man weiß noch nicht, wie man das Thema eingrenzen soll, was alles dazu gehört und was man letztlich mit dem Text sagen möchte. Man beginnt also damit, sich mit dem Thema vertraut zu machen oder zu rekapitulieren, was man bereits alles darüber weiß. Dann beginnt man zu lesen und zu schreiben und findet nach und nach heraus, was man sagen kann, muss und möchte. Man stellt Beziehungen her zwischen separaten Elementen, listet Unterpunkte zu Themen auf, formuliert Thesen und Behauptungen, stellt Tabellen oder Grafiken her und macht sich eine Gliederung.

Immer wieder schreibt man kleinere Zusammenfassungen, Argumente und Gedanken auf. Man denkt also über sein Thema nach, um zum Text zu kommen und man stellt den Text her, um systematisch denken zu können. Das Resultat ist einerseits der fertige Text, andererseits aber auch eine gravierende Veränderung im eigenen Kopf: Man hat nicht nur neue Gedanken und Wissenseinheiten erworben, sondern auch ein dichtes Beziehungsnetz zwischen ihnen hergestellt. Man hat viele gedankliche Verbindungen ausprobiert, viele Formulierungen getestet, neue Begriffe in das Wissensnetz integriert und einiges zur Verflüssigung des eigenen Denkens beigetragen.

3 Planung in Schreibprojekten

Schreibprojekte in den Wissenschaften beginnen mit einem relativ hohen Grad an Unsicherheit. Erst wenn wir ein Stück vorangekommen sind, können wir das Thema genauer bestimmen, den Text planen und das Vorgehen festlegen. Schreiben ist immer eine Fahrt ins Blaue und verlangt von den Schreibenden, ein gewisses Maß an Chaos und Improvisation zu tolerieren. Gerade wegen dieser etwas chaotischen Grundstruktur ist Planung aber umso nötiger. Wir können grob rechnen, dass wir für die Text- bzw. Projektplanung etwa ein Viertel der verfügbaren Zeit investieren müssen.

Phase 1: Planung heißt nicht, den Text im Kopf voraus zu denken, sondern die Arbeitsschritte zu definieren, die man durchlaufen muss. Die wichtigsten Phasen, in die man die einzelnen Handlungsschritte einordnen kann, sind im Kasten »Makrostruktur« aufgeführt. Das Planen nimmt etwa ein Viertel der Arbeitszeit in

II Schreiben

> **Überblick**
>
> **Die Makrostruktur des Schreibprozesses**
>
> | Stadium | Aufgabe | Schreibhandlungen |
> |---|---|---|
> | **Planung** | Recherchieren | Brainstorming, lesen, Bibliotheken absuchen, fragen, bibliographieren |
> | | Stoff eingrenzen | Fragestellung definieren, Schwerpunkte setzen |
> | | Ziele setzen | Aufgabe verstehen, Art und Umfang des Textes klären, Textgenre rekapitulieren, Adressaten bestimmen, Zeitplan erstellen |
> | **Daten oder Material sammeln** | Systematisch lesen | Exzerpieren, zusammenfassen, interpretieren |
> | | ggf. Daten erheben und auswerten | Textkorpus zusammenstellen, experimentieren, Fragebogen- oder Interviewdaten erheben |
> | | Material gliedern | Reihenfolge festlegen, hierarchisieren |
> | **Überarbeiten und vertiefen** | Versprachlichen | Fließtext herstellen |
> | | Feedback einholen | Gesamteindruck, offene Fragen klären |
> | | Inhaltliche Überarbeitung | Logik, Struktur, Ausrichtung, »roter Faden« klären |
> | | Sprachliche Überarbeitung | Begriffe, Ausdrücke, Metaphern, Rechtschreibung und Grammatik prüfen |
> | **Text abschließen und abgeben** | Formatierung und Layout | Text- und Darstellungsnormen prüfen, Text formatieren und layouten |
> | | Abgabe und Benotung | Abgabemodus und -termin prüfen |
> | | Feedback und ggf. weitere Überarbeitung | Rückmeldung auswerten, Note »verdauen«, Verbesserungsmöglichkeiten festhalten |

Anspruch. Man legt in der Planungsphase die wichtigsten Parameter des Textes fest: Thema, Fragestellung, behandeltes Problem, methodische Vorgehensweise, zu bearbeitendes Material, erwartete Ergebnisse und Interpretationsformen. Dazu legt man, falls dies nicht schon im Auftrag definiert ist, fest, wer die Adressaten sind, welches Textgenre verlangt wird, welche Textkonventionen eingehalten werden müssen, für welches Medium der Text bestimmt ist und wann er fertig sein muss.

Phase 2: In der zweiten Phase organisiert man das Wissen, das man für den Text braucht. In den Wissenschaften muss man dazu viel lesen, oft auch Daten erheben oder andere Texte interpretieren. Das Material, das man dabei gewinnt, muss man strukturieren, d.h. in eine Gliederung bringen und versprachlichen. Dieser Vorgang führt zu einem Rohtext, in dem man alles, was man sagen will, zusammengestellt hat. In dieser Phase gewinnt der Text seine erste Form. Man sieht, dass man genug Material hat, um den Text fertig zu stellen.

Phase 3: In der dritten Phase überarbeitet man diesen Rohtext, ergänzt ihn mit Material, kürzt, wo man zu viel hat, revidiert die Struktur, macht den Text für Adressaten geeignet und überarbeitet die Sprache. In dieser Phase gewinnt der Text Qualität: Er wird präzise, er erhält Tiefe, Struktur und sprachliche Genauigkeit. Auch für diese Phase ist etwa ein Viertel der Zeit einzukalkulieren.

Phase 4: In der vierten und letzten Phase macht man den Text verwendungsfertig. Man passt das Layout und die Darstellungskonventionen (Zitieren, Fußnoten, Literaturverzeichnis) den Anforderungen an, beseitigt letzte Fehler und gibt den Text ab. Dann kommen ggf. noch Überarbeitungsauflagen, Prüfungskolloquien, Druckvorgaben etc., bis der Text endgültig seinen Platz gefunden hat.

Eine solche Vorgehensweise schützt sowohl vor zu chaotischen Schreibstrategien als auch vor zu perfektionistisch geplanten. Sie arbeiten in Etappen: Erst stellen Sie ein erstes Grobkonzept her, dann beschaffen Sie das nötige Wissen und stellen fest, ob Sie das Konzept verwirklichen können bzw. in welchem Ausmaß dies möglich ist. Im dritten Schritt kümmern Sie sich um die gedankliche und sprachliche Qualität des Textes, geben dem Text Tiefe und Präzision. Im letzten Schritt gehen Sie hauptsächlich auf Konventionen ein, denen der Text folgen muss und kümmern sich darum, dass der Text seinem Zweck zugeführt wird.

4 Vergleich Facharbeit (Abitur, Matura) und Seminararbeit

Im letzten Schuljahr haben Sie vermutlich eine größere Arbeit geschrieben, die Matura- oder Facharbeit, für die Sie sich ein Thema selbst suchen durften, und für die Sie fast ein Jahr Zeit zur Verfügung hatten. Diese Arbeit diente unter anderem der Vorbereitung auf das wissenschaftliche Schreiben und hat Ihnen einige Erfahrungen vermittelt, auf denen Sie aufbauen können. Dazu gehört vor allem die Erfahrung, ein größeres Schreibprojekt in Gang setzen und steuern zu müssen. Sie haben erfahren, was es heißt,

- sich selbst ein Thema zu suchen (mit den Fragen, ob das Thema interessant ist, ob es zugänglich ist usw.)
- das Thema einer Bearbeitung zugänglich zu machen (d.h. es zu präzisieren und einzugrenzen)
- sich einzulesen und mit einem Themengebiet vertraut zu machen
- sich mit Anleitungssituationen zu arrangieren (d.h. Unterstützung zu erhalten, aber auch zu erfahren, dass niemand Ihnen sagen kann, wie Ihre Arbeit »richtig« geht, da Sie das selbst entscheiden müssen)
- Regeln des Zitierens anzuwenden
- die Zeit für ein Projekt zu planen und es rechtzeitig fertig zu stellen (d.h. eine Form des Projektmanagements auszuprobieren).

Das sind Erfahrungen, von denen Sie an der Hochschule profitieren werden. Es gibt allerdings einige Dinge, die neu sind. Als Erstes müssen Sie bedenken, dass die Matura- oder Facharbeit ein Textgenre ist, das anders hergestellt und anders beurteilt wird als die Seminararbeiten, die Sie an der Hochschule schreiben. Hier sind die wichtigsten Unterschiede:

Für die Matura-Arbeit können Sie zwischen verschiedenen Disziplinen wählen. In manchen Bundesländern bzw. Kantonen muss die Matura-Arbeit sogar interdisziplinären Charakter haben. Im Studium dagegen ist Ihre Seminararbeit sehr klar einer Disziplin zuzuordnen, d.h. Sie müssen ein Thema ganz aus der Sicht eines Fachs darstellen. Eine genaue Einhaltung von Zitierkonventionen spielte vermutlich auch in der Matura-Arbeit eine Rolle; in Seminararbeiten jedoch ist das Pflicht. Sie haben in Facharbeiten zudem auch künstlerische Themen zur Wahl, was Ihnen in den Seminararbeiten nicht offen steht (es sei denn, Sie studieren ein künstlerisches Fach).

Der wichtigste Unterschied zwischen beiden Arten des Schreibens besteht darin, dass die Facharbeit aus persönlicher Autorität geschrieben wird, d.h. es geht darum, das darzustellen, was Sie persönlich als richtig und wichtig erachten (auch wenn Sie wissenschaftliche Belege anführen). In Seminararbeiten ist Ihre persönliche Sicht immer zweitrangig. Im Vordergrund steht die Darstellung dessen, was Ihre Disziplin als richtig und wichtig erachtet. Sie müssen als Mitglied einer Disziplin für die anderen Mitglieder der Disziplin schreiben. Sie rekapitulieren also das Wissen der Disziplin und fügen ihm etwas Neues zu (das kann ein neuer Gedanke, eine neu pointierte Zusammenfassung, selbst erhobene Daten etc. sein). Schließlich hatten Sie in der Matura-Arbeit noch relativ große Freiheit in Bezug auf die Textnormen, während Sie im Studium relativ strikte Vorgaben erfüllen müssen, damit Ihre Arbeit akzeptiert wird.

Für die erste Seminararbeit können Sie also getrost auf dem aufbauen, was Sie in der Matura-Arbeit schon erprobt haben, sofern Sie sensibel für die genannten Unterschiede sind. Die Vorgehensweise dazu ist im Kasten »Die erste Seminararbeit Schritt für Schritt« im Überblick dargestellt.

Überblick

Matura- und Seminararbeit im Vergleich

Matura- oder Facharbeit	Seminar- oder Hausarbeit
• Schwache Bindung an Disziplin(en)	• Starke Bindung an eine Disziplin
• Zitieren eine Kann-Größe	• Zitieren ist Pflicht
• Künstlerische Projekte möglich	• Nur wissenschaftliche Projekte
• Darstellung aus persönlicher Autorität	• Darstellung aus disziplinärer Autorität
• Persönlich relevante Themen erwünscht	• Fachlich relevante Themen erforderlich
• Wissenschaftliche Textnormen sind optional	• Wissenschaftliche Textnormen sind verpflichtend
• Interdisziplinarität erwünscht (in einigen Kontexten sogar gefordert)	• Interdisziplinarität nicht sinnvoll
• Wissenschaftliche Alltagssprache	• Disziplinäre Fachsprache

5 Die erste Seminararbeit

In der ersten Seminararbeit ist es sinnvoll, ein bisschen genauer hinzuschauen, was Sie tun müssen. Wie bei allen Schreibprojekten geht es dabei zunächst darum, sich zu einem Thema schlau zu machen. Dazu muss man zunächst die äußeren Konturen des Themas ertasten: Wo findet man Beiträge dazu? Wie viele gibt es? In welchem übergeordneten, systematischen Zusammenhang ist das Thema eingebettet? Welche Sub-Themen gibt es?

Klären, was verlangt wird: Am Anfang steht eine Klärung der Aufgabe. Sie müssen herausfinden, was für einen Text Sie herstellen müssen, wie lang er sein muss, welchen Qualitätskriterien er genügen muss, wann er abzugeben ist und wer die Anleitung übernimmt.

Thema wählen: In vielen Seminaren wählen Sie ein Thema aus einem Katalog von Vorschlägen. Es ist Ihre Aufgabe, dieses Thema so zu präzisieren und einzugrenzen, dass es im gegebenen Rahmen bewältigbar ist. Auswahlkriterium sollte vor allem Ihr Interesse am Thema sein.

Sich einlesen und erste Recherchen anstellen: Sich mit dem Thema vertraut zu machen und sich in die Literatur einzulesen ist der nächste Schritt. Dazu sollten Sie die Bibliothek aufsuchen. Eine Seminararbeit nur mit Material aus dem Internet zu schreiben, ist nicht sinnvoll. Sie finden nicht die spezifischen Texte, die für Ihr Thema einschlägig sind. Beginnen Sie, wenn immer möglich, mit der Literatur, die im Seminarplan vorgegeben ist. Fragen Sie zusätzlich nach, ob es etwas Neues gibt. Sie können die Bücherregale in der Bibliothek inspizieren, zumindest dort, wo sie zugänglich und thematisch geordnet sind. Stichwortrecherchen in den Bibliothekskatalogen sind ebenfalls unerlässlich. Sie finden dort vor allem die Bücher, weniger die Zeitschriftenartikel zu Ihrem Thema.

Thema eingrenzen: Die Vorgabe ist meist nicht viel mehr als eine Themenangabe, die zu weit gefasst ist und Ihnen keine passende Arbeitsbasis bietet. Sowie Sie einen Überblick über Ihr Thema haben, stellen Sie mit ziemlicher Sicherheit fest, dass es viel zu viel Material zu Ihrem Thema gibt. Sie müssen also eine Auswahl treffen und Ihr Thema eingrenzen. Bleiben Sie bei einem zu abstrakten Begriff bzw. einem zu weiten Thema hängen, dann haben Sie keine Chance, eine wissenschaftliche Arbeit zu schreiben. Sie könnten ein Essay schreiben oder eine Betrachtung, aber nichts, was einer Seminararbeit entspricht, denn die verlangt, dass Sie sich auf ein überschaubares Thema konzentrieren. Nicht geeignet sind breite Themen wie beispielsweise »Sprachentwicklung in der Kindheit« oder »der Ost-West-Konflikt nach 1945«. Zu solchen Themen existieren so viele Beiträge, dass niemand sie mehr überschauen kann. Auch für jedes vorgegebene Seminarthema müssen Sie in der Regel selbst noch einmal eine Eingrenzung und Gewichtung vornehmen, das gehört zu Ihrer Aufgabe.

Fragestellung festlegen: Die wichtigste Kenngröße für Seminararbeiten (wie für die meisten wissenschaftlichen Arbeiten) ist die Fragestellung. Sie legt fest, was für Erkenntnisse Sie mit Ihrer Arbeit gewinnen wollen. Anfangs ist die Fragestellung auch eine Frage, mit der Sie an das Thema herangehen. In der endgültigen Arbeit ist die Fragestellung durch das definiert, was Sie in Ihrer Arbeit auch beantworten können.

Schreibplan machen: Wenn Sie Ihr Thema eingegrenzt und das Material, das Sie bearbeiten wollen, festgelegt haben, dann sollten Sie einen Schreibplan machen, in dem Sie vom Abgabetermin rückwärts die Zeit einteilen und einige Meilensteine definieren, die Sie jeweils erreichen wollen.

Begriffe klären: Im Auge behalten sollten Sie, dass Sie in jeder Seminararbeit die wichtigsten Begriffe definieren müssen. Definitionen sind zunächst nichts anderes als Mitteilungen darüber, wie Sie einen Begriff verwenden werden. Sie können solche Definitionen aus der Literatur übernehmen oder selbst formulieren. Manchmal wird auch ein Glossar verlangt, also eine Zusammenstellung der wichtigsten Begriffe samt Kurzdefinitionen. Das Glossar wird in der Regel im Anhang aufgeführt, nach dem Literaturverzeichnis.

Strukturieren: Wenn Sie die wichtigsten Elemente beisammen haben, dann ist es Zeit, eine Gliederung für Ihren Text zu finden. Manche Schreiber beginnen schon sehr viel früher damit, versuchsweise eine Gliederung zu finden und passen diese dann den jeweils neu gelesenen Elementen an. Die Gliederung »wächst« also mit der Erkenntnis.

Rohfassung herstellen: Wenn Sie eine Gliederung haben, sollten Sie eine Rohfassung relativ zügig herstellen. »Zügig« deshalb, weil es unökonomisch ist, den Text schon zu stark zu überarbeiten. Vieles, was Sie in diesem Stadium schreiben, müssen Sie später noch einmal überarbeiten. Deshalb sollten Sie an diesem Zeitpunkt vor allem sehen, dass Sie den ganzen Text aufs Papier kriegen und dann eine längere Überarbeitungsphase einkalkulieren.

Inhaltliche Überarbeitung: Wenn Sie den Rohtext fertig gestellt, ihn ein paar Tage haben ruhen lassen und ihn dann erneut lesen, springen Ihnen plötzlich Ungenauigkeiten, Ungereimtheiten, Lücken, Wiederholungen und sprachliche Mängel ins Auge. Das ist in Ordnung so. Es ist kein Zeichen, dass Sie schlampig gearbeitet haben, sondern ein Zeichen, dass Ihr Verstand sich jetzt auf andere Aspekte des Textes konzentrieren kann als vorher. Beim Schreiben sind Sie Konstrukteurin oder Konstrukteur des Textes. Sie schauen auf die tragenden Elemente des Textes, also die wichtigsten Gedanken, Argumente und textstrukturierenden Momente. Wenn Sie die Textblindheit überwunden haben, sehen Sie nicht nur Textmängel, sondern es erschließen sich Ihnen auch neue Sinndimensionen, Gelesenes erscheint plötzlich in neuem Licht, neue Zusammenhänge werden sichtbar. Meist ist es in dieser Phase nötig, noch einmal über die Bücher zu gehen und einige Wissenslücken zu schließen. Für die Phase der inhaltlichen Überarbeitung sollten Sie bei der Planung relativ viel Zeit einkalkulieren. Erfahrungsgemäß gewinnt Ihr Text in dieser Phase besonders viel an Qualität. An diesem Punkt fangen Sie an, eigene Gedanken zu entwickeln, sich von dem Gelesenen zu lösen und Tiefendimensionen zu verstehen. Das allerdings hat zur Folge, dass Sie vieles noch einmal verändern, einiges anfügen und einiges wegstreichen müssen.

Sprachliche Überarbeitung: Wenn der Text der Sache nach in Ordnung ist, müssen Sie an die Sprache gehen. Erfahrungsgemäß lassen sich inhaltliche und sprachliche Aspekte nicht gleichzeitig bearbeiten, da man dazu unterschiedliche »Brillen« aufsetzen muss. Wenn Sie die sachliche Richtigkeit prüfen, sehen Sie gewissermaßen durch die Sprache hindurch auf die Sache, die Sie darstellen wollen. Wenn Sie die Sprache überarbeiten, dann müssen Sie jede Formulierung, jede Satzkonstruktion, die stilistischen Eigenarten, Fachtermini, Rechtschreibung und Zeichensetzung ansehen. Hier sind die Korrekturfunktionen Ihres Schreibprogrammes eine große Hilfe, die Ihnen nicht nur bei der Rechtschreibung und Zeichensetzung, sondern auch bei der Grammatik helfen. Nutzen Sie sie!

Feedback einholen: Wenn Sie bei der inhaltlichen Überarbeitung sind, ist es auch an der Zeit, sich von anderen Rückmeldung für den Text geben zu lassen. Unsicherheit darüber, ob das, was Sie schreiben für andere Sinn ergibt und den Konventionen entspricht, ist bei der ersten Seminararbeit unvermeidlich. Es ist wichtig, dass Sie über Ihre Zweifel mit anderen sprechen können. Die günstigste Adresse für solche Besprechungen sind die anderen Mitglieder Ihres Seminars. Es ist nahe liegend, sich zu Gruppen oder Tandems zusammen zu schließen und sich gegenseitig bei der Textproduktion zu helfen. Solches Feedback mag weniger kompetent sein als ein Feedback von Ihrer Professorin oder Ihrem Professor, aber es ist verfügbarer und qualifiziert alle Beteiligten. Bitte sehen Sie im Abschnitt »Feedback« (S. 164) nach, worauf Sie beim Feedback achten müssen, damit es nicht in verletzende Kritik ausartet.

Literaturverzeichnis anlegen: Wenn Ihr Text fertig ist, dann müssen Sie das Literaturverzeichnis anlegen, in dem alle Literatur aufgeführt ist, die Sie verwendet haben. Dazu erhalten Sie in der Regel ein Blatt mit Hinweisen auf die Gestaltung der Bibliographie und Zitierkonventionen, die Sie einhalten sollten. Die Zitierkonventionen werden in Abschnitt III.7 behandelt (S. 112).

Layout gestalten: Nun müssen Sie Ihrem Text noch die äußere Form geben. Dazu gehören ein Deckblatt und eine konsistente formale Gestaltung (Schriftart und -größe, Block- oder Flattersatz, Zeilenabstand, Rand, Überschriften, Gliederung, Aufzählungsstriche, Tabellen und Grafiken, Paginierung, Kopf- oder Fußzeile). Tun Sie nicht zu viel des Guten mit dem Layout, halten Sie es schlicht und achten Sie auf Konsistenz. Weitere Information dazu auf S. 119.

Korrekturlesen: Wenn Sie Ihren Text jetzt ausdrucken, sieht er schon recht eindrucksvoll aus. Dennoch: Bevor Sie ihn abgeben, sollten Sie noch einen Arbeitsschritt einlegen: den Text Korrektur lesen lassen. Dazu können Sie Ihre Seminarmitstreiter einspannen, aber dazu kann man auch Fachfremde gewinnen, denn es geht nicht mehr um inhaltliche Aspekte, sondern um den dicken, sinnentstellenden Tippfehler mitten auf der ersten Seite, der dem Professor das Blut ins Gesicht treiben würde.

Abschlussfeedback: Sie lernen nichts aus Ihrer Arbeit, wenn Sie nicht Feedback von Ihren Dozierenden einfordern. Vor allem dann, wenn etwas bemängelt wurde, sollten Sie sich erklären lassen, was Sie besser machen können.

Überblick

Die erste Seminararbeit Schritt für Schritt

- *Klären, was verlangt wird:* Aufgabenstellung, Qualitätskriterien, Termine und formale Anforderungen herausfinden
- *Material sammeln und sich einlesen:* recherchieren, lesen, andere Menschen fragen, bibliographieren
- *Den Stoff eingrenzen:* auf einen zentralen Aspekt einschränken, Thema präzisieren, Schwerpunkte setzen, Fragestellung festlegen
- *Einen Schreibplan machen:* Was will ich erreichen mit meinem Text? Was sind die Vorgaben? Wie viel Zeit habe ich? Welche Art von Text will ich herstellen? Welches weitere Material muss ich beschaffen? Welche Arbeitsschritte sind nötig? Zeitplan?
- *Kernbegriffe definieren:* Welche sind die Schlüsselbegriffe meiner Arbeit? Welche Definitionen gibt es? Welche übernehme ich?
- *Begriffsglossar anlegen:* bei vielen neuen oder schwierigen Begriffen eine alphabetisch geordnete Liste der Kernbegriffe mit Kurzdefinitionen anlegen.
- *Systematisch recherchieren:* Um sicherzustellen, dass Sie die wichtigste Literatur zu Ihrem Thema finden, müssen Sie Literaturdatenbanken benutzen.
- *Systematisch exzerpieren:* Um die gefundene Literatur auszuwerten, ist genaues Lesen und Zusammenfassen des Gelesenen nötig.
- *Das Material gliedern:* Um zu einem eigenen Text zu kommen, ist eine Gliederung nötig. Sie können sie nach und nach herstellen, indem Sie erst die übergeordneten Punkte festlegen und sie nach und nach mit Unterpunkten auffüllen. Eine Gliederung »wächst« allmählich zu ihrer endgültigen Form. Versuchen Sie nicht alles vorauszudenken.
- *Rohtext herstellen:* Versuchen Sie, zunächst zu allen Gliederungspunkten etwas zu sagen, bevor Sie den Text in die endgültige Form bringen.
- *Den Rohtext inhaltlich überarbeiten:* Prüfen Sie die inhaltliche Stimmigkeit, den roten Faden und die Leserführung Ihres Textes. Revidieren Sie dabei die Gliederung.
- *Den Rohtext sprachlich überarbeiten:* Wenn der Text inhaltlich stimmig scheint, prüfen Sie Satz für Satz die sprachliche Angemessenheit.
- *Feedback einholen:* Holen Sie Feedback ein, sprechen Sie über Ihren Text, damit Sie Ihre Zweifel ausräumen können und Hinweise auf Optimierungsspielraum erhalten.
- *Literaturverzeichnis anlegen:* Alle verwendete Literatur muss gemäß vorgegebenen Zitier-Richtlinien im Text angegeben und im Literaturverzeichnis aufgeführt sein.

> ← **Überblick**
>
> - *Manuskript in abgabefertige Fassung bringen:* Deckblatt anführen, Rechtschreibung in Ordnung bringen, Zitiernormen prüfen, Vollständigkeit der Literaturangaben prüfen, Layout gestalten, Inhaltsverzeichnis anlegen
> - *Korrekturlesen:* Der letzte Schritt ist die Fehlerbeseitigung im abgabefertigen Manuskript. Sie sollte man am besten von einer anderen Person vornehmen lassen, die nicht textblind ist.
> - *Abschlussfeedback einholen:* Sehen Sie zu, dass Sie eine Nachbesprechung erhalten, um Ihre offenen Fragen zu klären.

6 Textgenres im Studium

Textgenres oder Textsorten nennen wir Textarten, die sich in bestimmten rhetorischen Situationen herausgebildet und strukturell verfestigt haben. Ist ein Genre wie z. B. die Seminararbeit einmal etabliert, dann gibt es feste Erwartungen, wie dieses Genre beschaffen ist und was man tun muss, damit man einen Text entsprechend dieses Genres gestaltet. Nicht immer sind die Erwartungen ganz explizit. Vieles bleibt in einer Grauzone von Erwartungen und muss mit denjenigen, die den Text in Auftrag geben, ausgehandelt werden. Das gilt für alle Genres, auch die beruflichen. Jeder definiert sie etwas anders und entsprechend ist es immer notwendig, sich vorab zu vergewissern, dass man die richtige Vorstellung vom zu verwendenden Genre hat.

Im Studium begegnen Ihnen je nach Studiengang unterschiedliche Genres. Unterscheiden muss man solche Genres, die der Wissenskommunikation im Fach dienen (wie Forschungsbericht, Literaturbericht, Expertise) von den rein didaktischen Genres, die nur dem Lernen dienen, sonst in der »realen« Welt aber nicht im Einsatz sind (Seminar- oder Hausarbeit, kritischer Essay, Seminarprotokoll). Zunächst müssen Sie also herausfinden, was für ein Genre von Ihnen verlangt wird und dann, welche die entscheidenden Merkmale dieses Genres sind. Hier ist eine kurze Übersicht:

Seminar- oder Hausarbeit: Sie ist das am häufigsten verwendete Genre an den deutschsprachigen Universitäten, vor allem in den sozial- und geisteswissenschaftlichen Fächern. Grob gesagt, ist diese Textart dadurch definiert, dass man ein eingegrenztes Thema bearbeitet, dass man die einschlägige Literatur verarbeitet und

> **Definition**
>
> **Textgenre**
>
> Als »Genre«, »Textgenre« oder »Textsorte« werden identifizierbare, verfestigte Textmuster bezeichnet. In Millers (1984) klassischer Definition werden sie als »typifizierte« rhetorische Handlungen bezeichnet, die in häufig wiederkehrenden Situationen entstehen. Genres bilden sich also dann heraus, wenn bestimmte Aufgaben immer wieder mit sprachlichen Mitteln gelöst werden müssen, so wie das Genre »Kochrezept« entsteht, wenn sich immer wieder die Aufgabe stellt, anderen Menschen wirksam zu erläutern, wie man bestimmte Gerichte kocht. Genres des Alltags wie Märchen, Einkaufslisten, Zeitungskommentare werden von allen literaten Mitgliedern einer Kultur anhand weniger Textmerkmale erkannt. Wissenschaftliche Genres sind aus verschiedenen Notwendigkeiten effektiver Wissenskommunikation entstanden. Der Forschungsartikel als wichtigstes Genre der Wissenschaften ist als Textform entstanden, mit der Wissenschaftler sich gegenseitig neue Forschungsergebnisse mitteilen. Wie Bazerman (1989) gezeigt hat, hat es gut 150 Jahre gedauert, bis dieses Genre annähernd seine heutige Form erreicht hat. Die Wissenschaftler mussten nicht nur herausfinden, wie man experimentiert, sondern auch, wie man Ergebnisse aus Experimenten so darstellt, dass sie für andere glaubwürdig erscheinen und nachvollziehbar sind. Alle Genres entstehen historisch und wandeln sich kontinuierlich. Im Zeitalter der elektronischen Medien entstehen überdies viele neue Textgenres.

zitiert, dass man Deckblatt, Gliederung und Literaturverzeichnis hat und dass man die fachübliche Terminologie verwendet. In den Fächern, die mit Fußnoten arbeiten, wird verlangt, dass man entsprechend genau mit Fußnoten umgehen kann. Das Ganze muss eine klare Struktur, d. h. einen roten Faden haben, der das Thema in eine sinnvolle, nachvollziehbare Ordnung bringt. In vielen Hausarbeiten werden Definitionen der verwendeten Begriffe verlangt. In der Regel wird eine Fragestellung erwartet, die auf das hinweist, was als Erkenntnisgewinn der Arbeit entstehen soll. Eine These oder Hypothese kann alternativ oder zusätzlich zur Fragestellung verwendet werden, das ist im Einzelfall herauszufinden. Traditionellerweise liegt das Hauptgewicht in der Seminararbeit darauf, dass Originalliteratur gelesen, verarbeitet und zu einem eigenen Text synthetisiert wird. Es können aber auch eigene Forschungsarbeiten verlangt werden.

Kritischer Essay: Im kritischen Essay, der in den englischsprachigen Ländern sehr verbreitet ist, aber auch an deutschsprachigen Hochschulen immer öfter verlangt wird, steht weniger die Verarbeitung der einschlägigen Literatur im Vordergrund als vielmehr die Fähigkeit, wirkungsvoll zu argumentieren. Statt einer Fragestellung geht ein Essay von einer These aus, zu deren Gunsten argumentiert wird. Im kritischen Essay kommt es darauf an zu zeigen, dass man mit Argumenten genau und differenziert umgehen kann. »Genau« heißt, dass die Argumente stichhaltig sind. Hier ist methodenbewusst zu argumentieren und das fachliche Wissen gekonnt einzusetzen. »Differenziert« heißt, dass man Pro- und Kontra-Argumente gleichermaßen berücksichtigt und den wissenschaftlichen Gehalt wichtiger nimmt als die vertretene Position. Wissenschaftlich argumentieren heißt auch immer, Gegenargumente bzw. -positionen anzuführen und fair einzuschätzen. Es heißt, den Geltungsbereich der eigenen These genau abzustecken und alle Einschränkungen anzuführen, die seine Gültigkeit beeinträchtigen könnten.

Thesenpapier: Das ist ein Relikt aus einer Zeit, als die mündliche Verhandlung (seit dem Mittelalter »Disputation« genannt) über den Text noch wichtiger war als der Text selbst. Das Thesenpapier war dabei der Disputationsanlass. Es gab in Disputationen allerdings immer zwei Parteien: eine, die für und eine, die gegen die präsentierte(n) These(n) argumentierte. Dies ist heute nicht mehr der Fall. Thesenpapiere werden aber immer noch als Diskussionsgrundlage oder als Ergänzung für eine mündliche Präsentation (nicht selten auch für Prüfungen) verlangt. Wenn Sie ein Thesenpapier als Ergänzung für eine mündliche Präsentation schreiben, dann sollten Sie darauf achten, dass man tatsächlich über die Thesen diskutieren kann. Das heißt, sie sollten pointiert sein und vielleicht auch etwas provokativ. Wenn es um ein Thesenpapier für eine mündliche Prüfung geht, dann ist es ratsamer, das Fachwissen zu einem Themenbereich in kleine Häppchen aufzuteilen, die jeweils Ausgangspunkt des Prüfungsgesprächs sein können. In beiden Fällen sollten Sie nicht vergessen, zu jeder These wenigstens eine passende Literaturangabe anzugeben, die zeigt, woher Ihr Wissen stammt. Ein Literaturverzeichnis sollten Sie ebensowenig vergessen wie ein Deckblatt.

Handout: Die modernere Variante des Thesenpapiers ist das neudeutsche Handout. Es ist eine Ergänzung zum schriftlichen Vortrag (in machen Kontexten wird es auch »Tischvorlage« genannt). Es wird den Zuhörenden ausgehändigt (daher »hand-out«) und soll den oder die Vortragende/n von zu viel detaillierter Informationsvermittlung sowie die Zuhörenden vom Mitschreiben entlasten. Für ein

Handout gibt es keine ganz präzisen Vorgaben. Was es enthalten sollte ist: Ein Deckblatt mit Titel / Autor/in / Hochschule / Institut / Studiengang / Lehrveranstaltung, ferner ein Literaturverzeichnis, eine Gliederung des Vortrags und dazu vielleicht Kurzzusammenfassungen zu den einzelnen Punkten. Auch Tabellen, Diagramme, Textbeispiele, die im Vortrag schwer zu präsentieren sind, können im Handout Platz finden.

Exposé: Immer häufiger werden für Seminar- und Abschlussarbeiten Exposés (auch »Disposition« genannt«) verlangt, in denen ein Arbeitsplan für das Schreibprojekt vorgelegt wird. Ein solcher Plan soll auf Ihren Vorarbeiten aufbauen und die wichtigsten Bestimmungsstücke der entstehenden Arbeit enthalten: Thema und Fragestellung, Zielsetzung, Grundlagenliteratur auf der Sie aufbauen, Vorgehensweise, eingesetzte Methoden, Auswertungsverfahren, eine grobe Gliederung, und ein Zeitplan. Auch hier sollten Sie nie ein Literaturverzeichnis vergessen, und auch dieser Text braucht ein Deckblatt, auf dem Ihr Name, E-Mail-Adresse, die Veranstaltung bzw. der Zweck des Textes, Hochschule und Institution aufgeführt sind.

Praktikums-, Exkursions-, oder Hospitationsbericht: Sie sind im Studium ein häufig verwendetes Textgenre, das dazu dient festzuhalten, was Sie getan bzw. erlebt haben, an welchen Orten Sie waren und welche Ergebnisse Ihre Tätigkeiten hatten. Dies kann im Einzelnen sehr unterschiedlich sein. Die meisten Berichte haben mehrere Teile, darunter eher solche persönlicher Art (was habe ich getan), solche beschreibender oder analytischer Art (in welcher Institution oder an welchem Ort war ich) und solche der Ergebnisdarstellung (was habe ich untersucht, welche Arbeit habe ich verrichtet). Berichte sollten immer erkenntlich machen, für wen und mit welchem Auftrag sie geschrieben sind, sie sollten einen genauen Rahmen abstecken (wann, wo, wer, für wen) und dann eine sinnvolle Struktur für die Darstellung finden. In den meisten studentischen Berichten werden bestimmte Leistungen besonders beachtet. In der Sozialen Arbeit beispielsweise kann die Analyse der Einrichtung, ihrer Arbeitskonzepte, Methoden, Klientel, Finanzierung etc. besonders wichtig sein. Bei Exkursionen in der Biologie oder Geologie stehen die Ortsbeschreibungen und Untersuchungen im Vordergrund, bei Berichten von Schulpraktika stehen die didaktischen Erfahrungen im Vordergrund. Berichte zu schreiben erfordert, eine genaue, beschreibende Fachsprache zu verwenden und die fachlichen Bewertungsschemata für bestimmte Praxisbereiche einzusetzen.

PowerPoint-Präsentation: Heute ist es üblicher, statt eines Thesenpapiers eine Folienpräsentation vorzubereiten und damit den mündlichen Vortrag zu unterstützen. Dabei gibt es verschiedene Strategien. Eine Strategie besteht darin, die Gliederung des Vortrags auf die Folie zu übertragen, damit die Zuhörenden sehen, an welcher Stelle im Vortrag man sich gerade befindet. Ergänzt werden kann dies durch Grafiken, Diagramme etc., die Zusammenhänge visuell veranschaulichen. Eine zweite Strategie besteht darin, vorab eine Gliederungsübersicht zu geben und die Präsentation anhand von Zusammenfassungen (in Bullet-Point-Manier), Diagrammen von statistischen Daten oder anderen grafischen Materialien zu gestalten. Bei PowerPoint-Präsentationen ist darauf zu achten, dass sich Vortrag und Visualisierung ergänzen und nicht einfach die gleiche Information doppelt gegeben wird. Zu viele Bullet-Point-Folien nacheinander wirken ermüdend und die Folien sollten nicht mit Text überladen sein. Sorgen Sie für Variation!

Portfolio: ist eine Textsammlung, die heute immer öfter statt einer Seminararbeit verwendet wird. Genau genommen ist das Portfolio kein Genre, sondern ein Dossier, in dem mehrere Genres oder Textbestandteile versammelt sind. Der Begriff »Portfolio« wurde aus der Kunst übernommen, wo er eine Mappe mit Bildern bezeichnet, die man z.B. für eine Bewerbung vorlegt. Ähnlich werden Portfolios aus Texten angelegt, die entweder auf Papier gedruckt und in einer Mappe zusammengehalten sind oder die elektronisch in einem Ordner stecken, in dem sie durch einen Ordernamen gekennzeichnet und meist durch eine Einleitung oder einen verbindenden Text erläutert werden. Immer häufiger werden auch Portfolios für Abschlussprüfungen verwendet, in denen dann alle Texte enthalten sind, die jemand im Studium geschrieben hat.

Forschungsartikel (research article): Das mit Abstand wichtigste Genre in den Wissenschaften ist der Forschungsartikel (und dessen etwas ausführlichere Variante, der Forschungsbericht). Dabei handelt es sich um eine standardisierte Form der Forschungsberichterstattung, in der eigene Forschungsergebnisse vor dem Hintergrund der bereits existierenden Forschung dargestellt und interpretiert werden. Die Struktur, die oft unverändert verwendet wird, lautet: *Introduction* (Einführung ins Thema, Fragestellung, Forschungsstand, Forschungslücke), *Method* (Untersuchungsmethode, Vorgehensweise, Materialien, Patienten oder Versuchspersonen, Auswertungsverfahren, Statistik), *Results* (Präsentation der Daten samt Auswertung), *Discussion* (Interpretation der Ergebnisse auf dem Hintergrund der Fragestellung, des Forschungsstandes und der Forschungslücke, Anregungen für weitere

Forschung). Vorangestellt wird dem Forschungsbericht ein *Abstract*, das jeden der fünf Punkte in maximal 2 Sätzen zusammenfasst und keine zusätzlichen Informationen enthält. Trotz seiner standardisierten Form fällt der Forschungsartikel in einzelnen Disziplinen sehr unterschiedlich aus, je nach Art der Forschungsmethodik. In den naturwissenschaftlichen Studienfächern werden Forschungsartikel nicht selten schon im Bachelor-Studium verlangt.

Literaturbericht (literature review): Ein weit verbreitetes Genre in den Wissenschaften ist der Literaturbericht. Er fasst zusammen, was in einem bestimmten Zeitraum zu einem Thema veröffentlicht wurde. In diesem Genre ist Systematik bei der Sammlung von Literatur wichtig, ebenso wie bei deren Auswertung. Oft werden dabei Ergebnistrends analysiert und Meta-Auswertungen vorgenommen. Ergebnis des Literaturberichts ist eine Übersicht über die Wissensentwicklung auf der Basis von originären Forschungsarbeiten, wobei terminologische, theoretische, empirische oder interpretative Aspekte der Forschung im Vordergrund stehen können. Literaturberichte selbst zählen zu der Sekundärliteratur der Wissenschaft, also zu den Texten, die Primärliteratur auswerten. Literaturberichte sind zwar Seminararbeiten ähnlich, haben aber eine andere Funktion als diese. Im Studium werden sie gelegentlich auf der Master-Stufe verlangt.

Annotierte Bibliographie: Eine Vorstufe für den Literaturbericht wie auch für die Seminararbeit ist die annotierte Bibliographie. Sie ist eine Sammlung von Textzusammenfassungen zu einem bestimmten Thema, ohne dass eine Integration in einen eigenen thematischen Zusammenhang oder eine systematische Auswertung erfolgt.

Poster: Poster bilden ein Genre, das auf Tagungen verwendet wird. Anstatt eines Vortrags werden Verlauf und Ergebnisse einer Untersuchung auf ein Plakat (»poster«) gemalt und in einer extra dafür vorgesehenen Halle ausgestellt. Wenn die »Postersession« angekündigt ist, stehen die Autoren bei ihren Postern und die Tagungsteilnehmer gehen herum, lesen sie und reden mit den Autoren. Poster sind also eine Art verdichtete Darstellung von Projektergebnissen auf einer Seite, die meist der gleichen Struktur folgen wie der Forschungsartikel, aber kürzer und knapper verfasst sind. Gelegentlich werden auch Poster in Lehrveranstaltungen verlangt, in denen Sie dann in übersichtlicher Weise die von Ihnen geleistete Arbeit verdichtet darstellen müssen.

Schriftliche Klausur: Nicht selten werden schriftliche Klausuren verlangt. Dazu wird im Vorfeld entweder ein allgemeines Thema vorgegeben (das für alle Klausur Schreibenden gilt) oder es werden individuelle Themen ausgehandelt, die dann in der Klausuraufgabe noch einmal präzisiert werden. Für Klausuren ist es wichtig, vorab herauszufinden, nach welchen Kriterien die Klausur bewertet wird. Ist es die Wiedergabe von Wissen, die Stimmigkeit der Argumentation, die Länge des Textes, die Genauigkeit der Sprache etc.? Da die Bewertung von Texten immer eine starke subjektive Komponente hat, ist hier eine Aussage Ihres Professors wichtig. Der Fehler, der bei Klausuren am häufigsten begangen wird, ist der, einen Text vorzubereiten und zu versuchen, ihn dann als Klausurtext zu übernehmen. Bei diesem Vorgehen geht die besondere Klausurfrage oft unter. Es ist also genau zu eruieren, worum es bei der Klausurfrage geht, welches Thema angesprochen ist und mit welcher Tätigkeit es verbunden ist (z. B. etwas darstellen, ein Problem analysieren, eine Position begründen, einen Sachverhalt diskutieren, zwei Dinge miteinander kontrastieren usw.). In den meisten Fällen wird die Klausur danach bewertet, wie genau der Text das gestellte Thema behandelt, wie originell die Argumentation ist und wie viel fachliches Wissen zur Behandlung des Themas eingesetzt wird.

7 Ein Thema eingrenzen

Der Beginn eines Schreibprojekts dient der Planung. Die Planung ist bei wissenschaftlichen Arbeiten fast immer ein Vorgang, der selbst einige Zeit in Anspruch nimmt, und zwar bis zu einem Viertel der gesamten Arbeitszeit. Bei kleineren Projekten wie einem Essay, einem einfachen Praktikumsbericht genügt es, sich das Material bereit zu stellen, sich die Aufgabe klar zu machen und eine grobe Gliederung zu entwerfen. Bei größeren Projekten wie Bachelor-, Master- oder Doktorarbeiten mündet die Planungsphase in ein Exposé, einen schriftlichen Vorschlag, der von der Person, die die Arbeit anleitet, gegengelesen und abgesegnet wird. Dieses Exposé enthält eine Reihe von Schlüsselelementen wissenschaftlicher Texte, die nachfolgend genauer beschrieben werden. Die wichtigsten davon sind:
- Fragestellung, Zielsetzung und Problem der Arbeit
- Vorhandenes Wissen: Worauf baut die Arbeit auf?
- Vorgehen: Wie will ich zu einer Lösung der Fragestellung kommen?
- Zeitplan: Bis wann will ich welches Zwischenziel erreicht haben?

Um einen solchen Plan aufstellen zu können, muss man sich zunächst in das Thema einarbeiten. Ohne Vorwissen ist keiner der genannten Punkte zu lösen. Zum Planungsprozess gehört deshalb:
- Sich den Auftrag klar machen: vorhandene Unterlagen prüfen, ggf. bei Ihrem Dozent nachfragen; was wird von mir erwartet?
- Suche nach erster Literatur: Wo kann ich mir einen Überblick verschaffen? Ggf. Anleiter nach Ausgangsliteratur fragen.
- Einlesen: Überblicksartikel, Einführungen etc.
- Eingrenzung des Themas: Was will ich nicht behandeln?
- Textgenre präzisieren: Wie soll der fertige Text aussehen? Habe ich ein Muster davon? Wo bekomme ich Information über die Textart?

Beispiel

Ein Thema eingrenzen

Ungeeignetes Thema	Günstigeres Thema
»Die Sprachentwicklung in der Kindheit«	»Entwicklung der Satzbildung im zweiten Lebensjahr«
»Der Ost-West-Konflikt«	»Änderungen des Bildes vom ›Osten‹ in ›Der Spiegel‹ zwischen 1989 und 1993«
»Menschenrechtslage in der Dritten Welt«	»Veränderungen der Menschenrechts-Politik der UN mit Bezug auf Konflikte in Afrika um 1989«
»Umweltpolitik der USA«	»Die Auseinandersetzung um die Ölbohrrechte in Alaska in der zweiten Amtsperiode George W. Bushs«

Es empfiehlt sich, diese Planungsphase zeitlich zu terminieren, z. B. dadurch, dass man einen Termin mit dem Anleiter ausmacht, um die Arbeit zu besprechen oder dass man sich selbst einen Abschlusstermin für die Planung setzt. Fangen Sie nicht ohne dieses schriftliche Exposé an, denn sonst laufen Sie Gefahr, ungezielt zu lesen, ohne zum Punkt zu kommen. Wissenschaftliches Schreiben hat fast immer damit zu tun, winzig kleine Teile aus dem Meer des Wissens herauszugreifen und sie gezielt zu bearbeiten. Hält man sich zu lange damit auf, Beschreibungen des Meeres zu lesen, dann mag das interessant sein, bringt aber nicht weiter.

8 Fragestellung, Ziel, Problem festlegen

Die Fragestellung gehört zu den wichtigsten strukturellen Elementen von wissenschaftlichen Arbeiten. Die Fragestellung gibt an, welcher Teilaspekt des Themas behandelt und welche Erkenntnis produziert werden soll. Sie ist also das wichtigste Element, um die Themenspezifik bzw. Themeneingrenzung zu signalisieren.

Gleichzeitig geht man mit der Fragestellung die Verpflichtung ein, eine Antwort zu liefern. Am Anfang ist die Fragestellung tatsächlich die Frage, mit der man selbst an die Arbeit geht. Wenn der fertige Text vorliegt, ist die Fragestellung genau auf das ausgerichtet, was beantwortet werden soll bzw. tatsächlich beantwortet wird.

> **Überblick**
>
> **Wie formuliere ich meine Fragestellung?**
>
> Die häufigsten Formulierungen zur Fragestellung, die Feilke und Steinhoff (2003, 116) in 286 untersuchten Hausarbeiten fanden, waren folgende (der Häufigkeit nach geordnet):
> 1. Eine Frage beantworten
> 2. Einer Frage nachgehen
> 3. Eine Frage stellen
> 4. Eine Frage klären
> 5. Eine Antwort auf die Frage …
> 6. Eine Frage erörtern
> 7. Eine Frage diskutieren
> 8. Auf eine Frage eingehen
> 9. Eine Frage aufwerfen
> 10. … unter der Fragestellung …
> 11. Mit einer Frage beschäftigen
> 12. Sich einer Frage widmen
> 13. Eine Frage nennen
> 14. Eine Fragestellung beantworten
> 15. Eine Frage betrachten

Formulieren kann man die Fragestellung auf sehr unterschiedliche Weise (siehe Kasten), die alle legitim sind, bis auf die etwas ungewöhnlichen Formulierungen »eine Frage nennen« oder »eine Frage betrachten«. Es spricht nichts dagegen, die Fragestellung auf die klarste Form zu bringen, die möglich ist:

»Die Fragestellung dieser Arbeit lautet: …« oder
»Die Arbeit beschäftigt sich mit folgender Fragestellung: …«

In dieser Form würde die Fragestellung dann tatsächlich als eine Frage mit einem Fragezeichen am Ende formuliert werden. Zeigen Sie, dass Sie die Bedeutung der Fragestellung kennen, indem Sie sie nicht umschreiben, sondern direkt benennen.

Die Fragestellung tritt oft in Verbindung mit weiteren Bestimmungsstücken wissenschaftlicher Arbeiten auf. Für Sie selbst kann es wichtig sein, zwischen Problem und Fragestellung zu unterscheiden. Das »Problem« mit dem sich eine Arbeit befasst ist meist die größere Sinneinheit, die zudem eng mit der Relevanz des Themas in Verbindung steht. Ein »Problem« kann wissenschaftlicher, politischer, ethischer, pragmatischer, beruflicher usw. Natur sein. Probleme dieser Art lassen sich nicht mit einer einzigen Seminararbeit lösen. Wohl aber kann ein Teilaspekt des Problems behandelt oder gelöst werden. Darauf bezieht sich die Fragestellung.

Von der Fragestellung abgegrenzt wird häufiger auch das Ziel einer Arbeit. Das übergeordnete Ziel jeder wissenschaftlichen Arbeit, Wissen darzustellen oder Forschung zu kommunizieren, kann man damit präzisieren. Man kann als Ziel haben, Quellen zugänglich zu machen oder auszuwerten, Theorien darzustellen oder zu vergleichen, eine Behauptung zu überprüfen, eine Methode auszuprobieren, ein Werk zu interpretieren.

9 Recherchieren

Alle wissenschaftlichen Texte bauen auf dem auf, was andere bereits erarbeitet haben. Wie aber findet man dieses Wissen, und vor allem, wie kann man einigermaßen sicher gehen, dass man alles, was relevant ist, auch berücksichtigt hat? Der Vorgang, der diese Suche bezeichnet, nennt sich »Recherchieren«, das Festhalten der bibliographischen Angaben »Bibliographieren«. Für beides gibt es mittlerweile gute elektronische Hilfsmittel, die Sie kennen lernen sollten. Anfangen können Sie allerdings auch ohne diese Mittel, denn der erste Gang sollte immer noch der in die Bibliothek sein, nicht ins Internet.

Schreibende brauchen Material für ihre Texte und müssen deshalb verschiedene Arten von Aussagen, Ideen, Belegen und Fakten dafür sammeln. Darin steckt die wichtigste Aufgabe und auch die, die am meisten Zeit beansprucht. Die Suche nach fachspezifischem Wissen ist ein wesentliches Element selbständigen Umgangs mit Wissen und wird Sie vermutlich Ihr Leben lang begleiten.

> **Beispiel**
>
> **Das Zusammenwirken von Thema, Problem, Fragestellung und Zielsetzung**
>
> **Thema** Ausbreitung invasiver Neophyten in der Schweiz
>
> **Problem** Diese Arbeit beschäftigt sich mit dem Problem der Verbreitung von Neophyten (gebietsfremde Pflanzen) in der Schweiz, insbesondere der Ambrosia artemisiifolia, die sich in den letzten 30 Jahren stark vermehrt hat. Sie steht auf der schwarzen Liste der Pflanzen, deren Ausbreitung eingedämmt werden soll.
>
> **Fragestellung** Die Fragestellung der Arbeit lautet: Ist die Auftretenshäufigkeit (Verbreitung) der Ambrosia artemisiifolia an drei Orten in der Schweiz seit der letzten Untersuchung vor 6 Jahren gestiegen, und wenn ja, mit welchem Faktor?
>
> **Zielsetzung** Ziel der Arbeit ist es, Daten als Entscheidungsgrundlage für ein aktives Eingreifen zur Verfügung zu stellen.

Wie viel Sie für Ihre Seminararbeit selbständig recherchieren müssen, ist eine offene Frage. In der Regel erhalten Sie Basisliteratur, die Sie als Ausgangspunkt nehmen können. Sehr schnell aber werden Sie sehen, dass diese Literatur nicht ausreicht, da Sie einiges von dem, was zitiert ist, selbst nachlesen müssen und da die Basisliteratur selten reicht, um den Kontext eines Themas zu verstehen. Wenn Ihre Aufgabe nur darin besteht, die Literatur zusammenzufassen und wiederzugeben, dann können Sie sich mit dem Vorgegebenen begnügen. Wenn Sie jedoch einen Text mit eigener Fragestellung verfassen, dann müssen Sie zusätzlich spezifische Literatur suchen. Fragen Sie nach, wenn Sie Zweifel haben, was Ihre Aufgabe ist.

Das Recherchieren für Seminararbeiten ist ein dreistufiger Prozess. Die Stufen unterscheiden sich nach der Spezifik der Suche, nicht nach dem Ort, wo Sie suchen:

Stufe 1: Orientierungs- und Einstiegsliteratur suchen: In dieser Stufe schauen Sie, was es alles gibt zu Ihrem Thema. Sie legen die Suche noch etwas breiter an, recherchieren also auch zu den übergeordneten Begriffen und finden heraus, was alles in Ihrer Bibliothek steht. Bibliothekskataloge, Bücherregale, Dozenten, Fachlexika und Wikipedia sind Ihre wichtigsten Informationsquellen.

Stufe 2: Überblick zum eingegrenzten Themenbereich suchen: Wenn Sie Ihr Thema eingegrenzt haben (bzw. wenn Sie es gerade eingrenzen), dann müssen Sie eine gezielte Recherche zu genau dem Thema machen, das Sie bearbeiten. Hierbei merken Sie auch, ob Sie Ihr Thema genug eingegrenzt haben oder ob es noch zu breit ist. Dazu müssen Sie elektronische Fachdatenbanken befragen.

Stufe 3: Ergänzende Literatur zu speziellen Fragen suchen: Wenn Sie die verfügbare Literatur gelesen haben und ans Schreiben gehen, dann merken Sie vermutlich, dass Sie für einzelne Punkte, die Sie abhandeln, oft noch weitere Literatur brauchen. Auch wenn Sie schon einen Rohtext geschrieben haben und ihn überarbeiten, kommen oft noch Fragen auf, die Sie wieder in die Bibliothek treiben und erneut recherchieren lassen.

Überblick

Literatursuche in der Bibliothek

- *Katalog:* Bibliothekskataloge sind heute nur noch elektronisch zugänglich (mit Ausnahme von älteren Büchern, deren Titel oft noch nicht aufgenommen sind) und liefern in der Regel nur Hinweise auf Bücher, nicht auf Artikel. Glücklich können Sie sich wähnen, wenn es Verbundkataloge gibt, die mehrere Bibliotheken zusammenfassen. Suchen können Sie nach Schlagwörtern, Titeln, Autoren, Zeitschriftentiteln.
- *Bücherregale:* Präsenzbibliotheken sind meist thematisch geordnet. Wenn Sie also einige Bücher aus dem Katalog gefunden haben, dann finden Sie im Regal Bücher zu ähnlichen Themen, die Sie sichten und auswerten können.
- *Handbücher:* Jede Bibliothek hat einen gesonderten Ort mit Handbüchern, Lexika, Enzyklopädien. Dort sollten Sie die fachspezifischen Handbücher wählen, die in der Regel Fundgruben für Ideen und für weiterführende Literatur sind.
- *Zeitschriften:* Zeitschriften sind heute in der Regel noch gebunden in den Bibliotheken zu finden. Sichten Sie die letzten Jahrgänge der Zeitschriften, in denen mit großer Wahrscheinlichkeit Beiträge zu Ihren Themen zu finden sind. Da die meisten Zeitschriften heute auch elektronisch abrufbar sind, können Sie diese Recherche auch zu Hause am Bildschirm machen. Zudem hat Ihre Bibliothek vermutlich auf eine Reihe von Fachzeitschriften elektronisch Zugang, was Ihnen noch einmal den Zugriff erleichtert.
- *Fachdatenbanken:* In jeder Disziplin gibt es elektronische Literaturdatenbanken, die systematisch alle Zeitschriftenbeiträge aufnehmen. Welche dies in Ihrem Fach sind, müssen Sie selbst herausfinden. Ihre Bibliothek hat vermutlich die einschlägigen Datenbanken abonniert, so dass Sie Zugriff erhalten. Sie müssen eine Weile experimentieren, bis Sie die richtigen Begriffe gefunden haben, die Sie eingeben müssen.

Überblick

Literatursuche im Internet

- *Google:* Obwohl automatisch der erste Griff beim Recherchieren, sind die Ergebnisse unbefriedigend, weil ungefiltert.
- *Google Scholar:* Hier finden Sie wissenschaftliche Texte, allerdings nicht in der gewünschten fachlichen Tiefe. Es ist immer noch sehr zufällig, was hier verfügbar ist, was nicht. Zeitschriftenaufsätze sind kaum ausgewertet.
- *Wikipedia:* Hier finden Sie fast immer fachlich Relevantes und meistens auch weiterführende Literatur. Die Qualität der Artikel ist noch relativ unberechenbar, aber mit anderen Enzyklopädien kann Wikipedia es schon aufnehmen.
- *Handbücher, Lexika, Enzyklopädien:* Nachdem viele Enzyklopädien auch übers Netz zugänglich sind, können Sie sie auch direkt oder über Ihre Bibliothek einsehen.
- *Web of Knowledge / Web of Sciences*: Hierbei handelt es sich um internetbasierte Literaturdatenbanken, die alle Felder der Naturwissenschaften abdecken. Sie sind über Ihre Bibliothek zugänglich.

Die vertrauteste Art der Recherche, die über Google, ist bekanntlich zu global. Sie führt zu einem Konglomerat unterschiedlichster Texthinweise, die zu umfangreich, zu unspezifisch und in ihrer Qualität zu unzuverlässig sind. Google Scholar hingegen, das sich auf Fachliteratur und wissenschaftliche Quellen stützt, führt zwar zu einigen positiven Treffern, hat aber eine zu unspezifische Datenbasis, so dass Sie nie wissen, wie viel Sie übersehen haben. Deshalb müssen Sie gezieltere Rechercheformen aus Fachdatenbanken durchführen, die Ihnen mit hoher Wahrscheinlichkeit alle Texte aus Ihrer Disziplin liefern.

Beim Recherchieren gibt es zwei Gefahren: Sie können zu viel sammeln oder Sie können das Wichtigste übersehen. Unter der erstgenannten Gefahr stehen die, die ein wenig zum Perfektionismus neigen. Sie wollen einfach alles erfassen und übersehen, dass nur das Wesentliche nötig ist. Zur zweiten Gefahr tendieren die, die Recherchieren, bevor sie ihr Thema richtig eingegrenzt haben. Sie recherchieren nach dem, was sie interessiert oder was ihnen wichtig erscheint, nicht nach dem, was die Arbeit erfordert. Recherche setzt voraus, dass man ein klares Ziel hat, sonst wird sie uferlos.

10 Texte strukturieren

Texte zu strukturieren ist etwas, das man auf der Mikro- und der Makroebene tun muss. Mikroebene bezeichnet die Ebene der Absätze und Unterkapitel, Makroebene die Gesamtstruktur. Manchmal gibt es auch noch eine Mesoebene dazwischen, wenn Sie größere Kapitel haben, die in mehrere Unterkapitel zerfallen.

Texte gut zu strukturieren ist vor allem deshalb notwendig – und auch schwierig – weil wir die Linearität schriftlicher Darstellungen beachten müssen. Es geht also wieder darum, das Nacheinander in der Präsentation von Ideen zu regeln. Was muss als Erstes dargestellt werden, damit das Zweite, Dritte usw. verständlich ist? Das Verständnis des Späteren ist, wie dargestellt, in der Regel nur verständlich, wenn man die früheren Passagen gelesen hat. Es geht also nicht nur darum, die Teile eines Textes nacheinander zu präsentieren, man muss auch den kumulativen **Komplexitätsaufbau** in Rechnung stellen.

Auch eine Abbildung hat eine Struktur, aber sie legt, anders als der Text, die zeitliche Abfolge der Informationsaufnahme des Betrachters nicht fest. Im Text hingegen führt man die Leser wie an einer Leine durch den Text. Sie müssen dem linearen Aufbau folgen, wenn Sie ihn verstehen wollen. Textverständlichkeit hat – gerade bei komplexeren Texten – nicht unwesentlich damit zu tun, dieses Nacheinander zu regeln und viele sprachliche Mittel sind genau darauf ausgerichtet, den Lesern bei der Bewältigung des Komplexitätsaufbaus behilflich zu sein.

Die Reihenfolge herzustellen, in der die Ideen zusammenhängend präsentiert werden (was man als »**Kohärenz**« bezeichnet), ist also nur der erste Schritt. Dann muss man die richtigen sprachlichen Mittel einzusetzen, um das Dargestellte in einen inneren Bezug zueinander zu bringen (was man als »**Kohäsion**« bezeichnet).

Inhaltliche und sprachliche Strukturierung hängen natürlich zusammen, und zwar auch dadurch, dass die sprachliche Fassung uns Hinweise darauf gibt, ob die inhaltliche Strukturierung stimmig ist, wie auch umgekehrt die inhaltliche Durchdringung eines Themas uns die sprachlichen Mittel finden lässt, um das Thema darzustellen.

Die Arbeit an einem Thema beginnt, wie gezeigt, mit einer Materialsammlung. Dabei häuft sich immer mehr Wissen an. Irgendwann kommt der Zeitpunkt, an dem Sie mit Information »gesättigt« sind und zu schreiben anfangen möchten (oder auch müssen). Hier müssen Sie bedenken, dass Sie mehrere Möglichkeiten haben, das Material zu strukturieren. Hier sind drei von ihnen aufgeführt:

Die Sachlogik: Wie kann ich mein Thema systematisch darstellen? Welche Aspekte muss ich nach und nach darstellen? Welchen Rahmen muss ich vorab setzen, damit diese Aspekte verständlich sind? Wie muss ich dann die einzelnen Elemente, Teile, Grundeinheiten zueinander in Beziehung setzen? Dies entspricht der Struktur eines Sachtextes.

Die Adressatenperspektive: Was muss ich meinen Lesern sagen? Welche Information brauchen sie, damit sie dem Thema folgen können? Welche Argumente und Belege muss ich anführen, um meine Leser zu überzeugen? Dies entspricht dem Aufbau eines argumentativen Textes.

Die Handlungsperspektive: Was habe ich getan, um zu einem Ergebnis zu kommen? Wie bin ich vorgegangen? Was für Material habe ich generiert? Welche Ergebnisse habe ich erhalten? Wie habe ich sie interpretiert? Was bedeuten sie? Dies entspricht der Struktur eines Berichts.

Oft sind zwei dieser drei Perspektiven miteinander verschränkt, jedoch sollten Sie festlegen, welche davon primär ist, denn sie bestimmt Reihenfolge und Ausrichtung der dargestellten Inhalte. In Bezug auf Strukturen gibt es große fachliche Unterschiede. Einige Disziplinen, wie die Sozial- oder Naturwissenschaften, verlangen bevorzugt die Berichtsform. Andere, wie die Geschichts- und Literaturwissenschaften, verwenden lieber die systematischen Darstellungen. Die angelsächsische Tradition des kritischen Essays bevorzugt die argumentative Struktur, in der der Text meist um eine These herum aufgebaut wird.

Mit der Herstellung einer Gliederung sind aber die Aufgaben der Strukturierung noch nicht erschöpft. Zunächst sollten Sie die Funktion eines Inhaltsverzeichnisses kurz reflektieren. Inhaltsverzeichnisse findet man sonst fast nur in Büchern, selten in kürzeren Texten. Aber in Seminar- und Abschlussarbeiten an deutschsprachigen Hochschulen werden sie verlangt. In anderen Kulturen, wie den nord- und lateinamerikanischen Hochschulen, werden Inhaltsverzeichnisse selten verwendet. Natürlich geben Inhaltsverzeichnisse den Lesern wichtige Hinweise darauf, was im Text präsentiert wird. Sie sind also wirksame Vorab-Organisatoren für den Text. Sinnvoll sind Inhaltsverzeichnisse nur, wenn auch entsprechend aussagekräftige Überschriften vorhanden sind. Entstanden ist diese Art der Textorganisation erst im späten Mittelalter, davor waren Texte ungegliedert und hatten natürlich auch kein entsprechendes Verzeichnis. Es gibt wichtige Textgenres wie den Forschungsartikel, die zwar eine Gliederung, aber kein Inhaltsverzeichnis haben. Stattdessen steht ihnen ein Abstract voran, in dem in wenigen Zeilen ein Extrakt des Textes gegeben wird. Dies ist eine andere Art der Vorab-Organisation des Textes. Wo ein Abstract vorhanden ist, ist ein Inhaltsverzeichnis im Prinzip überflüssig (und umgekehrt). Dennoch werden heute in Abschlussarbeiten oft beide verlangt.

Inhaltsverzeichnisse geben – was in Qualifikationsarbeiten besonders wichtig ist – Aufschluss über die Stimmigkeit des Textaufbaus, über den »roten Faden« im Text. Legen Sie ein Inhaltsverzeichnis an, haben Sie Gelegenheit, die Systematik Ihrer Darstellung auf eine komprimierte Weise zu signalisieren. Wer immer Ihre Seminararbeit beurteilt, wird unweigerlich als Erstes die Gliederung studieren. Sie können durch die Gliederung zeigen, dass Sie Ihre Gedanken wohl geordnet und logisch strukturiert haben.

Gliederungen gelingen normalerweise nicht auf Anhieb, sondern »wachsen« parallel zur Erarbeitung der Inhalte. Sie sollten früh eine erste Gliederung aufstel-

> **Beispiel**
>
> **Numerische Gliederung**
>
> Der Form nach werden Gliederungen heute fast ausschließlich nach einem numerischen System gestaltet. Die Inhalte Ihres Textes werden hierarchisch, d. h. nach übergeordneten und untergeordneten Gesichtspunkten strukturiert. Das kann folgendermaßen aussehen:
>
> 1. Einleitung
>   1.1 Thema
>   1.2 Fragestellung
>   1.3 Definitionen
>   1.4 Vorgehen
> 2. Der theoretische Rahmen
>   2.1 Theorie Alpha
>   2.1.1 Die Version von Müller
>   2.1.2 Die Version von Meier
>   2.1.3 Die Version von Schulze
>   2.2 Theorie Beta
>   2.2.1 Ältere Fassung
>   2.2.2 Neuere Fassung
> 3. Vergleich der Theorien
> 4. Resümierende Zusammenfassung

10 Texte strukturieren

Überblick

Strukturmerkmale wissenschaftlicher Arbeiten (Berichtform)

Textteil	Inhalt	Sprachliche Realisierung
Einleitung	Worum geht es? Was ist Gegenstand?	Aussagen über die Sache, um die es geht
	Was ist Problem?	Darstellen, was an der Sache ungelöst / strittig / klärungsbedürftig ist
	Welche Disziplin?	Aus der Warte welcher Disziplin(en) wird über das Thema verhandelt?
	Fragestellung / Zielsetzung	Worauf will ich in dieser Arbeit eine Antwort geben (Frage)? Wozu soll dies gut sein, was bezwecke ich damit (Ziel)?
	Stand der Forschung	An welches Wissen / welche Forschung knüpft die Arbeit an?
	Forschungslücke	Was ist bisher nicht bekannt?
Vorgehen (wird in machen Arbeiten auch zur Einleitung gezählt)	Was habe ich getan, um zu einer Lösung zu kommen?	Konkrete Schritte benennen: Was habe ich gelesen, analysiert, interpretiert? Welche Daten habe ich erhoben, wie ausgewertet, welches Material wie zusammengestellt?
Ergebnisse	Darstellung der Hauptaspekte, gegliedert nach Inhalten	Was haben Ihre Arbeitsschritte ergeben? Benennen Sie die Arbeitsergebnisse! Stellen Sie sie nach Möglichkeit in Tabelleform dar!
Diskussion der Ergebnisse und Schlussfolgerungen	Ergebnisse im Lichte der Fragestellung	Welche Aspekte der Fragestellung wurden wie beantwortet?
	Interpretation der Ergebnisse	Welche Ergebnisse scheinen Ihnen besonders bedeutsam? Was bleibt unklar? Welche Bedeutung haben die Ergebnisse für die Lösung des Problems / für die Praxis / für die weitere Forschung?

→

← **Überblick**

Textteil	Inhalt	Sprachliche Realisierung
	Wie geht es weiter?	Wo sollte weitere Forschung stattfinden? Was würden Sie als nächstes tun? Was würden Sie anders machen?
Resümierende Zusammenfassung	Worum ging es in der Arbeit? Was war wichtig? Was ist herausgekommen? Was bedeutet das Ergebnis?	Zusammenfassung, wichtigste Erkenntnisse, praktische Bedeutung, ggf. persönliche Stellungnahme (nur in Seminararbeiten)

len und sie dann mit der Arbeit ständig weiter entwickeln. Eine große Hilfe ist dabei die Funktion »Gliederung« in Word, mit deren Hilfe man einzelne Sätze als Überschriften markieren kann. Hat man sie einmal gekennzeichnet, kann man sie samt zugehöriger Themenblöcke verschieben und neu arrangieren. Auch die Hierarchie der Überschriften kann man mit Mausklick verändern. Word erstellt darüber hinaus auch automatisch das Inhaltsverzeichnis und bietet dazu mehrere Layoutmöglichkeiten an. Die Gliederungsfunktion aktiviert man in Word über die Menüpunkte Ansichten → Gliederung.

11 Feedback: Über das Schreiben reden

Viele der beim Schreiben auftretenden Unklarheiten, z.B. über referierte Positionen, Begriffe, Theorien, Forschungsmethoden, lassen sich trotz Recherchieren und Nachdenken nicht immer sofort lösen und bleiben dann länger in der Schwebe. Sie können den Schreibprozess erheblich aufhalten und dazu führen, dass man die Schreibaufgaben vor sich herschiebt. Hier ist es unabdingbar, dass Sie eine andere Person einen Blick auf Ihren Text werfen lassen und mit ihr die anliegenden Fragen besprechen. Dies ist nicht nur für die Entwicklung eines Textes, sondern auch für Ihre weitere Schreibentwicklung von Bedeutung. Beim Schreiben lernt man nur dazu, wenn man Feedback bekommt und Sprache, Texte und Vorgehensweisen reflektieren kann. Feedback nennt man eine systematische Rückmeldung über

11 Feedback: Über das Schreiben reden

> **Überblick**

Arten des Feedbacks und Phase der Textherstellung

Phase der Textherstellung	Vorgestelltes Material	Art des Feedbacks
Planungsphase	Thema, Fragestellung, Ziel, Vorgehensweise, zu lesende Literatur, grobe Gliederung, Zeitplan	Was gefällt an dem Vorschlag? Ist Vorhaben realistisch? Ist es genug eingegrenzt? Ist Fragestellung relevant? Ist Vorgehen sinnvoll und machbar?
Material ist erarbeitet oder Daten sind erhoben	Gliederung, Einleitung, Ergebnisse	Was sagen die Daten aus? Ist Auswertung hinreichend? Ist Gliederung stimmig? Lässt sich Fragestellung beantworten?
Text ist ausgearbeitet, alles ist versprachlicht	Rohfassung liegt vor	Wo sind die Stärken des Textes? Ist Sprache klar? Terminologische Ungenauigkeiten? Roter Faden? Wo fehlt etwas? Wo ist der Text redundant? Leserführung?
Manuskriptfassung: Autor/in hält Text für fertig	Fertiger Text liegt vor	Korrekturlesen: Grammatik, Rechtschreibung, Satzbau, Zeichensetzung; Inhaltliche Rückmeldung nur noch wenn nötig
Nach Abgabe und Benotung des Textes	Anleiter/in hat Text gelesen und benotet	Was war gut an dem Schreibprojekt? Wie war der Schreibprozess? Stärken und Schwächen des Textes Schlussfolgerungen für das nächste Mal Was hätte besser gehen können?

Texte. Von Ihren Dozierenden sollten Sie auch zumindest für die abgegebenen Arbeiten Feedback bekommen und Sie können von ihnen manchmal auch zwischendurch ein Feedback ergattern. Wichtiger noch ist der Austausch mit Ihren Mitstudierenden. Wenn Sie z. B. in einer Vierergruppe arbeiten, dann können Sie Ihre Kompetenzen zusammenlegen und es wird in der Gruppe immer jemand geben, der die Antwort zu einer Frage weiß.

Feedback ist in verschiedenen Stadien der Textherstellung möglich. Wenn Sie mit der Planung Ihres Textes fertig sind, dann sollten Sie den Plan anderen vorstellen. Das kann schriftlich geschehen über das Exposé, in dem die wichtigsten Dinge enthalten sind. Es kann aber auch mündlich geschehen, indem Sie vortragen, was Sie beabsichtigen. Für die, die Feedback geben, ist es in dieser Phase vor allem wichtig, Ihnen Rückmeldung zu geben, ob das Vorhaben realistisch ist und Ihnen zu helfen, Ihre eigenen Absichten und Vorhaben besser verstehen zu lernen.

12 Vorgehen und Methode spezifizieren

Von wissenschaftlichen Arbeiten wird verlangt, dass sie Auskunft darüber geben, wo das dargestellte Wissen herkommt und wie es entwickelt wurde. Dies gilt auch für Seminar- und Abschlussarbeiten. Auch wenn es nur das Zusammentragen und Auswerten von Literatur war, liegt dem eine spezielle Methodik oder Vorgehensweise zugrunde, die benannt werden sollte.

Für Seminararbeiten gibt es zwei Varianten der Wissensgewinnung. Die erste ist analog zu den wissenschaftlichen Artikeln eine Arbeit, in der die Autoren selbst Daten erheben oder Materialien auswerten. Die zweite Variante ist die reine Theoriearbeit. Sie bezieht sich ausschließlich auf andere wissenschaftliche Arbeiten. Wenn Sie historische Quellen auswerten, Werbetexte untersuchen, Feldbeobachtungen anstellen oder Experimente durchführen, dann haben Sie es mit der Gewinnung und Auswertung von Daten zu tun, sind also nicht mehr im Bereich reiner Theoriearbeiten. Beide Herangehensweisen sind gängige Modelle, und in beiden sind Sie verpflichtet zu sagen, wie Sie zu Ihren Ergebnissen gekommen sind. Die Methodendarstellungen in Theoriearbeiten sind in der Regel Teil eines Einleitungskapitels, in empirischen Arbeiten wird dazu ein eigenes Kapitel verwendet.

Methodendarstellungen können in der Ich- oder Wirform geschrieben sein. Auch eine unpersönliche Formulierung ist in Ordnung, jedoch nicht unbedingt nötig.

Folgende Bestandteile sind in Methodenbeschreibungen zu finden:

Vorgehensweise: Skizzieren Sie die wichtigsten Arbeitsschritte. Wenn es etablierte Forschungsstrategien sind (qualitative Verfahren, Diskursanalyse, Simulationsstudien, Programmentwicklung oder -prüfung, teilnehmende Beobachtung etc.), benennen Sie diese Strategie und verweisen Sie auf Musterbeispiele oder theoretische Darstellungen dazu.

Material: Welche Materialien wurden untersucht? Das können chemische Stoffe, Pflanzen, Steine oder Texte sein. Beschreiben Sie, was für Materialien es sind, wie Sie sie erhalten haben und wie Sie sie für eine Untersuchung aufbereitet haben.

Versuchspersonen: Welche Probanden wurden untersucht? Wie wurden sie rekrutiert? Welche Merkmale oder Eigenschaften wurden geprüft?

Methoden: Welche Methoden wurden für die Aufbereitung / Untersuchung von Material eingesetzt? Sind es Standardmethoden oder selbst entwickelte Verfahren? Welche Tests, Fragebögen, Interviewverfahren, Programme, Messmethoden etc. wurden dabei eingesetzt?

Stichprobe: Wie ist die Stichprobe zusammengesetzt? Wie ist sie erhoben worden? Welches Wissen gibt es über die Verteilung relevanter Parameter?

Statistik: Welche statistischen Verfahren kamen zum Einsatz? Sind die Voraussetzungen geprüft worden?

Ethische Gesichtspunkte: Bei Untersuchungen an Menschen sind Aspekte der Vertraulichkeit, Einverständniserklärung (*informed consent*), Schutz der Persönlichkeit zu diskutieren.

Etwas anders geartet ist das Vorgehen in theoretischen Arbeiten. Dann besteht die Beschreibung des methodischen Vorgehens darin, zu sagen, wie Sie Literatur ausgewählt haben, nach welchen Kriterien Sie die Literatur ausgewertet und analysiert haben. Hier sind die gedanklichen Schritte als Methode darzustellen. Folgende Vorgehensweisen lassen sich in Theorie-Arbeiten identifizieren:

Vergleichen und kontrastieren: Vergleichen kann man alles, von dem es mehr als nur ein Exemplar gibt: Städte, Länder, Texte, Sprachen, Zeitungen, Romane, Pflanzen, Gebiete, usw. Einige dieser Vergleiche lassen sich nur anstellen, wenn man selbst empirische Daten erhebt. Viele kann man aber auch durchführen, indem man auf vorhandene Daten zurückgreift. Vergleichen heißt, die Objekte, die zum Vergleich anstehen, genau zu spezifizieren und zu sagen, hinsichtlich welcher Aspekte man den Vergleich angestellt hat.

Analysieren: Analysieren heißt, Dingen auf den Grund zu gehen unter Verwendung wissenschaftlichen Wissens. Wenn Sie also ein Gesellschaftssystem, eine Theorie, eine pädagogische Methode, eine ästhetische Haltung oder ein Textgenre analysieren, so setzen Sie Fachwissen ein, um herauszufinden, wie dieser Gegenstand beschaffen ist. Natürlich ist das ein relativ offenes Vorgehen, für das es keine Schemata oder gar feste Arbeitsschritte gibt.

Diskutieren: Etwas diskutieren bedeutet, strittige, ungeklärte Fragen aufzugreifen und sie im Lichte fachlicher oder ethischer Positionen zu klären. Im Vordergrund steht beim Diskutieren das Herausarbeiten unterschiedlicher Betrachtungsweisen, unterschiedlicher Positionen und unterschiedlicher fachlicher bzw. ethischer Meinungen. Anders als beim Analysieren, geht es weniger um die Sache selbst, als um Meinungen über die Sache. Wer in einer Seminararbeit beispielsweise die unterschiedlichen Auffassungen zur Gründung eines Vertriebenenzentrums diskutieren möchte, muss die Ausgangslage, die Entfaltung des Konflikts und die beteiligten Positionen genau bestimmen. Ein fairer Umgang mit Meinungen und meist auch eine Chronologie der Ereignisse sind wichtige Tugenden solcher Arbeiten.

Interpretieren: Damit ist das Ergründen von Werken unterschiedlicher Art gemeint. Das können wissenschaftliche Ergebnisse, Theorien, künstlerische Werke, Interviewaussagen oder Alltagsprodukte sein. Zum Interpretieren gehört der fremde Blick auf ein Geschehen oder auf Texte, aber auch ein fachlich geschulter Blick. Interpretieren heißt, sich nicht mit dem Selbstverständlichen zufrieden geben, sondern mit vorher definierten Kriterien an ein kulturelles Objekt heranzugehen. Interpretieren erfordert zudem, vorab zu spezifizieren, was genau man interpretieren möchte und mit welcher Absicht man das tut. Der Bezug zu vorhandenen fachlichen Diskursen ist herzustellen.

Transferstudien: Wissen wird heute oft von einer Disziplin in eine andere importiert oder von einem Kontext in einen anderen übertragen. So kann man Formen der Supervision, die aus der Psychotherapie stammen, in den Bereich der Physiotherapie zu übertragen versuchen, oder man kann eine wissenschaftliche Verfahrensweise auf ihre Praxistauglichkeit analysieren. Dieser Transfer von Wissen aus einem in ein anderes Feld erfordert, methodisch gesehen, dass man die unterschiedlichen Kontexte spezifiziert und die Transferbedingungen genau ausarbeitet.

Konzeptentwicklung: Die Praxis greift heute in vielfacher Weise auf wissenschaftliches Wissen zurück, und es gibt vieles, was sich in die Praxis einführen lässt: Konzepte, Methoden, Analyseverfahren, Programme etc. Dazu muss es in der Regel adaptiert und implementiert werden. Die Übertragung wissenschaftlichen Wissens ist ein mehrschrittiger Prozess, bei dem auch rein theoretische Leistungen wie die Konzeptentwicklung eine große Rolle spielen.

Systematisieren: Wo viele unterschiedliche Elemente vorhanden sind, kann man Ordnung schaffen, indem man die wesentlichen Elemente identifiziert, Hierarchien schafft und die Vielfalt vorhandener Formen aufzeigt.

Literatur systematisch erfassen und auswerten: Dies ist eine Textart, die im Englischen *literature review*, im Deutschen auch Literaturbericht genannt wird. Sie lebt von der Systematik, mit der Literatur zu einem umgrenzten Thema erfasst (Thema,

Überblick

Mögliche Vorgehensweisen in theoretischen Arbeiten

- *Vergleichen und kontrastieren:* Unterschiede und Gemeinsamkeiten von vergleichbaren Objekten herausarbeiten.
- *Analysieren:* Dingen unter Verwendung von Fachwissen auf den Grund gehen.
- *Diskutieren:* strittige, ungeklärte Fragen aufgreifen und sie im Lichte fachlicher oder ethischer Positionen erörtern.
- *Interpretieren:* Bedeutung eines Werkes oder Produkts unter vorgegebenen Kriterien ergründen.
- *Transfer von Wissen:* Wissen wird heute oft von einer Disziplin in eine andere importiert oder von einem Kontext in einen anderen Kontext übertragen.
- *Konzept entwickeln:* z. B. aus wissenschaftlichen Erwägungen heraus Konzepte für den Praxiseinsatz erstellen.
- *Systematisieren:* Ordnungen in disparaten, unübersichtlichen Themenfeldern schaffen.
- *Systematisch sammeln und auswerten:* Literatur zu einem Thema zusammenstellen, auswerten und Schlussfolgerungen ziehen (*literature review*).

Zeitraum, Quellen, Sprache sollten definiert sein) und nach vorab gewählten Kriterien ausgewertet wird. In gewisser Weise ist jede theoretische Arbeit auch ein Literaturbericht, sie legt allerdings weniger Wert auf eine systematische Auswertung von Quellen (meist werden nur die verwendet, die einen unmittelbaren Beitrag zum Thema leisten). Das Ziel eines Literaturberichts kann darin liegen, Forschungsergebnisse im Überblick darzustellen, Fragen der Theorie- oder Konzeptentwicklung zu diskutieren, Forschungstrends zu präzisieren oder neue Tendenzen in der Entwicklung der Forschungsmethodik herauszufinden.

Zusammenfassung

Das zweite Kapitel befasst sich mit der Gestaltung des Schreibprozesses und zeigt, wie man beim Schreiben Schritt für Schritt vorgeht. Vorgängig sind allerdings einige Überlegungen darüber anzustellen, was für Texte und Schreibgelegenheiten es im Studium gibt. Jede Textart verlangt ein anderes Vorgehen und führt zu anderen Produkten.

Besonders hervorgehoben wird in diesem Kapitel die erste Seminararbeit, da sie im Studium einen großen Stolperstein darstellt. Sie stellt die Schreibenden vor Anforderungen, die in der Schule nicht gelehrt werden konnten. Es wird gezeigt, welcher Unterschied zwischen Facharbeit (bzw. Matura-Arbeit) und Seminararbeiten besteht und welche Besonderheiten das wissenschaftliche Schreiben besitzt.

Schreiben im Studium ist vor allem deshalb schwierig, weil mit der Herstellung von Texten sehr abrupt die Forderungen nach wissenschaftlichem Denken, nach genormten Darstellungen und fachspezifischen Ausdrucksweisen gestellt werden. Das Kapitel zeigt, in welchen generellen Schritten man eine erste Seminararbeit (und weitere wissenschaftliche Arbeiten) herstellt und gibt dann einen Überblick über die wichtigsten Bestimmungsstücke wissenschaftlicher Texte.

III Konventionen wissenschaftlicher Texte

Schreiben macht *nicht Schwierigkeiten*,
Schreiben ist *Schwierigkeit*.
Hartmut von Hentig

1 Was sind Konventionen?
2 Zentrale Begriffe definieren
3 Wissenschaftlich argumentieren
4 Die richtigen Adressaten ansprechen
5 Sich in der richtigen Disziplin positionieren
6 Die eigene Autorenrolle definieren
7 Richtig zitieren
8 Die äußere Form gestalten

Dieses Kapitel wird beide Arten von Konventionen, die expliziten und die weniger expliziten darstellen und es wird versucht, Ihnen zu erläutern, welche Funktion diese Konventionen haben. Die meisten Konventionen lassen sich aus der Notwendigkeit einer exakten, eindeutigen und wirkungsvollen Wissenskommunikation erklären.

1 Was sind Konventionen?

Während der zweite Teil des Bandes den Schreibprozess betonte, finden Sie in diesem Teil alles, was Sie über die Konventionen des wissenschaftlichen Schreibens wissen sollten. Unter Konventionen versteht man verpflichtende Regeln oder Gewohnheiten. Konventionen sind so etwas wie stille Übereinkünfte. Alle halten sich daran und sie beeinflussen sehr wirkungsvoll das Verhalten und Urteil von Wissenschaftlern. Einige Konventionen des wissenschaftlichen Schreibens, wie etwa die Regeln des Zitierens, sind schriftlich kodifiziert und werden in jedem Kontext den Studierenden auch explizit mitgeteilt. Andere Konventionen sind auch den Fachleuten nur unzureichend bewusst und sind selten schriftlich festgehalten. Dennoch existieren sie.

Der Umgang mit Konventionen ist in diesem Band von dem Teil, der den Schreibprozess darstellt, getrennt. Das hat seine Bewandtnis darin, dass man beim Schreiben oft nicht beides gleichzeitig erfüllen kann: einen Text gestalten und kreativ an der Sprache arbeiten auf der einen und das Einhalten eines Dutzends von Konventionen zu gewährleisten auf der anderen Seite. Es empfiehlt sich also wieder ein mehrschrittiges Verfahren, in dem Sie zunächst den Text herstellen und dann nach und nach Sorge tragen, dass Sie auch alle Konventionen tatsächlich eingehalten haben.

Überblick

Was Sie über Konventionen wissen sollten

- Wie definiere ich Begriffe?
- Wie argumentiere ich wissenschaftlich?
- Wie spricht man die richtigen Adressaten an?
- Wie positioniere ich mich als Autorin oder Autor?
- Wie definiere ich die eigene Autorenrolle?
- Wie zitiere ich richtig?
- Wie gestalte ich die äußere Form?

2 Zentrale Begriffe definieren

Genauigkeit in der Verwendung von Begriffen ist eines der wichtigsten Erfordernisse von wissenschaftlichen Arbeiten. Um Begriffe genau verwenden zu können, muss man sie definieren. »Definieren« heißt dabei zunächst nichts anderes, als zu sagen, wie man einen Begriff verwenden will. Damit legt man sich auf eine Bedeutung fest und verwirft andere. **Definitionen** kann man selbst formulieren, meist lehnt man sich jedoch an vorhandene Definitionen an.

Definitionen haben ein Teilglied, »Definiendum« genannt, das den Begriff darstellt, der erläutert werden soll, und ein Glied, »Definiens« genannt, das die Erklärung leisten soll. Drüber hinaus finden wir in den Wissenschaften oft ein spezifizierendes Glied, das als Bereichsangabe dient, etwa für welche Disziplin oder in welchem Kontext die Definition Gültigkeit beansprucht.

> »In der Forstwirtschaft wird als Kultur (Forstkultur) ein Jungwuchs bezeichnet, der durch künstliche Verjüngung (Pflanzung oder Saat) entstanden ist.«
> Wikipedia, Stichwort Kultur (Forstwirtschaft)

Hier wird deutlich, dass das Definiendum, also das, was zu definieren ist, der Begriff »Kultur« ist, während die Aussage »ein Jungwuchs, der durch künstliche Verjüngung ... entstanden ist« das Definiens darstellt, also das, was zum Definieren verwendet wird. Spezifiziert wird diese Aussage durch den Hinweis, dass dies eine nur für die Forstwirtschaft gültige Definition ist. In anderen Wissenschaften wird »Kultur« anders definiert.

Wenn Sie nach Definitionen suchen, dann bieten sich die Fachlexika und Handbücher der Disziplinen an. Wikipedia hingegen, zur ersten Orientierung gut, wird nicht von allen Wissenschaften als verlässliche Quelle angesehen. Nicht verwenden sollten Sie fachunspezifische Quellen wie Brockhaus oder Meyer Lexikon, die einen disziplinübergreifenden Ansatz verfolgen und die Begriffsvariationen in den einzelnen Fächern nur unzureichend abbilden können.

Es gibt viele Begriffe in den Wissenschaften, die deshalb schwierig zu definieren sind, weil sie vielschichtig sind und weil jede Disziplin sie aus einer anderen Perspektive betrachtet. Dazu gehören Begriffe wie Kultur, Kreativität, Emotion, Natur, Denken, Umwelt usw. Wenn Sie mit solchen Begriffen umgehen, dann müssen Sie wissen, dass es nicht die eine richtige Definition gibt, sondern dass Sie eine Definition wählen müssen, die den Aspekt bezeichnet, der in Ihrer Arbeit relevant ist. Allein zum Begriff »Emotion« fanden Kleinginna / Kleinginna (1981) 92 unterscheidbare Definitionen, die jeweils entweder unterschiedliche Aspekte der Emotionalität erfassten oder unterschiedlichen theoretischen Ansätze folgten. Daneben fanden sie in der Literatur Aussagen von neun Autoren, die sich skeptisch äußerten, ob eine Definition von Emotion sinnvoll sei bzw. ob Emotion überhaupt etwas Definierbares sei. Es ist deshalb oft ratsam, darauf zu verzichten, solche großen Begriffe zu definieren und stattdessen den jeweiligen Unterbegriff wie beispielsweise eine spezielle Emotion oder einen emotionalen Prozess genauer zu definieren.

Noch ein Wort dazu, welche Begriffe denn zu definieren sind: in der Regel alle, die das Thema Ihrer Arbeit kennzeichnen, welche meist auch die Begriffe sind, die in Titel und Untertitel auftauchen. Wenn Sie also eine Arbeit zum Thema »Wandlungen in den Konzepten zur Rolle des Vaters in der Kleinkinderziehung« schreiben, dann sollten Sie die Begriffe »Vater«, »Rolle« und »Kleinkinderziehung« definieren. Dabei würden Sie vermutlich merken, dass »Rolle« ein schwer zu definierender und zudem für das Thema unspezifischer Begriff ist. Auch den Begriff »Vater« sollten Sie nicht umfassend definieren, aber Sie müssen sagen, ob Sie biologische oder soziale Vaterschaft meinen. Es könnte deshalb ratsam sein, sich auf den konkreteren Begriff »Vaterrolle« zu beschränken. Unbedingt definieren müssen Sie hingegen das, was Sie unter »Kleinkinderziehung« verstehen, sonst kann die Arbeit nicht beurteilt werden, weil nicht klar, ist worum es in ihr geht.

Definitionen können ichbezogen, in der dritten Person oder im Passiv formuliert werden.

> Unter »Vaterrolle« verstehe ich die Handlungen und Einstellungen, die sich im Verhalten eines Mannes gegenüber seinen Kindern ausdrücken.

Die ichbezogene Verwendung ist deshalb legitim, weil oft eine bewusste Wahl oder Auswahl getroffen werden muss. »Vaterrolle« lässt sich nicht nur anhand der Verhaltensweisen und Einstellungen bestimmen, sondern auch anhand des Selbstbildes, der Erwartungen, der Interaktionsformen zwischen Vater und Kind(ern) usw. Hier liegt also eine bewusste Auswahl von zwei Aspekten vor, die hervorhebt, auf was es ankommt. Sie können natürlich eine solche Auswahl auch begründen und anführen, warum Sie diese Definition gewählt haben. Wenn Sie eine Definition in der Literatur gefunden haben, die Ihren Zwecken genügt, dann müssen Sie sie entsprechend in der 3. Person formulieren:

> Fthenakis (1999) will den Begriff »Vaterrolle« nicht auf die Rolle als »Ernährer der Familie« festgelegt wissen, sondern schlägt vor »sowohl direkte als auch indirekte Beiträge des Vaters zu berücksichtigen« und »psychologischen, affektiven, kognitiven, ethischen und spirituellen Manifestationen väterlicher Beteiligung verstärkt Aufmerksamkeit zu schenken.«

Fthenakis hat den Begriff nicht lexikonartig definiert, so dass seine Aussage etwas umgeformt werden musste, um als Definition herhalten zu können. Da Fthenakis aber die größte Autorität auf dem Gebiet der Vaterforschung ist, kann es sinnvoll sein, gerade seine Stimme für eine Definition nutzbar zu machen. Damit würde man die eigene Arbeit auch gleich an die wichtigste Forschungstradition anbinden.

Eine dritte Variante ist die unpersönliche »man«-Formulierung, die auch oft in eine Passivkonstruktion überführt wird. Hier drei Möglichkeiten:

> Unter »Vaterrolle« versteht man das Gesamt an Einstellungen, Verhaltensweisen, das …
> Als »Vaterrolle« wird im Fach … das Gesamt an Einstellungen, Verhaltensweisen … bezeichnet, das …
> Unter biologischer Invasion versteht man die Störung natürlicher Gemeinschaften und Ökosysteme durch die Zunahme der Verbreitung und Häufigkeit gebietsfremder Arten.

Diese unpersönlichen Formulierungen werden oft bevorzugt, weil sie allein durch die sprachliche Fassung der Definition den Anschein einer universellen Gültigkeit geben und damit »objektiver« wirken. Man signalisiert durch das »man«, dass die Definition von allen Mitgliedern einer Disziplin als gültig angesehen wird. Nicht verzichten sollte man bei solchen Definitionen auf Literaturhinweise, die zeigen, wo der Begriff entsprechend verwendet wird.

3 Wissenschaftlich argumentieren

Argumentieren heißt, andere von der Richtigkeit oder Falschheit einer Aussage zu überzeugen. Argumentieren ist also eine soziale Aktivität, die nur mit Hinsicht auf die Meinungen anderer sinnvoll ist. Seit der Antike gibt es ein eigenes Fach, die Rhetorik, die sich der Lehre des wirkungsvollen Argumentierens (als Teil der Redekunst) annimmt und niemand anders als Aristoteles hat als erster versucht, wissenschaftliches Argumentieren von anderen Arten des Argumentierens zu unterscheiden. Er wollte nur solche Argumente gelten lassen, die die Vernunft ansprechen, nicht aber solche, die nur an die Gefühle appellieren.

Argumentieren auf dem Papier unterscheidet sich von mündlichem Argumentieren dadurch, dass man mögliche Gegeneinwände selbst formulieren muss, damit man sich mit ihnen auseinandersetzen kann. Da schriftliches Argumentie-

III Konventionen wissenschaftlicher Texte

> **Überblick**
>
> **Wozu argumentiert man in den Wissenschaften?**
>
> | | |
> |---|---|
> | *Um etwas zu begründen:* | Wenn wir erklären, warum wir eine Aussage, Theorie, Position oder eine Meinung für wahr / falsch halten und darstellen, was für und was gegen eine Position spricht |
> | *Um Forschung darzustellen:* | Wenn wir verschiedene Forschungsansätze referieren und begründen, warum heute dieser oder jener Ansatz bevorzugt wird |
> | *Um etwas zu interpretieren:* | Wenn wir erörtern, wie ein Sachverhalt oder ein Werk im Lichte unseres Fachwissens zu verstehen ist |
> | *Um einen Standpunkt anzugreifen oder zu verteidigen:* | Wenn wir eine wissenschaftliche Position oder Theorie nicht haltbar finden und ein Plädoyer für eine andere Sichtweise halten |
> | *Um Fragen guten wissenschaftlichen Vorgehens zu erörtern:* | Wenn wir uns fragen, was gültige Erkenntnis ist und welche Forschungsstrategien dafür die besten sind. |

ren nicht unmittelbar dialogisch (wohl aber diskursiv auf andere bezogen) ist, müssen die möglichen Dialogpartner im Text aufgeführt werden und können nicht selbst unmittelbar zu Wort kommen (wohl aber zitiert werden). Glaubwürdig ist ein wissenschaftlicher Text nur dann, wenn Gegenpositionen fair, verständlich und plausibel dargestellt werden. Deshalb sind schriftliche Argumentationen auch konzessiv, wie Steinhoff (2007, 329) zeigt: Sie räumen Gegenpositionen einen gewissen Erkenntniswert ein und schließen die eigene Meinung daran an. Es ist immer zu bedenken, dass in wissenschaftlichen Kontexten die Vertreter einer Gegenmeinung derselben wissenschaftlichen Gemeinschaft angehören, mit denen Autoren bei anderen Gelegenheiten wieder zusammenarbeiten müssen.

Ein Argument ist zunächst nichts anderes als ein Grund, der uns dazu veranlasst, etwas für wahr zu halten. Um das zu illustrieren, hier ein Beispiel von Booth, Colomb & Williams (1995, S. 90):

> Es hat geregnet, denn die Straße ist nass.

Hier ist das, was wir für wahr halten sollen, die Aussage »Es hat geregnet«. Die Beobachtung, dass die Straße nass ist, wird als **Beleg** für die Richtigkeit dieser Behauptung angeführt. »Beleg« ist nicht gleich »Beweis«, sondern nur als Hinweis auf den Wahrheitsgehalt einer Aussage zu verstehen. Eindeutige Beweise gibt es fast nur in der Mathematik.

Beachten Sie, dass Argumente sprachlich in der Regel als zweigliedrige Aussagen dargestellt werden, wobei die beiden Glieder mit einem **Konnektor** verbunden sind, der eine kausale oder logische Abhängigkeit signalisiert (»weil«, »deshalb«, »deswegen«, »also«).

Damit die Nässe der Straße als Beleg akzeptiert wird, muss es eine Begründung geben, die den Zusammenhang zwischen beiden plausibel macht. Dies muss im Alltag nicht weiter ausgesprochen werden, denn wir wissen aus Erfahrung, dass nach Regen die Straßen nass sind und wir deshalb von der Nässe auf den Regen schließen dürfen. Wenn wir aber einen anderen Fall konstruieren, wird die Bedeutung dieser Begründung ersichtlich. Würden wir also behaupten:

> Es hat geregnet, denn die Amseln zwitschern laut,

so würde jeder fragen »Was hat das Zwitschern der Amsel denn mit dem Regen zu tun?« Wir müssten einräumen, dass wir keinen plausiblen Zusammenhang nennen können. Bei dem Argument

> Es wird regnen, denn die Schwalben fliegen tief,

können wir immerhin auf eine weit verbreitete Annahme zurückgreifen, dass bei niedrigem Luftdruck die Mücken tief fliegen und die Schwalben, da sie Mücken jagen, das ebenfalls tun. Also können wir dies als eine *plausible* Argumentation ansehen, die auf einer *rationalen* Begründung beruht. »Plausibel« heißt hier, dass ein einleuchtender, »rational«, dass ein nachvollziehbarer Grund angegeben wird. Aber ist das Argument damit auch *wissenschaftlich* begründet? Zwei Dinge sind laut Toulmins (1975) Argumentationstheorie nötig, um die Gültigkeit dieses Arguments zeigen zu können:

Als erstes brauchen wir eine genaue **Schlussregel**, also eine gesetzesförmige Aussage, die den Zusammenhang zwischen Behauptung und Beleg formuliert. Sie könnte lauten »Bei niedrigem Luftdruck fliegen die Schwalben in niedrigerer Höhe als hei hohem Luftdruck«.

Als zweites brauchen wir Wissen, das die Regel stützt. Was können wir anführen, um zu zeigen, dass die Schlussregel gültig ist? Für wissenschaftliche Aussagen sind empirisch geprüfte Ergebnisse erforderlich. Wir brauchen Faktenwissen, das zeigt, dass die Schwalben tatsächlich höher oder tiefer fliegen, in Abhängigkeit von dem, was das Barometer anzeigt. Auch weiteres Wissen könnte dazu angeführt werden, so Wissen darüber, ob es tatsächlich die Mücken sind, die die Schwalben bewegen höher oder tiefer zu fliegen, ob dies für alle Schwalben und alle Mücken, für jede Tageszeit, für jede Region usw. gilt.

Noch etwas ist nötig für wissenschaftliches Argumentieren, sagen Booth, Colomb & Williams, damit wir die Aussage

> Es hat geregnet, denn die Straße ist nass,

als gültiges Argument ansehen können: dass wir Gegeneinwände in Erwägung ziehen. Es könnte ja eine Reinigungsmaschine unterwegs gewesen und die Straße nass gemacht haben. Hier ist ein argumentativer Schritt nötig, der auf solche Gegeneinwände reagiert. So könnte man sagen:

> Es könnte eingewendet werden, dass die Nässe von einer Reinigungsmaschine stammt, aber das ist auszuschließen, da unsere Gemeinde keine Reinigungsfahrzeuge besitzt (oder: ... da am Sonntag nicht gereinigt wird, da die Maschine kaputt ist, etc.).

Es ist dabei wichtig, dass solche Gegeneinwände ernst genommen werden und glaubwürdig widerlegt werden. Argumentieren dient gerade dazu, gezielt und fair mit Gegenmeinungen umzugehen und eine Argumentation ist in wissenschaftlichen Kontexten umso glaubwürdiger, je unvoreingenommener der Umgang mit Gegenmeinungen erfolgt.

Ein weiteres wichtiges Element des wissenschaftlichen Argumentierens sind *Spezifizierungen* (Booth, Colomb & Williams [1995] nennen sie »qualifiers«), die den Zusammenhang zwischen der Nässe der Straße und dem Regen präzisieren.

> Es hat geregnet, denn die Straße ist nass. Es muss *innerhalb der letzten beiden Stunden* geregnet haben.

3 Wissenschaftlich argumentieren

> **Überblick**
>
> **Die wichtigsten rhetorischen Elemente beim wissenschaftlichen Argumentieren:**
>
> | Rhetorisches Element | Charakteristik | Typische Formulierungen |
> |---|---|---|
> | Behauptung / These | Eine Aussage, für die wir Gültigkeit beanspruchen | Ich behaupte, dass …
 Es ist davon auszugehen, dass..
 … gilt als … |
> | Beleg | Ein Grund, warum wir die Aussage für wahr halten sollen | … weil …
 … deshalb …
 Für diese Behauptung spricht …
 Beleg dafür ist …
 … ist darin begründet … |
> | Schlussregel (wird oft nicht explizit angeführt) | Begründet das Argument mit einer allgemeinen Aussage | Wenn X, dann Y
 A führt zu B |
> | Stützwissen | Führt wissenschaftliches Wissen an, das die Schlussregel begründet | Die Forschung zu … hat gezeigt …
 Untersuchungen zu … haben ergeben … |
> | Gegenargumente, Gegenmeinungen | Führen Positionen, Meinungen, Belege an, die (scheinbar) gegen die eigene Argumentation sprechen | Man kann einwenden …
 Es wird auch argumentiert, dass …
 Als alternative Position wird vertreten … |
> | Widerlegung | Führt Argumente an, die die Gegenposition widerlegen | Ich widerlege diese Argumente / Behauptungen wie folgt …
 Gegen diese Argumente / Behauptungen ist einzuwenden …
 Widerlegt werden diese Argumente durch …
 Es hat sich aber gezeigt … |
>
> →

← Überblick

Rhetorisches Element	Charakteristik	Typische Formulierungen
Konzession	Führt an, warum die Gegenargumente nicht völlig grundlos sind	Ich räume ein, dass … Daran ist berücksichtigenswert, dass … Es bleibt zu bedenken, dass … Gültig daran ist …
Qualifizierungen	Ziehen Konsequenzen aus den Gegenargumenten für eigene Position	Die Gültigkeit meiner Behauptung ist also einzuschränken auf … Mein Argument / These gilt nur, wenn … und für den Fall, dass …

Damit wird eine Voraussetzung spezifiziert, die gegeben sein muss, damit das Argument gültig ist.

Argumentiert wird in den Wissenschaften eher selten ichbezogen. Eine Ausnahme ist der kritische Essay, in dem es geboten ist, eine eigene These anzuführen. Auch wissenschaftliche Kommentare oder Plädoyers sind mitunter ichbezogen geschrieben. Der größte Teil ist jedoch in der unpersönlichen Form gehalten, in der Behauptungen, Argumente, Stützregeln, Einwände und Qualifizierungen unter Zuhilfenahme von wissenschaftlicher Literatur formuliert werden.

4 Die richtigen Adressaten ansprechen

Zu wem »redet« man, wenn man wissenschaftlich schreibt? Zum Professor? Zu den Mitstudierenden? Die Situation ist hier etwas paradox, denn Sie sprechen die richtigen Adressaten dadurch an, dass Sie sie *nicht* ansprechen. Wissenschaftliche Texte leben von der Konvention, dass die Texte »für sich« sprechen. Die Adressaten werden nicht als solche benannt. Mit Formulierungen wie

> Wenn Sie, geneigter Leser, diesen Text in die Hand nehmen, dann …

verwenden Sie eine direkte Leseransprache, die signalisiert, dass Sie die Genremerkmale wissenschaftlicher Texte nicht verstehen.

Es ist bereits gesagt worden, dass Sie in wissenschaftlichen Texten als Teil einer Gruppe, genauer einer Wissensgemeinschaft, sprechen. Ein Text ist also dann wissenschaftlich, wenn er die richtige Wissensgemeinschaft anspricht und sich auf deren Wissensstand sowie deren Denk-, Urteils- und Kommunikationsgewohnheiten bezieht. Wissensgemeinschaften werden auch Diskursgemeinschaften genannt, und zwar deshalb, weil sie sich tatsächlich durch Diskurse, also durch ihre Texte selbst schaffen. Die Adressaten Ihrer Texte sind also letztlich die gleichen Leute, die Sie auch in Ihren Texten zitieren. Sie nehmen deren Wissen auf und geben es in neuer Form (angereichert durch Ihre Ideen, Untersuchungen, Strukturen) wieder zurück.

Dies ist natürlich etwas, das anfangs Mühe bereitet, denn es besteht ein erhebliches Wissensgefälle zwischen Ihnen als Novize und den arrivierten Vertretern Ihres Fachs. Anfangs ist es nicht nur sprachlich, sondern auch psychologisch schwierig, sich auf eine Konversation mit diesen Herren und Damen einzulassen. Aber letztlich liegt der Zweck des Schreibens darin, dass Sie in diese Art der Konversation hineinwachsen. Deshalb werden Ihre Texte anfangs auch nicht veröffentlicht, sondern sind lediglich Trainingstexte, die allerdings formuliert sind, als ob sie tatsächlich veröffentlicht würden. Unterscheiden lassen sich dreierlei Adressaten:

Imaginierte Adressaten: Das sind die Adressaten, die Sie selbst im Kopf haben, wenn Sie einen wissenschaftlichen Text schreiben. Die imaginierten Adressaten können sich natürlich von den »wirklichen« Adressaten erheblich unterscheiden. Wenn wir Adressaten im Kopf konstruieren, können wir sie kritischer oder wissender machen, als sie wirklich sind. Wir können sie auch positiver machen, als sie sind und uns in Gedanken Beifallsstürme zu jedem geschriebenen Satz vorstellen. Es ist wichtig, die Vorstellungen mit den mutmaßlichen Einstellungen der Adressaten in Deckung zu bringen.

Konstruierte Adressaten: Jeder Text liefert Hinweise darauf, wer die Adressaten sind, auch wenn sie nicht direkt angesprochen werden. Das geschieht einerseits dadurch, dass der Text die sprachlichen Signale gibt (oder missachtet), die in einer Gruppe erwartet werden. Andererseits wird es dadurch hervorgerufen, dass der Text bestimmte Wissensvoraussetzungen bei den Adressaten annimmt. Wird Selbstverständliches stillschweigend vorausgesetzt, werden gängige Fachbegriffe verwendet, neuere Literatur zitiert usw., dann gibt der Text zu erkennen, dass die konstruierten Adressaten Fachleute der Disziplin sind. Vermeidet der Text Fachbegriffe oder erläutert er fachliches Standardwissen aufwändig, dann wird klar, dass der Text eher für Laien geschrieben ist.

Reale Adressaten: Das sind die Adressaten, die Ihren Text in die Hand nehmen und lesen. Von ihnen bekommen Sie Feedback und mit ihnen können Sie Ihren Text diskutieren. Sie dürfen aber Ihren Text nicht ausschließlich für sie schreiben, sonst können Sie die diskursive Form wissenschaftlicher Texte nicht realisieren. Gute Anleiter von wissenschaftlichen Arbeiten stehen allerdings stellvertretend für die ganze Disziplin und helfen Ihnen mit Benotung und Feedback, deren Urteilsgewohnheiten besser verstehen zu lernen.

> **Tipp**
>
> **Wie kontrolliert man die imaginierten Adressaten?**
>
> Für die »falschen« Adressaten zu schreiben, kann den Schreibprozess erheblich beeinträchtigen und dazu führen, dass das Produkt nicht optimal ausgerichtet ist. Deshalb sollten Sie sich die (imaginierten) Adressaten Ihrer Texte explizit vor Augen führen. Dazu können Sie folgendes tun:
> - Die Adressaten benennen: Schreiben Sie einige der wissenschaftlichen Adressaten auf, an die Sie denken, wenn Sie schreiben.
> - Das Vorwissen der Adressaten auflisten: Was denken die Adressaten über das Thema? Listen Sie auf, was sie vermutlich über Ihr Thema wissen / nicht wissen.
> - Das Interesse der Adressaten reflektieren: Was würden Ihre Adressaten gerne lesen über das Thema?
> - Die Einstellungen der Adressaten rekapitulieren: Wie würden die Adressaten Ihr Thema, Ihr Vorgehen oder Ihren Ansatz grundsätzlich beurteilen?
>
> Machen Sie diese Punkte explizit und korrigieren Sie Ihre Aussagen in Richtung einer realistischen Einschätzung. Unterhalten Sie sich mit Ihren Mitstudierenden darüber, damit Sie gemeinsam eine realitätsnahe Einstellung finden.
>
> Nach: Irene Clark (2002)

5 Sich in der richtigen Disziplin positionieren

Was für Novizen des wissenschaftlichen Schreibens anfangs besonders schwer zu realisieren ist, ist die Verortung in einer Disziplin und einer Diskursgemeinschaft. Es ist bereits früher gesagt worden, dass wissenschaftliche Texte sich, wie Bruffee (1990) betont, als eine Art ewige Konversation verstehen lassen. Es ist meist eine Konversation unter Fachleuten, die jeweils einen neuen Aspekt zum Wissen beisteuern. Die Teilnehmer der Konversation haben dabei eine gewisse Verpflichtung, sich auf früher Gesagtes zu beziehen und all das, was sie von anderen übernommen haben, kenntlich zu machen (Zitierkonventionen).

Jede wissenschaftliche Arbeit kann man als Teil einer solchen Konversation verstehen. Auch die Seminar- und Bachelorarbeiten, die nicht veröffentlicht werden, verlangen, dass ihre Autorinnen und Autoren die gleiche Verortung in der Disziplin vornehmen müssen, wie die Arbeiten, die veröffentlicht werden. Genau genommen ist es so, dass Sie wissenschaftliche Arbeiten schreiben müssen, damit Sie sich selbst als Mitglied einer disziplinären Gemeinschaft definieren können. Sie haben nicht nur die Erlaubnis, sondern sogar die Pflicht, sich in Ihrem Text als Mitglied einer Wissensgemeinschaft auszugeben und probeweise in eine Konversation mit Ihrer Diskurs- oder Wissensgemeinschaft einzugehen.

Wenn Sie eine solche Positionierung versäumen, dann kommen Sie schnell in die Mühle der unterschiedlichen Fächer. Ein Phänomen wie »Schuld«, beispielsweise, wird von unterschiedlichen Disziplinen auf höchst unterschiedliche Weise bearbeitet. Die Philosophie wird es erst einmal ideengeschichtlich behandeln und dann vielleicht existentialphilosophisch begründen. Die Psychologie macht empirische Untersuchungen und entwickelt vielleicht einen Test, der misst, wie stark Menschen zu Schuldgefühlen neigen. Die Religionswissenschaft behandelt Schuld als existenzielle Größe, die Soziologie als grundlegende gemeinschaftsbildende Kraft, während die Literaturwissenschaftler das Thema Schuld anhand von Kafkas Erzählungen entwickeln und es als literarisches Thema verstehen. Jedes Fach schaut also aus einer anderen Perspektive auf das Geschehen und verwendet andere Vorgehensweisen, um zu gültigen Aussagen zu kommen. Sie können es als Autorin oder Autor unmöglich allen Disziplinen Recht machen und müssen sich auf eine, in begründeten Fällen zwei Disziplinen beschränken. Grenzüberschreitungen zwischen den Disziplinen, wie heute oft gefordert, sind zwar nötig, um Einseitigkeiten zu überwinden, aber um das tun zu können, müssen Sie erst einmal eine der Seiten genauer kennen. Wenn Sie sich für eine Disziplin entschieden haben und sich dort verorten, dann können Sie von diesem Standpunkt aus einen Blick in eine Nachbardisziplin werfen, um von dort Wissen zu importieren. Tun Sie das aber eindeutig als Philosophin, die psychologisches Wissen oder als Psychologe, der soziologisches Wissen nutzt. Vermeiden Sie, Ihren Standpunkt zwischen den Disziplinen einzunehmen, da Sie dann wirklich zwischen den Stühlen sitzen werden.

Nun ist die Zugehörigkeit zu einer Disziplin eine Wahl, die Sie durch Ihr Studienfach getroffen haben. Wie aber macht man im Text kenntlich, wo man hingehört und wo man steht? Es geht hier tatsächlich um den Standpunkt, den Sie einnehmen, und von dem Sie das Geschehen in den Wissenschaften betrachten. In Arbeiten von Novizen heißt es anfangs manchmal:

> Wie die Wissenschaft herausgefunden hat, ist …

Diese Aussage signalisiert zweierlei: Erstens ist der Autor selbst offensichtlich kein Wissenschaftler, denn er betrachtet die Wissenschaft von außen (sonst würde er sagen »wie wir herausgefunden haben«) und hat seinen Standpunkt außerhalb der Wissenschaften eingenommen. Zweitens betrachtet der Autor Wissenschaft offensichtlich auf eine sehr globale Weise, sonst hätte er eine bestimmte Disziplin benannt. Solche Aussagen signalisieren für geschulte Augen sehr klar, dass der Autor Laie ist.

Bedenken Sie zunächst, dass es unter bestimmten Voraussetzungen durchaus legitim ist, einen Standpunkt außerhalb der Wissenschaften einzunehmen. Nehmen wir folgende Formulierung als Beispiel:

> Im veterinärmedizinischen Institut … hat eine Arbeitsgruppe mit Erprobungen eines Impfstoffs gegen feline Immunschwäche, auch als Katzen-Aids bezeichnet, begonnen.

Diese Formulierung signalisiert tatsächlich, dass jemand von außen in das veterinärmedizinische Institut bzw. in die Wissenschaft hineinschaut und berichtet, was dort passiert. Das ist eine Diktion, die für Wissenschaftsjournalisten typisch ist. Sie haben zwar studiert, oft sogar das Fach, über das sie berichten, sie sind in ihrer Autorenrolle allerdings nicht Teil des Wissenschaftssystems (wiewohl heute viele von ihnen in den Kommunikationsabteilungen der Hochschulen angestellt sind). Es ist aber kein wissenschaftliches, sondern populärwissenschaftliches Schreiben. Sie sind Vermittler zwischen den Wissenschaften und einer weiteren Öffentlichkeit.

Eine andere, in Seminararbeiten beliebte, und in gewisser Weise auch ehrliche Art der Verortung ist die im Studium. Das kann so klingen:

> Interkulturalität spielt sowohl in unserem Studium als auch in unserem Alltag eine tragende Rolle. Als angehende mehrsprachige KommunikatorInnen werden wir bei der Übersetzerarbeit tagtäglich mit Problemen der Interkulturalität konfrontiert werden.

In dieser Formulierung drückt sich eine authentisch geprägte Autorenrolle aus. Die AutorInnen qualifizieren Ihre Arbeit eindeutig als studentische Arbeit, verorten sich damit am Rande des Wissenschaftssystems. In vielen lokalen Schreibkulturen wird das so akzeptiert, obwohl man folgende Formulierung besser finden würde:

> Interkulturalität spielt im Alltag professioneller ÜbersetzerInnen eine tragende Rolle. Mehrsprachige Kommunikation verlangt immer eine Berücksichtigung von Problemen der Interkulturalität.

In dieser Version hätten die AutorInnen ihre Arbeit mit der Notwendigkeit des Fachs, nicht mit den Notwendigkeiten ihres eigenen Studiums begründet. Sie hätten die allgemeine Bedeutung der Interkulturalität für das Übersetzen, nicht die persönliche angesprochen. Darin steckt natürlich eine gewisse Entpersönlichung des Schreibens, aber es ist eine Entpersönlichung, die konstitutiv für das wissenschaftliche Schreiben ist. Begründet werden Dinge dort nicht individuell, sondern fachlich. Eine Aussage mit einer wissenschaftstypischen Selbstverortung würde also beispielsweise lauten:

> Vorurteile gelten in der neueren Sozialpsychologie als kognitive Prägungen, die ...

Damit ist zumindest fachliche Spezifik hergestellt. Die Arbeit wird in einer (Teil-)Disziplin verortet. Meist wird die disziplinäre Anbindung wie in diesem Zitat in einer eher beiläufigen Art erledigt. Zu der Benennung der Disziplin oder Teildisziplin kommen dann im nächsten Satz einige Autorennamen dazu, die die Anbindung an bestimmte Fachdiskurse leisten.

Mit der Benennung einer Disziplin positioniert sich die Autorin oder der Autor zwar noch nicht explizit innerhalb der Disziplin, signalisiert aber, dass sie oder er mit deren Wissen selbstverständlich umzugehen gewillt ist. Aussagen, die noch expliziter den Standort signalisieren, wären folgende:

> »Es gilt in der Metaphernforschung als ausgemacht, dass …«
> »Es gibt zwei Ansätze, um die Ursachen der Bankenkrise volkswirtschaftlich zu erklären …«
> »Um den Beginn des dreißigjährigen Krieges zu verstehen, müssen wir historische Quellen heranziehen, die …«

Alle drei Aussagen positionieren sich innerhalb der entsprechenden wissenschaftlichen Diskurse, weil sie selbstverständlich auf deren Wissen zugreifen und es in der eigenen Argumentation verwenden. Alle drei Autorinnen oder Autoren argumentieren so, wie ein vernünftiges Mitglied der Disziplin argumentieren würde. Das »wir« im dritten Satz scheint sogar die Mitglieder einer Wissensgemeinschaft direkt anzusprechen. Es ist Geschmackssache und auch eine Frage des jeweiligen disziplinären Stils, ob man dieses »disziplinäre Wir« verwenden will.

Einen passenden Standpunkt einzunehmen erfordert, sich klar zu machen, welche Adressaten man anspricht und welche Autorenrolle man einnimmt. Mitunter ist dies deshalb nicht klar, weil in den letzten Dekaden viele neue Disziplinen entstanden sind und es von daher manchmal auch eine willkürliche Entscheidung ist, ob man sich beispielsweise innerhalb der Umweltwissenschaft oder in einer deren Teildisziplinen (wie Biologie, Chemie, Geologie Meteorologie) positionieren soll. Soll man sich in den Gender-Studies positionieren oder in einer der Disziplinen, aus denen sie entstanden sind (wie der Geschichte, Soziologie, Anthropologie)? Soll man Sozialarbeitswissenschaft betreiben oder Pädagogik, Psychologie, Sozialmedizin? Hier ist es sinnvoll, sich mit den jeweiligen Dozierenden abzusprechen, die Ihnen das Verhältnis der Disziplinen zueinander und die sinnvollste Selbstzuordnung erklären können.

6 Die eigene Autorenrolle definieren

Wer bin ich, wenn ich schreibe? Wie bringe ich mich selbst ein? Wen spreche ich an und wie spreche ich die Angesprochenen an? Wie beziehe ich mich auf die vielen arrivierten Größen meines Fachs? Darf ich eigentlich ihnen gegenüber kritisch sein? Alle diese Fragen zur Autorenrolle, also zur Art und Weise, wie Sie sich selbst als Autorin oder Autor Ihres Textes definieren, machen Ihnen anfangs zu schaffen, ohne dass Sie aber diese Frage bewusst stellen können. Autorenrollen sind schwer wahrnehmbare, aber sehr wirksame soziale Rollen, die Haltungen, Handlungsspielraum und Adressatenbezug bestimmen.

Sie haben im letzten Abschnitt schon gehört, dass Sie sich als Teil einer Gemeinschaft definieren müssen, wenn Sie Ihre Autorenrolle so ausfüllen wollen, wie es in den Wissenschaften üblich ist. Sie müssen sich als Teil eines großen Kollektivs verstehen, das bei der Produktion von Wissen zusammenarbeitet. Wie in jedem Kollektiv, so gibt es auch in den Wissenschaften unterscheidbare Stimmen, die sich dort Gehör verschaffen. Und Ihre Aufgabe ist es, diese Stimmen in Ihrem Text hörbar zu machen. So lassen sich folgende Rollen beschreiben, die für erste wissenschaftliche Arbeiten geeignet sind:

Neutrale, genaue Berichterstattung: In dieser Rolle stellen Sie dar, was an Forschung zu einem Thema existiert, verbinden die dargestellten Wissenseinheiten oder wissenschaftlichen Positionen miteinander, stellen Fragen dazu, bringen Meinungen anderer vor und ziehen ein vorsichtiges Fazit am Ende. Das ist eine Rolle, die in Seminararbeiten nie verkehrt sein kann. Es ist gewissermaßen die Basisrolle, die immer funktioniert. Sie hat den Nachteil, dass sie nicht viel Platz lässt, an dem Sie Ihre eigene Meinung unterbringen können. Arbeiten, die aus dieser Rolle heraus geschrieben werden, nutzen meist lediglich das Vorwort und das resümierende Fazit am Schluss für die Darstellung eigener Positionen.

Kritische Berichterstattung: In dieser Rolle stellen Sie dar, was an Forschung zu einem Thema existiert, verbinden die Berichterstattung jedoch mit eigenen Fragen, etwa nach dem Nutzen der Forschung, deren Genauigkeit, Stichhaltigkeit, Kompatibilität mit neueren Erkenntnissen usw. Kritisch heißt hier, genaues Analysieren von Forschung nach vorgegebenen Kriterien, nicht unbedingt jedoch »kritisieren«. Es ist wichtig, in der Fragestellung zu definieren, nach welchen kritischen Gesichtspunkten Sie Forschung und Literatur bearbeiten wollen.

Engagierte Argumentation: Wissenschaft muss nicht immer neutral und zurückhaltend sein, sondern kann durchaus Partei ergreifen. Es gibt das Genre des »Plädoyers« als Gefäß für solche Darstellungsformen bzw. Autorenrollen. Auch der kritische Essay, wie er in den angelsächsischen Ländern oft verlangt wird, bietet Gelegenheit dazu. Leider ist er in den deutschsprachigen Ländern nicht sehr stark verbreitet. Die Rolle als Partei ergreifende Autorin bzw. Autor verlangt, dass der Kern der Aussage und das Ziel der Argumentation offen gelegt werden. Der beste Weg dazu ist es, eine These zu formulieren, argumentativ zu begründen und gegen Gegenargumente zu verteidigen. In dieser Rolle sind Sie natürlich zu genauer, pointierter und durch fachliche Argumente gut abgesicherter Darstellung verpflichtet wie in den anderen Autorenrollen auch.

All dies sind Standard-Rollen, neben denen sich arrivierte Wissenschaftlerinnen und Wissenschaftler zusätzlich ihre individuellen Rollen zulegen. Da gibt es das Enfant terrible, den Platzhirschen, die geniale Theoretikerin und den ausgefuchsten Methodiker. Auch editorische Rollen gibt es, die für Sammelbände und Herausgebertätigkeiten angemessen sind. Wenig geeignete Rollen (aber gelegentlich in Seminararbeiten zu finden) sind ironische oder zynische Rollen, fundamentalkritische Rollen (die den Sinn der Disziplin oder der Wissenschaft selbst in Frage stellen) oder Rollen, die ideologische Positionen mehr schätzen als fachliche. Die Toleranz der einzelnen Disziplinen gegenüber solchen Rollen ist unterschiedlich. Sie sollten jedoch wissen, dass dies keine guten Rollen für den Anfang sind, sondern dass Sie damit wahrscheinlich anecken. Manchmal kann das allerdings auch erfrischend sein, wenn Sie ein Thema auf ungewöhnliche Art oder aus einer unüblichen Perspektive behandeln. Ob Sie dies riskieren wollen, müssen Sie selbst entscheiden.

Nun kann man nicht so schreiben lernen, dass man sich eine Rolle auswählt und sie dann umsetzt. Eher ist es so, dass man mit dem Schreiben in die Rollen hineinwächst. Wie im richtigen Leben hat man anfangs ein eher eingeschränktes Rollenrepertoire, das sich mit wachsender Erfahrung ausweitet und dann zunehmend individualisiert. Experimentieren Sie also mit Ihrer Rolle und probieren Sie, wenn Sie sich in einer Rolle etwas sicherer fühlen, eine neue aus.

7 Richtig zitieren

Eine Besonderheit des wissenschaftlichen Schreibens ist das Zitieren. In keiner anderen Domäne des Schreibens besteht eine so strikte Verpflichtung, alle Text-Text-Bezüge aufzuzeigen, wie in den Wissenschaften. Der Sinn dieser Textpraktik liegt einerseits darin, dass in den Wissenschaften die Urheberschaft von Gedanken und Forschungsleistungen besonders wichtig ist und andererseits darin, dass durch das Zitieren Diskurs- oder Wissengemeinschaften ausgewiesen werden können, die sich der gemeinsamen Erforschung von Themen verpflichtet fühlen. Wissen wird dadurch kumulativ, dass es jeweils auf das Vorwissen verweist. Wichtig für Sie ist es zu wissen, dass die Autorität wissenschaftlicher Texte zu einem guten Teil aus den Verweisen auf die anderen Autoren stammt, auf die Sie sich beziehen. Man entwertet also den eigenen Text nicht, indem man auf Ideen anderer verweist (obwohl man damit ausdrückt, dass etwas nicht auf dem eigenen Mist gewachsen ist), sondern man wertet ihn auf. Gleichzeitig gibt man zu erkennen, dass man selbst zu einer bestimmten Wissensgemeinschaft dazugezählt werden möchte.

Der Verweis auf fremde Literatur erfüllt viele Funktionen für den Textaufbau, für die Wissensvernetzung, die disziplinäre Verortung und die Gestaltung der eigenen Autorenrolle, wie in den letzten Kapiteln dargestellt. Die Art, wie man zitiert, ist sehr genau reglementiert. Es kommt dabei darauf an, fremden Texten Wissen zu entnehmen und es in einem neuen Text, d.h. in einem eigenen Darstellungskontext wiederzugeben und mit anderem Referenzwissen zu verbinden.

Betrachtet man die technische Seite des Zitierens, so sind zunächst einmal die Bezüge im Text selbst und die Quellenangaben im Literaturverzeichnis zu unterscheiden. Im Text selbst hat das Zitieren die Funktion, deutlich zu machen, welcher Gedanke von wem stammt. Im Literaturverzeichnis müssen alle Quellen so angegeben sein, dass man sie auffinden kann. Für beide gibt es genaue Vorschriften, die allerdings in unterschiedlichen Zitationssystemen anders ausfallen.

Definition

Arten von Quellen

Es gibt zwei Begriffspaare, die oft verwechselt und auch nicht immer ganz einheitlich behandelt werden:
Quelle: Sammelbegriff für alle Arten von Texten, auf die Bezug genommen wird. In manchen Wissenschaften wird unterschieden zwischen wissenschaftlichen und nichtwissenschaftlichen Quellen, was zur Verwendung separater Quellen- und Literaturverzeichnisse führt.
Primär- und Sekundärquelle: ein Begriff aus den Geschichtswissenschaften. Ein historischer Text mag verloren gegangen, aber in einer anderen Quelle zitiert sein. Dies wäre die Sekundärquelle.
Primär- und Sekundärliteratur: ein relationaler Begriff, bei dem die Primärquelle diejenige Quelle ist, die untersucht wird, während die Sekundärquelle diejenige ist, in der die Ergebnisse dazu veröffentlicht werden. Primärliteratur können literarische Texte, religiöse Texte, Gesetzestexte oder Forschungsberichte sein.
Tertiärliteratur: Auswertungen von Sekundärliteratur, meist in Form von Einführungen, Übersichtswerken, Handbüchern, Enzyklopädien etc.
Achtung: Im Englischen wird das Begriffspaar »primary – secondary *sources*« analog zum deutschen »Primär- und Sekundär*literatur*« verwendet.

Betrachtet man die Art, wie im Text auf andere Texte verwiesen wird, so gibt es wiederum zwei unterschiedliche Systeme, die man verwenden kann: Das Kurzbelegverfahren, auch »Im-Text-Verfahren« oder »Autor-Jahr-System« genannt, und das Fußnotensystem, bei dem der Verweis auf die Quelle nicht im Text, sondern am Fußende der Seite oder am Textende (Endnote) zu finden ist.

Das Kurzbelegverfahren verweist direkt im Text mit dem Namen des Autors und der Jahreszahl der Veröffentlichung auf die Quelle hin. Im Literaturverzeichnis ist dann die vollständige Quellenangabe enthalten. So steht z. B. im Text als Literaturangabe:

> Wie Weinrich (1994, S. 12) darstellt, geht es dabei um …

Und im Literaturverzeichnis wird aufgeführt:

> *Weinrich, Harald (1994). Sprache und Wissenschaft. In: Kretzenbacher, Heinz / Weinrich, Harald (Hrsg.), Linguistik der Wissenschaftssprache. Berlin: Walter de Gruyter, 3–13.*

Beachten Sie, dass die Seitenzahl, die im Text angegeben ist, diejenige ist, auf die Sie sich beziehen, während die im Literaturverzeichnis vermerkten Seitenzahlen angeben, auf welchen Seiten eines Sammelbandes oder einer Zeitschrift sich der ganze Artikel befindet. Beachten Sie auch, dass im Text selbst kein Vorname genannt wird, wohl aber im Literaturverzeichnis (jedenfalls in den meisten Zitationssystemen).

Vier Fälle lassen sich für die Zitationen im Text unterscheiden:

Die paraphrasierte Zusammenfassung: Der Regelfall ist die in eigenen Worten zusammengefasste (paraphrasierte) Wiedergabe fremder Texte. Diese Textwiedergabe verlangt eine verlässliche Zusammenfassung. Nur Fachbegriffe sollten dabei erhalten bleiben, alle anderen Ausdrücke sollten in eigene Worte transformiert werden. Solche sinngemäßen, indirekten Zitate müssen genau wie wörtliche Zitate exakt markiert sein, so dass ersichtlich wird, wo das Zitat beginnt und endet.

Das wörtliche Zitat: Wenn man etwas nicht gut zusammenfassen kann oder den genauen Wortlaut für die Argumentation braucht, dann zitiert man Texte wörtlich. Hier sind Zitatbeginn und -ende durch Anführungszeichen zu kennzeichnen. Ist im Zitat ein Zitat enthalten, so werden aus den doppelten Anführungszeichen einfache. Wird im wörtlichen Zitat etwas ausgelassen, so markiert man diese Stelle mit eckigen Klammern »[…]«. Wird etwas eingefügt, was zur sprachlichen Anpassung des Zitats an den eigenen Text nötig ist, so wird das Eingefügte ebenfalls in eine eckige Klammer gesetzt, z. B. »[wird]«. Ist im Original ein Fehler oder eine ungewöhnliche Schreibung vorhanden, so kann man sie durch »[sic!]« kenntlich machen. Verändert man etwas am Zitat, so kann man es z. B. durch einen Zusatz wie »Herv. durch den Verf.« kenntlich machen, wenn man etwas abweichend vom Original fett hervorhebt.

Der Verweis: Dabei geht es um Querverweise zu Quellen, in denen ähnliches berichtet wurde oder zu weiterführender Literatur. Diese Quellenangabe wird in der Regel mit »vgl.« oder mit »siehe auch« qualifiziert, also z. B. »vgl. Müller 2008« oder »(siehe auch Schulte 1999)«.

Das Zitat im Zitat / übernommenes Zitat: Eine vierte Variante ist das übernommene Zitat. Es ist dann angebracht, wenn man einen Text nicht selbst lesen kann, da man das entsprechende Werk nicht ausfindig machen kann, aber eine sekundäre Quelle gefunden hat, in der es zitiert ist. Dann zitiert man

> Müller (2003, zitiert nach Schulze 2005, S. 6) vermutet, dass …

Hier hat man also das Buch von Schulze in der Hand gehabt und darin etwas über Müller gelesen. Diese indirekte Art des Zitierens ist natürlich nie besonders gut, da man sich nicht selbst davon überzeugen konnte, was im Original steht und ob

> **Definition**
>
> **Vier Arten des Zitierens**
>
> - *Zusammenfassende Wiedergabe:* Ein fremder Text wird in eigenen Worten zusammengefasst (paraphrasiert) und in den eigenen Text eingefügt.
> - *Wörtliches Zitat:* Ein Originalzitat wird in den eigenen Text eingefügt und durch Anführungszeichen markiert. Die Quellenangabe muss die Seitenzahl enthalten, damit die Quelle wieder auffindbar ist.
> - *Verweis:* Anzeigen von weiterführender, ergänzender oder paralleler Literatur.
> - *Zitat im Zitat / übernommenes Zitat:* Die Originalquelle konnte nicht aufgefunden werden, wurde deshalb aus einer anderen Quelle zitiert.

Schulze Müller richtig zitiert hat. Es ist aber oft eine Notwendigkeit, es zu tun, und dann ist es ein Gebot wissenschaftlicher Genauigkeit, dass man dann nicht so tut als hätte man Müller selbst gelesen. Ein Nachteil aus dieser Art des Zitierens wird

Überblick

Die wichtigsten Zitationssysteme

Name	Wo verwendet?	Eigenschaften
APA, American Psychological Association	Psychologie, Sozial- und Naturwissenschaften	Kurzbelegverfahren, keine Fußnoten, Autor-Jahr-System www.apastyle.org
Harvard	Verwendung in fast allen Disziplinen	Kurzbelegverfahren, Autor-Jahr-System, keine Fußnoten http://libweb.anglia.ac.uk/referencing/files/Harvard_referencing.pdf
Chicago	Literatur, Geschichte, Anthropologie, Kunst	Kurzbelegverfahren mit Autor-Jahr-System und als Alternative jeweils ein explizites Fußnotensystem www.chicagomanualofstyle.org/home.html
MLA, Modern Language Association	Literatur- und Sprachwissenschaften	Kurzbelegverfahren, Autor-Titel-System und Fußnotensystem http://www.mla.org/style
CSE Council of Science Editors	Biologie und Naturwissenschaften	Kurzbelegverfahren, Verweis auf Quellen im Literaturverzeichnis durch hochgestellte Ziffern (wie bei Fußnoten), Autor und Jahr werden bei Bedarf im Text angegeben. http://www.councilscienceeditors.org/publications/
DIN 1505-2 (1984), DIN 1505-3 (1995) Deutsches Normsystem	Alle Dokumente, alle Wissenschaften	Kurzbelegverfahren, Autor-Jahr-System, keine Fußnoten http://www.bui.haw-hamburg.de/fileadmin/redaktion/diplom/Lorenzen__litverz.pdf

Ihnen also nicht erwachsen (es sei denn, der Text von Müller steht in Ihrer Bibliothek und Sie haben versäumt, das zu prüfen).

Es gibt verschiedene Systeme, Literatur zu zitieren und von diesen wieder viele Untersysteme und Mischformen. Es kommt darauf an, dass Sie das Prinzip verstehen und eines davon konsistent anwenden. Dieses eine ist am besten dasjenige, das in Ihrem Institut oder Studiengang vorgeschrieben ist. Ist das nicht der Fall, dann müssen Sie bei jeder Arbeit fragen, ob ein bestimmtes System erwartet wird. Beim Publizieren wissenschaftlicher Texte ist es durchgängig so, dass Sie bei jeder neuen Publikation wieder erneut herausfinden müssen, welche Normen gelten. Ausnahmen gibt es in einzelnen Disziplinen wie der Psychologie, die ihren eigenen Standard entwickelt hat (APA Style Guide), der in praktisch allen psychologischen Zeitschriften und vielen Zeitschriften der Sozialwissenschaften verlangt wird.

Es gibt eine Reihe voll ausgearbeiteter P u b l i c a t i o n   M a n u a l s (siehe Kasten), von denen die meisten aus anderen abgeleitet sind. Alle sind in den USA entstanden. Im deutschsprachigen Raum sind nur die DIN Normen 1505-2 und 1505-3 entstanden. Sie sind zwar als universelles System für den deutschsprachigen Raum gedacht, werden jedoch in den Wissenschaften kaum angewendet. Während in den USA einzelne Fächer und auch ganze Universitäten sich jeweils einem der großen Systeme anschließen, werden die Zitationsregeln im deutschen Raum von Fach zu Fach festgelegt. Fast jedes Institut hat seine eigenen Regeln entwickelt. Viele setzen hinzu, dass auch andere Systeme verwendet werden können, solange sie konsistent angewandt werden.

Jedes dieser Regelwerke hat sowohl Vorschriften dafür, wie mit Zitaten und Verweisen im Text umgegangen wird, als auch dafür, wie die Angaben im Literaturverzeichnis organisiert werden müssen. Gleichgültig, wie die Angaben arrangiert werden, diese Elemente erfordert jedes Literaturverzeichnis:

- Namen und Vornamen des oder der Autoren (alle Autoren werden genannt)
- Titel und Untertitel des Werks
- Herausgeber und Titel des Sammelbandes, in dem das Werk erschienen ist
- Seitenzahl im Sammelband
- Name der Zeitschrift, Jahrgangsnummer, Heftnummer und Seitenzahl (von – bis)
- Erscheinungsort und -jahr

Wie diese Informationen jeweils organisiert sind, ist von System zu System unterschiedlich. Jede wissenschaftliche Zeitschrift kann etwas abweichende, eigene Vorschriften haben, die jedoch meist an eines der großen Systeme angelehnt sind.

Das Zitieren von Texten aus dem Internet ist ein gesonderter Fall. Webseiten werden in der Regel nur im Text zitiert, z. B.

> Alles über den APA Style finden Sie auf der ausführlichen Website www.apastyle.org.

Anders ist es mit Internet-Dokumenten. Sie müssen wie alle anderen Quellen zitiert und im Literaturverzeichnis aufgeführt werden. Hierbei ist es nicht immer ganz einfach, alle Informationen, die üblicherweise angegeben werden, ausfindig zu machen, da in Internet-Texten oft keine Seiten angegeben sind oder das Erscheinungsjahr fehlt. So muss man sich mit den Informationen begnügen, die man hat und ggf. kreativ sein. Wichtig sind zwei Dinge: nicht nur die Website, sondern auch einen Hinweis auf spezifische Dokumente und die genaue URL-Adresse dazu angeben. Zudem wird in der Regel das Datum angegeben, an dem sie den Text zum letzten Mal aufgerufen haben. Ein Beispiel für einen Text aus einer Online-Zeitschrift gemäß dem APA Manual (1997, S. 272) für eine Online-Zeitschrift:

> Lizza, Marinella (2007). Active Reading and the Teaching of Writing. *Zeitschrift Schreiben.* Zuletzt abgerufen am 20. Dezember 2009. URL: http://www.zeitschrift-schreiben.eu/cgi-bin/joolma/index.php?option=com_content&task=view&id=41&Itemid=32

Wenn man namentlich nicht gekennzeichnete Beiträge aus einer Webseite oder einem Online-Lexikon zitiert, verwendet man den Namen des Dokuments oder der herausgebenden Institution:

> BMBF (2009). Pressemitteilung 171 vom 07.07.2009, Schavan: »Bologna-Reform gemeinsam weiterentwickeln«. www.bmbf.de/press/2614.php (zuletzt abgerufen am 28.9.2009).

Fußnotensysteme sind in den philologischen Fächern, in der Literaturwissenschaft, Jura und den Geschichtswissenschaften verbreitet und oft auch verpflichtend. Überall dort, wo man viele nichtwissenschaftliche Quellen (z. B. Gerichtsurteile, Archivmaterial, Romane oder andere Texte) verwenden muss, braucht man ein System, das eine genauere Beschreibung der Quelle erlaubt, als das mit dem Kurzbelegverfahren möglich ist, das nur für wissenschaftliche Texte gedacht ist.

Fußnotenverfahren erlauben auch, Gedanken aus dem Text auszulagern und in die Fußnote zu stecken. Dazu gehören Anmerkungen, die zur Darstellung nicht unbedingt nötig sind, Verweise auf weiterführende oder nicht berücksichtigte Literatur, Ergänzungen zum Text, Beispiele, technische Hinweise usw. Texte, die nach dem Kurzbelegverfahren zitieren, verzichten auf die meisten dieser Informationen.

Die Literaturverweise, die in Fußnoten gegeben werden, sind sehr fachspezifisch. Bitte orientieren Sie sich dabei an den Vorschriften, die dort jeweils dazu gegeben werden.

8 Die äußere Form gestalten

Seminar- und Abschlussarbeiten haben eine relativ standardisierte Form, in der die Abfolge der Bestandteile festgelegt ist. Allerdings gibt es Bestandteile, die nicht in jeder Arbeit und nicht in jeder Disziplin vorhanden sein müssen. Die Form einer Arbeit ist nicht zweitrangig gegenüber dem Inhalt, sondern ist Teil der Bemühungen um eine genaue, sachangemessene und kommunikative Darstel-

> **Überblick**
>
> **Bestandteile von Seminar- und Abschlussarbeiten**
>
> - Deckblatt mit Titel der Arbeit, Name der Hochschule, des Instituts, der Verfasserin, deren E-Mail Adresse, der Veranstaltung oder des Zwecks, des Veranstaltungsleiters, des Abgabedatums usw.
> - Inhaltsverzeichnis
> - Vorwort (es steht außerhalb des Textes und enthält dann auch, wenn sinnvoll, die Danksagung)
> - Danksagung – sie kann als eigener Punkt stehen, wenn es kein Vorwort gibt.
> - Verzeichnis von Abbildungen (inkl. Hinweis auf deren Herkunft) – sie stehen nach dem Inhaltsverzeichnis
> - Verzeichnis von Abkürzungen
> - Verzeichnis der verwendeten Maßeinheiten
> - Textkörper, ggf. mit Fußnoten oder Endnoten
> - Literaturverzeichnis
> - Verzeichnis nichtwissenschaftlicher Texte (z. B. Gerichtsurteile)
> - Anhang (Glossare, Materialien, Interview-Transkriptionen, etc.)
> - Selbständigkeitserklärung (bei Abschlussarbeiten)

lung. Dementsprechend ist sie Voraussetzung dafür, dass eine Arbeit gut bewertet wird. Sie sind also nicht schlecht beraten, wenn Sie Ihren Text in eine präsentable Form bringen. Allerdings sind die meisten Wissenschaften auch darauf aus, die Form schlicht zu halten und versuchen nicht, die Form an Stelle des Inhalts wirken zu lassen. Die Form sollte also die Inhalte optimal zur Geltung bringen, ohne von ihnen abzulenken.

Jede Arbeit im Studium, die eingereicht wird, braucht ein Deckblatt. Deckblätter sind das Gesicht einer Arbeit und werden entsprechend nicht nur nach Inhalt, sondern auch nach Aussehen beurteilt. Darüber hinaus geben sie wichtige Hinweise auf die Zugehörigkeit der Autoren. Deshalb ist die Zeit für die Gestaltung des Deckblatts gut investiert. Allerdings sollten Sie auch vorsichtig sein, und nicht zu viel des Guten tun. Deckblätter sollten auch diskret sein. Sie sind keine Titelblätter wie in Zeitschriften, die ihren Inhalt reißerisch verkaufen. Bunte Bilder sollten Sie also nur in Maßen einsetzen, obwohl es heute gerade bei Seminararbeiten durchaus im

Überblick

Manuskriptgestaltung

Bitte beachten Sie, dass im Zweifelsfall immer die Vorgaben Ihres Instituts Vorrang haben.
- Schrift: Times New Roman, Arial, Verdana, Helvetica
- Schriftgröße: 12 (Times New Roman), 11 (Arial, Helvetica), 10 (Verdana)
- Zeilenabstand: zwischen einzeilig und 1,5 Zeilen
- Hervorhebungen: kursiv (keine Unterstreichungen im Text, kein Fettdruck)
- Überschriften: maximal zwei Pt. größer, fett
- Rand: 2,5 cm auf allen Seiten, bei Spiraldruck linken Rand 3,5 cm
- Druck: einseitig
- Typographische Dichte: 2.500–3.000 Zeichen
- Paginierung: fortlaufend (ohne Deckblatt). Der Anhang kann mit römischen Ziffern oder fortlaufend paginiert werden.
- Gliederung: numerisch mit maximal 4 Stellen (1.1.1.1)
- Fußnoten auf der gleichen Seite, durchgehend nummeriert
- Silbentrennung: obligatorisch
- Rechtschreibung: nach Duden
- Schriftbild: Blocksatz oder linksbündig; Deckblatt zentriert
- Hauptkapitel: auf neuer Seite beginnen, Unterkapitel auf der gleichen Seite anschließen.

Trend liegt, wenigstens am Anfang etwas graphischen Schmuck anzubringen (es wird Ihnen nicht negativ ausgelegt, wenn Sie ein buntes Titelbild verwenden).

Beim Layout Ihrer Arbeit werden Sie von Ihrem Textverarbeitungsprogramm gut unterstützt, allerdings kann es auch sehr eigensinnig sein und seine eigenen, voreingestellten Formatierungen durchzusetzen versuchen. Templates zu verwenden ist dann sinnvoll, wenn ein Template mit den Einstellungen Ihres Instituts vorhanden ist, sonst ist eine individuelle Formatierung günstiger.

Zusammenfassung

Textkonventionen sind Erwartungen, die von einer Diskurs- oder Wissensgemeinschaft an wissenschaftliche Texte gestellt werden. Solche Konventionen haben sich im Verlauf vieler schriftlicher Transaktionen langsam herausgebildet und sind Grundlage der Wissenskommunikation. Auch studentische Arbeiten werden nach diesen Kriterien beurteilt. Das Kapitel gibt eine Übersicht über die Konventionen, die für das Verständnis studentischen Schreibens besonders wichtig sind.

Viele Konventionen sind aus der Notwendigkeit einer genauen und effektiven Wissenskommunikation entstanden, so die Forderung nach expliziten Definitionen und nach begründeten Argumentationen. Andere Konventionen wie die Regeln des Zitierens und Verweisens hängen damit zusammen, dass in wissenschaftlichen Texten die Wissensvernetzung genau geregelt werden muss, damit Wissen kumulativ aufgebaut werden kann. Auch die Art, wie Autorenrollen in wissenschaftlichen Texten definiert werden, hat damit zu tun, dass Autoren nicht individuelles Wissen von sich geben, sondern einen Beitrag zur kollektiven Wissensproduktion leisten.

Ordnung in Wissensdarstellungen entsteht auch dadurch, dass die wissenschaftlichen Disziplinen Sachwalter bestimmter Wissensbestände sind, die sie aus ihrer jeweils eigenen Perspektive und unter Verwendung verlässlicher Methoden aufbauen. Die Konvention verlangt, dass man zu erkennen gibt, innerhalb welcher Disziplin ein Beitrag angesiedelt ist bzw. zum Wissen welcher Disziplin man einen Beitrag leistet. Nicht zuletzt ist wichtig, dass die sprachliche und graphische Form einer Arbeit tadellos ist und somit ein äußeres Pendant zur inhaltlichen Genauigkeit darstellt.

IV Die Sprache als Werkzeug verwenden

Das Beste fällt mir immer erst über dem Schreiben ein.
Gottfried Keller

1 Der Satz
2 Zeitliches Relief: Tempus
3 Aussagen präzisieren: Adverbien
4 Ausdrücke illustrieren: Adjektive
5 Komplexere Satzkonstruktionen
6 Über Gelesenes schreiben: Referieren
7 Dissens ausdrücken: Kritik
8 Direkte und indirekte Selbstreferenz
9 Heckenausdrücke und Verstärker
10 Metasprachliche Leserführung
11 Wissenschaftssprache

Von Wilhelm von Humboldt stammt die Vorstellung, dass die Sprache ein Werkzeug des Erkennens und Darstellens ist. Dieser instrumentelle Charakter der Sprache ist natürlich nur einer unter mehreren, denn Sprache hat auch eine expressive und eine ästhetische Seite, aber für die Textproduktion ist es sinnvoll, die Seite zu betonen, die die Sprache für das Schreiben am besten verfügbar macht. Im Folgenden betrachten wir, was man über Sprache wissen sollte, wenn man schreibt.

1 Grundvariationen: Der Satz

Wenn wir schreiben, denken wir selten über die Sprache nach, so wenig etwa, wie ein Skifahrer über Anatomie nachdenkt, wenn er den Hang hinunter fährt. Schreibende denken über das nach, was sie darstellen wollen und Skifahrer denken darüber nach, wie sie heil nach unten kommen. Schreibende versuchen, eine Vorstellung in einen Text zu transformieren bzw. auf dem Papier zu konstruieren. Die sprachlichen Mittel dazu müssen automatisiert vorhanden sein, sonst fängt die Textproduktion an zu holpern, so wie ein Skifahrer Probleme bekommt, wenn er anfängt über seine Gelenke und Sehnen nachzudenken, statt darauf zu achten, die Innenkanten zu belasten oder anderen auszuweichen.

Sprachwissen sollte also automatisiert vorhanden sein, damit Sie sich beim Schreiben auf den Gegenstand konzentrieren können. Es kann aber für Sie sinnvoll sein, Ihr Sprachwissen etwas zu aktualisieren oder anzureichern und sich einige Grundgegebenheiten noch einmal vor Augen zu führen, damit Sie diese beim Schreiben verfügbar haben. Dazu habe ich in den folgenden Abschnitten einige Kapitel der Grammatik ausgewählt, die beim Schreiben wissenschaftlicher Texte besonders oft zu Problemen führen. Die Darstellung ersetzt den Blick in eine ausführliche deutsche Grammatik nicht, kann Ihnen aber Hinweise darauf geben, wo Sie in der Grammatik suchen müssen, wenn Sie ein bestimmtes sprachliches Problem lösen wollen.

Ausgangspunkt für die Darstellung ist der Satz, der die wichtigste Bezugseinheit für die Textproduktion darstellt. Sätze sind die wichtigsten Bausteine jedes Textes. Ich möchte Ihnen als erstes zeigen, was man mit Sätzen alles machen kann. Dann komme ich auf die Dinge zu sprechen, die in wissenschaftlichen Texten besonders zu beachten sind.

Als vollständig gilt ein Satz, wenn er mindestens ein Substantiv und ein Verb enthält, die sinnvoll miteinander verbunden sind. Als Satzglieder nennen wir sie »Subjekt« und »Prädikat«. Die Konventionen des wissenschaftlichen Schreibens verlangen, dass ganze Sätze verwendet werden. Ellipsen (unvollständige Sätze) sind nur als Überschriften und als Auflistungen in Spiegelstrichen erlaubt. Die kürzest mögliche Satzkonstruktion wäre:

(1) Wasser fließt.

Allerdings ist uns geläufig, dass nicht alle Sätze so kurz gefasst werden können, da zum Subjekt in der Regel ein Artikel gehört:

(2) Die Mauer steht.

Artikel wie »der«, »die«, »das«, »ein« oder »eine« spezifizieren das Geschlecht des Substantivs und die Aussage, ob es also eine beliebige (»eine«) oder eine bestimmte Mauer (»die«) ist, über die gesprochen wird. Sie haben aber eine weitere Funktion, indem sie den Blick auf das lenken, was schon gesagt wurde oder auf das, was noch gesagt werden wird. Während der unbestimmte Artikel signalisiert, dass das zugehörige Wort neu ist und erst später bestimmt wird, sagt der bestimmte Artikel, dass das Wort vorher schon definiert wurde oder dass es ohnehin allen bekannt ist. Der bestimmt Artikel in (2) signalisiert also entweder, dass die Mauer gemeint ist, die alle kennen (die Berliner Mauer) oder dass es sich um eine Mauer handelt, die kurz vorher im Text schon erwähnt wurde. »Eine Mauer steht« hingegen signalisiert, dass die Mauer erstmals erwähnt wird und dass genauere Information über sie später im Text zu finden sein wird.

Die Konstruktion eines Satzes aus Substantiv und Verb ist im einfachsten Fall eine Handlungsdarstellung. Da ist z. B. ein Subjekt, das durch ein Substantiv wie »Mauer« angezeigt wird, während das Verb, das als Satzteil »Prädikat« genannt wird, sagt, was dieses Subjekt tut, also etwa »stehen«.

Nicht alle Sätze sind jedoch Handlungsdarstellungen. Manche sind auch Beschreibungen:

(3) Die Mauer ist hoch.

Dieser Satz wird mit dem Hilfsverb »ist« und einem Adjektiv gebildet. Das Adjektiv spricht der Mauer eine Eigenschaft zu. In ähnlicher Weise können Sie das Hilfsverb »haben« verwenden, das allerdings nicht mit Adjektiven, sondern mit Substantiven verbunden ist.

(4) Die Mauer hat Löcher.

Auch diese Aussage sagt nicht, was die Mauer tut, sondern wie die Mauer beschaffen ist.

Beide Aussageformen, die Darstellung der Handlung und die Beschreibung, bezeichnen etwas, das jetzt (in einem Gegenwartsmoment) unfraglich vorhanden ist. Diese Modalität nennt sich »Indikativ«. Wir haben verschiedene Alternativen zum Indikativ. Mit dem Konjunktiv können wir das Handeln zu einem *möglichen* Handeln machen.

> (5) Die Mauer stünde noch (wenn der Kalte Krieg nicht zu Ende gegangen wäre).

Hier ist die Mauer zwar schon abgerissen, der Konjunktiv I aber erlaubt uns, die Mauer wenigstens gedanklich noch als existent anzunehmen. Mit dem Konjunktiv II können wir auch Handlungen / Objekte ansprechen, die nicht oder nur unter bestimmten Bedingungen möglich sind.

> (6) Ich würde die Mauer abreißen (wenn das nicht andere schon getan hätten).

Behalten Sie aber im Gedächtnis, dass der Konjunktiv noch andere Funktionen erfüllt. Er kann auch dazu dienen, indirekte Rede zu signalisieren und er kann in bestimmten sprachlichen Kontexten dazu eingesetzt werden, Nachzeitigkeit zu bezeichnen.

Eine andere Alternative, die Grundform des Satzes »die Mauer steht« zu variieren, besteht darin, aus dem handelnden Subjekt ein erleidendes Subjekt zu machen, wenn wir eine Passiv-Form verwenden:

> (7) Die Mauer wird abgerissen.

Nicht jedes Verb ist im Passiv verwendbar, deshalb muss hier ein neues Verb als Beispiel herhalten. In der Passivkonstruktion geht die Handlung von einer Größe aus, die nicht das Subjekt des Satzes ist, entweder weil sie gar nicht erwähnt wird (wie im letzten Beispiel, wo unklar bleibt, wer die Mauer abreißt) oder weil sie in der Prädikatform steht.

> (8) Die Mauer wird von der Stadtverwaltung abgerissen.

Der Satz muss nicht immer als Aussage, sondern kann auch als Aufforderung gefasst werden:

> (9) Reiß die Mauer ab!

Die Imperativform wird im Allgemeinen durch das Ausrufezeichen gekennzeichnet. Hier wird keine Aussage getroffen, sondern eine Aufforderung zum Handeln gegeben. Aufforderungen in Imperativform können als Gebot, Verbot, Erlaubnis, Warnung oder Empfehlung auftreten. Wieder eine andere Formulierung wäre die Frage:

> (10) Steht die Mauer noch?

Eine solche Aussage hat einen hohen pragmatischen Wert. Sie stellt nichts dar, sondern verlangt Informationen von anderen bzw. gibt ein Informationsdefizit bekannt. Schließlich gibt es Konstruktionen, bei denen ein Modalverb eingesetzt wird, um die Grundaussage zu variieren:

> (11) Die Mauer kann (darf / soll / muss / möchte) abgerissen werden.

Modalwörter spezifizieren die Aussage eines Verbs, wobei mit ihrer Hilfe Potentiale (kann), Erlaubnisse (darf), moralische Gebote (soll), Imperative (muss), Bedürfnisse (möchte) ausgedrückt werden können.

Die bisherige Darstellung sollte die Modalitäten rekapitulieren, die die Sprache als Darstellungsmedium besitzt. Sie sind Ihnen sicherlich geläufig, denn Sie wenden sie tagtäglich an. Wir brauchen sie, damit wir die komplexeren grammatischen Strukturen verstehen, die sich mit ihnen bilden lassen.

2   Zeitliches Relief: Tempus

Die Sprache erlaubt uns auch, die Zeit des Handelns zu variieren. Dies ist vor allem in den erzählenden und berichtenden Darstellungsformen von Bedeutung. Sprache ist besonders darauf angelegt, anderen nahe zu bringen, was in ihrer Abwesenheit geschehen ist. In jedem Handlungsbericht brauchen wir Zeitschichtungen, um darzustellen, was nach und nach geschehen ist. Wir können durch grammatische Formen das Handeln zu einem gerade ablaufenden, vorherigen oder zukünftigen Vorgang machen, wenn wir verschiedene Tempusformen einsetzen:

(12) Die Mauer steht. / Die Mauer ist stabil.	Präsens
(13) Die Mauer stand. / Die Mauer war stabil.	Präteritum
(14) Die Mauer hat gestanden. / Die Mauer ist stabil gewesen.	Perfekt
(15) Die Mauer hatte gestanden. / Die Mauer war stabil gewesen.	Plusquamperfekt
(16) Die Mauer wird stehen. / Die Mauer wird stabil sein.	Futur I
(17) Die Mauer wird gestanden haben. / Die Mauer wird stabil gewesen sein.	Futur II

Die Bedeutung von Tempusformen ist im Deutschen nicht ganz eindeutig festgelegt, sondern von Textart und Stellung des Verbs im Text abhängig. In einer Erzählung kann die vermeintliche Vergangenheitsform »Die Mauer stand« einen gerade ablaufenden Prozess charakterisieren (episches Präteritum), ebenso wie »Die Mauer steht« in einer Geschichte vorkommen kann, die vor langer Zeit geschah, was auch »historisches Präsens« genannt wird. Etwas sicherere Aussagen über das Tempus können wir machen, wenn es Vor- oder Nachzeitigkeit signalisiert. Durch Tempusformen können wir, wie Weinrich (1971) sagt, einem Text zeitliches Relief verleihen. Hier sind drei Formen der Vor- bzw. Nachzeitigkeit aufgeführt:

(18) Die Mauer ist sauber, weil sie gestrichen worden ist.	Präsens, Perfekt
(19) Die Mauer war sauber, weil sie gestrichen worden war.	Präteritum, Plusquamperfekt
(20) Die Mauer ist nicht gestrichen, weil sie abgerissen (werden) wird.	Präsens, Futur I

»Zeitliches Relief« heißt, dass durch Sprache kenntlich gemacht wird, dass Vorgänge aus unterschiedlichen Zeiten angesprochen werden. Beachten Sie, dass das Futur im Deutschen oft auf eine Präsensform reduziert ist, weshalb das »werden« in Klammern steht. In wissenschaftlichen Texten tendiert man dazu, alles, was als heute noch gültiges Wissen angesehen wird, im Präsens zu schreiben. Was als Vorwissen für das heutige Wissen angesehen wird, wird dagegen ins Präteritum gesetzt.

(21) Aristoteles legte die Grundlagen für die moderne Logik. (Vorwissen)
(22) Aristoteles unterscheidet drei Arten von Argumenten. (noch gültiges Wissen)

Wenn man in wissenschaftlichen Texten beschreibt, was man selbst getan hat (also die Methode oder das Vorgehen), kann man dies im Präteritum oder im Perfekt tun.

(23) Wir führten je sechs Interviews mit Personalräten und Vorstandsmitgliedern durch.
(24) Ich habe je sechs Interviews mit Personalräten und Vorstandsmitgliedern durchgeführt.

Das Präteritum wird im Deutschen allgemein als das Erzähltempus schlechthin bezeichnet, wiewohl heute Erzählen im Präsens ebenso gebräuchlich ist. Erzählen im Perfekt hingegen »Ich bin gestern in die Stadt gefahren, um einen Strauß Blumen zu kaufen« wird nur im mündlichen, nicht jedoch im schriftlichen Erzählen eingesetzt.

Im Schriftlichen wird das Perfekt fast ausschließlich dazu verwendet, um Vorzeitigkeit zu signalisieren, wenn die Darstellung im Präsens formuliert ist. Die Aussage »Ich habe je sechs Interviews … geführt« kann also dann verwendet werden, wenn Forschungshandlungen als unmittelbar vorzeitig zu den Ergebnisdarstellungen verstanden werden. Die Ergebnisse stehen immer im Präsens. So würde man statistische Auswertungen folgendermaßen versprachlichen:

(25) Die Daten zeigen …
(26) Das Ergebnis ist …
(27) Die Analyse ergibt
(28) Der Mittelwert beträgt …

Hier signalisiert man also keine Vergangenheit und keine Vorzeitigkeit. Die Ergebnisdarstellung ist sozusagen das epische Präsens des wissenschaftlichen Textes. Es zeigt, was ist, und nicht das, was war, und es wird somit durch die Tempuswahl als faktische Gegebenheit qualifiziert. Auch die Interpretation der Ergebnisse kann man im Präsens darstellen.

> (29) Die Ergebnisse zeigen …
> (30) Die Faktorenanalyse ergibt …
> (31) Dieser Wert wird erklärlich, wenn …
> (32) Die Daten lassen erkennen, dass …

Jedoch kann hier auch das Perfekt verwendet werden, wenn man die Ergebnisse nicht unmittelbar darstellt (wie im Teil »Methoden« des Forschungsartikels üblich), sondern wenn man sie im Teil »Diskussion« aufgreift und sich damit auf früher Dargestelltes bezieht:

> (33) Die statistische Auswertung hat erkennen lassen …
> (34) Der Mittelwertvergleich hat keine signifikanten Unterschiede ergeben …

3   Aussagen präzisieren: Adverbien

Die Grundform des Satzes lässt sich durch verschiedene grammatische Formen erweitern. Diese Erweiterungen können unterschiedliche Zwecke ausfüllen. Eine wichtige Funktion in der Präzisierung von Aussagen ermöglichen die Adverbien:

> (35) Die Mauer versperrt die Straße *völlig*.
> (36) Die Mauer gehört *jetzt* der Gemeinde.
> (37) Die Mauer hat *nur* eine Türe.

Adverbien qualifizieren und präzisieren Aussagen. Oft geben sie Auskunft über zeitliche oder örtliche Aspekte, aber sie dienen auch dazu, Mengen zu bestimmen, Wesentliches hervorzuheben, Einschränkungen zu machen, Urteile zu präzisieren und Aussagen zu pointieren.

In der Wissenschaftssprache sind Adverbien in vielerlei Hinsicht von Bedeutung. Orts-, Lage- und Bewegungsangaben sind oft bei Beschreibungen (z. B. von medizinischen Symptomen, geographischen Lagen, Geräten oder Pflanzen) wichtig. Manche Wissenschaften, wie die Medizin, haben eigene Begrifflichkeiten (lateral, distal, medial etc.) dafür entwickelt, die die räumliche Anordnung eindeutig zu benennen erlauben.

3 Aussagen präzisieren: Adverbien

> **Überblick**

Adverbien: Sprachliche Mittel um Aussagen zu präzisieren
Nach: Duden. Die Grammatik 1984

Lokaladverbien Spezifizierungen des Ortes	dort, da, dorthin, dorther, hier, hierhin, oben, drunten, recht, links, drüben, abseits, vorne, hinten, beiseite, obenan, obenauf, drinnen, außen, mitten, ringsherum, abwärts, aufwärts, auswärts, seitwärts, überall, irgendwo, nirgends, irgendwohin, darin, her, hin, heraus, herab, hinüber, hinein, herum, umher, weg, fort
Temporaladverbien Spezifizierungen der Zeit	abends, morgens, gestern, heute, morgen, übermorgen, sonntags, soeben, gerade, seither, immer, jedes Mal, jeweils, stets, mitunter, nun, soeben, gerade, derzeit, vorhin, einst, ehemals, ehedem, längst, damals, derzeit, seinerzeit, seither, seitdem, seit wann, bisher, bislang, demnächst, einmal, einst, bald, frühestens, fortan, spätestens, schon, sofort, sogleich, zugleich, auf einmal, beizeiten, eher, ein andermal, einstweilen, indes, indessen, inzwischen, unterdessen, zwischendurch, vorerst, zunächst, anfangs, hernach, danach, hinterher, darauf, zuletzt, endlich, schließlich, immerzu, zeitlebens, jederzeit, jeweils, meist, durchweg, niemals, nimmermehr, zuweilen, hin und wieder, zeitweise, abermals, nochmals, mehrmals, einmal, zweimal, zuerst, zuletzt, erstens, zweitens
Modaladverbien Spezifizierungen der Art und Weise (Qualität), des Grades und der Menge	**Kennzeichnung des Grades:** gar, genug, besonders, vornehmlich, zumal, weitaus, überaus, vollends, schlechthin, überhaupt, teilweise, größtenteils, mindestens, wenigstens, bis, gegen, über
	Einschätzung: vielleicht, möglicherweise, wohl, kaum, schwerlich, bestimmt, gewiss, sicherlich, durchaus, zweifellos, zweifelsohne, unglücklicherweise, leider, glücklicherweise, hoffentlich, keinesfalls, keineswegs
	Art und Weise: gerne, anstandslos, blindlings, hinterrücks, eilends, kurzerhand, unversehens, flugs, kopfüber, geradeaus, rücklings, rundheraus, obenhin, nebenher, vergebens, umsonst, irgendwie, genauso

→

> ← Überblick

Kausaladverbien Spezifizierungen von Gründen, Mitteln, Zwecken	anstandshalber, warum, weswegen, wohlweislich, meinetwegen, daher, darum, infolgedessen, deshalb, also, demnach, folglich, mithin, demzufolge, sonach, so, gleichwohl, trotzdem, dessen ungeachtet, dazu, darum, hierzu, hierfür

Ebenfalls wichtig sind die Modaladverbien zur Kennzeichnung des Grades. Wissenschaftliche Aussagen erfordern präzise quantitative Angaben, nicht »ein paar«, sondern »wenige«, »ein Viertel« oder »17,5 Prozent«. Mit Modaladverbien kann man, wenn man keine genaue quantitative Angabe hat, solche Mengen umschreiben.

Die Modaladverbien im Kasten »Überblick« auf S. 131 f. sind Ihnen alle geläufig, wenn Deutsch Ihre Muttersprache ist. Was Sie vermutlich weniger gelernt haben, ist Variabilität in die Verwendung von Adverbien zu bringen. Die Tabelle ist dazu gedacht, dass Sie aussuchen können, welches Adverb genau in Ihren Text passt.

Es gibt Adverbien, die in wissenschaftlichen Texten nicht vorkommen, teils weil sie aus eher literarisch-narrativen Kontexten stammen und einem anderen Sprachregister angehören, teils weil sie zu unpräzise sind, wie »unglücklicherweise«, »flugs«, »gar«, »fortan«, die Sie deshalb meiden sollten.

4   Ausdrücke illustrieren: Adjektive

Von den Adverbien zu unterscheiden sind die Adjektive. Sie dienen der Darstellung von Eigenschaften, die Substantive (bzw. die mit ihnen bezeichneten Dinge oder Ereignisse) haben können. Adjektive modifizieren oder spezifizieren Bedeutung / Gestalt / Ausprägungsart / Typus eines Substantivs. Es gibt drei Arten des Gebrauchs von Adjektiven:

> (38) Es ist eine schöne Mauer. (attributiver Gebrauch)
> (39) Die Mauer ist schön. (prädikativer Gebrauch)
> (40) Die Mauer fällt schön in sich zusammen. (adverbialer Gebrauch)

Adjektive sollten bewusst eingesetzt werden, besonders in den Wissenschaften. Es gibt Adjektive, die zu Fachbegriffen gehören, wie »spezifisches Gewicht«, »germanistische Linguistik«, »forensische Psychologie«, oder »Westfälischer Friede«. Andere Adjektive benutzt man, um einen Begriff oder einen Vorgang zu qualifizieren.

> **Tipp**
>
> **Adjektive, die Sie weglassen sollten**
>
> *Adjektive, die etwas verdoppeln:* Bahn brechende Neuerungen, öde Wüsten, dunkle Nächte, schreckliche Verbrechen, lautes Geschrei, schwere Verwüstungen, innere Gefühle
> *Adjektive, die nur scheinbar präzisieren:* spezifische Aussage, besonderes Anliegen
> *Abgegriffene Phrasen:* tiefgreifende Veränderungen, unliebsame Störung, nackte Wahrheit, goldene Mitte, sensationelle Nachricht
> *Adjektive, die mehr Gewicht verleihen sollen:* wesentliche Neuerung, bedeutsame Erkenntnis, tiefe Wirtschaftskrise, uralte Mythen
> *Adjektive, die Sachverhalte umkehren:* amerikanische Nachkriegspolitik (statt: Nachkriegspolitik der USA), elterliche Fürsorgepflicht (statt: Fürsorgpflicht der Eltern), zweistöckige Hausbesitzer (statt Besitzer des zweistöckigen Hauses)

Besondere Vorsicht ist geboten bei Adjektiven, die nur die Aussage des Substantivs verdoppeln, wie die »öde Wüste«. Damit verwässert man den Begriff, indem man ein Adjektiv mit ihm verbindet, das nichts Neues bedeutet. In den Wissenschaften werden Adjektive oft dazu benutzt, Aussagen mehr Gewicht zu geben, wie das »besondere Anliegen«, die »spezifische Aussage«. Das ist unnötig, da jedes Anliegen besonders und jede Aussage spezifisch ist. Nicht anders steht es um abgedroschene Begriffe wie »tiefgreifende Veränderung«, »tiefe Wirtschaftskrise« oder »nackte Wahrheit«. Man hat solche Begriffe so oft gehört, dass das Adjektiv seine Funktion verloren hat. Schließlich ist noch der »doppelstöckige Hausbesitzer« zu nennen, der in Wahrheit der Besitzer eines doppelstöckigen Hauses ist. Hier gilt das Adjektiv dem falschen Teil eines zusammengesetzten Substantivs.

5 Komplexere Satzkonstruktionen

Es gibt viele Mittel und Möglichkeiten, die Grundform des Satzes »Die Mauer steht« zu erweitern oder zu präzisieren. Außerdem lassen sich Sätze miteinander kombinieren und ihre Aussagen dadurch miteinander verbinden. Als erstes und vermutlich häufigstes Mittel ist das Objekt zu nennen. Die Mauer kann mit einem weiteren Objekt verbunden werden:

> (41) Die Mauer fällt auf ein Auto.

Wobei das Auto hier das Objekt ist, dem die Mauer etwas antut. Das Objekt kann auch der Ortsbestimmung dienen oder andere Umstände der Art und Weise, des Besitzes oder des Grundes anzeigen:

> (42) Die Mauer versperrt die Straße.
> (43) Die Mauer gehört der Gemeinde.
> (44) Die Mauer besitzt einen Anstrich.
> (45) Die Mauer hat eine Türe.

Hier sind also zwei Substantive durch ein Verb miteinander in Beziehung gesetzt worden.

> **Wichtig**
>
> **Regeln für den Satzbau in wissenschaftlichen Texten**
>
> - Ein Nebensatz reicht (Ausnahmen erlaubt)
> - Sätze nicht zu voll packen, gegebenenfalls auseinander brechen
> - Satzlänge variieren
> - Aktiv ist besser verständlich als Passiv
> - Mehr als drei Aufzählungen in Listenform mit Spiegelstrichen bringen
> - Konnektoren gezielt einsetzen
> - Tempus beachten
> - Füllwörter streichen
> - Keine Ellipsen (unvollständige Sätze), außer in Spiegelstrichen
> - Adjektive danach prüfen, ob sie unverzichtbar sind

Sätze lassen sich miteinander verknüpfen und man kann mit solchen Verknüpfungen komplexe Aussagen und Argumente bilden. Die Verbindung von Aussagen hat für die Wissenschaften insofern eine besondere Bedeutung, als sie die Grundlage für die Logik schaffen. Die Wörter, die man zur Verknüpfung verwendet, werden »Konjunktionen«, oder auch »Konnektoren« genannt. Sie haben eine ähnliche Funktion wie die logischen Operatoren. Nehmen wir folgende Sätze an:

(46) Die Mauer ist alt. Die Mauer wird abgerissen.

dann haben wir verschiedene Verknüpfungsmöglichkeiten:

(47) *Weil* die Mauer alt ist, wird sie abgerissen.	Kausal
(48) Die Mauer ist alt. *Deshalb* wird sie abgerissen.	Kausal
(49) Die Mauer ist *so* alt, *dass* sie von allein zusammen fällt.	Konsekutiv
(50) Die Mauer fällt von allein zusammen, *so* alt ist sie.	Konsekutiv
(51) *Obwohl* die Mauer alt ist, wird sie abgerissen.	Konzessiv
(52) Die Mauer ist alt. *Dennoch* wird sie abgerissen.	Konzessiv
(53) *Sobald* die Mauer alt ist, wird sie abgerissen.	Temporal
(54) *Als* die Mauer alt war, wurde sie abgerissen.	Temporal
(55) *Wenn* die Mauer alt ist, wird sie abgerissen.	Konditional
(56) Die Mauer wird nicht abgerissen, *außer* sie wird baufällig.	Konditional
(57) Die Mauer muss sehr alt sein, *dass* sie abgerissen wird.	Konklusiv
(58) Die Mauer muss erst alt werden, *damit* sie abgerissen werden kann.	Final
(59) Die Mauer kann stabilisiert werden, *indem* sie neue Träger erhält.	Modal

Sie sehen, dass jeder Konnektor die Teilsätze anders verknüpft (einige Sätze wurden dabei modifiziert, damit der entsprechende Konnektor besser verständlich ist). Eine *kausale Verknüpfung* (mit den Konnektoren *da, weil, deshalb, deswegen, darum, daher, aus diesem Grund*) verwenden wir, wenn ein Teilsatz den Grund für den anderen enthält. Das Alter der Mauer ist der Grund dafür, dass sie abgerissen wird, allerdings ist es nicht die Ursache. Die Ursache-Wirkungs-Beziehung wird in der *konsekutiven Verknüpfung* (mit den Konnektoren *dass, so dass*) angesprochen: *Dass die Mauer zusammenfällt*, ist in dieser Aussage eine notwendige Folge ihres Alters. Das Alter ist nicht nur der Grund für den Abriss (wie in der kausalen Verknüpfung), sondern *bewirkt* tatsächlich das Zusammenfallen.

Konzessive Verknüpfung: In der konzessiven Verknüpfung wird ein »unzureichender Gegengrund« angeführt (Konnektoren *obgleich, obwohl, obschon, wenn auch, wenngleich, trotzdem, dennoch*). Eigentlich sollte man denken, dass das Alter der Mauer den Abriss verhindert, aber das tut es nicht. Es wird also ein Gegengrund eingeräumt, was im Satz meist deshalb geschieht, um Einwänden der Leser zuvorzukommen (»Aber man kann eine so alte Mauer doch nicht einreißen!«). Bei der *temporalen Verknüpfung* (Konnektoren *während, indem, solange, sobald, sowie, sooft, nachdem, als, seit, seitdem, bis, bevor, ehe*) besteht ein zeitliches Verhältnis zwischen den Teilsätzen. Es wird nicht gesagt, dass eine kausale Beziehung vorliegt oder dass das Alter der Grund ist. Lediglich die Gleichzeitigkeit oder Nachzeitigkeit wird postuliert.

Konditionale Verknüpfung: Eine konditionale Verknüpfung, wie sie durch *wenn … dann* charakterisiert ist (weitere Konnektoren *sonst, außer, es sei denn*), benennt eine Bedingung, unter der etwas eintritt oder nicht eintritt. Unter der Bedingung, dass die Mauer alt wird, wird sie eingerissen. Auch Bedingungen, die etwas verhindern oder nicht eintreten lassen, wie durch *es sei denn* charakterisiert, sind konditionale Verknüpfungen.

Konklusive Verknüpfung: Eine konklusive Verknüpfung liegt vor, wenn ein Teilsatz als Basis für eine Schlussfolgerung auf den anderen verwendet wird. Hier wird aus einer vermeintlichen Folge (Abriss) auf die Ursache (das Alter) geschlossen.

Modale Verknüpfung: Die modale Verknüpfung charakterisiert in einem Teilsatz die Art und Weise, in der die Aussage des anderen Teilsatzes zu verstehen ist (Konnektoren *indem, dadurch … dass, so dass, wobei, wodurch*). Ein modaler Konnektor signalisiert also, dass die eine Aussage die andere näher erläutert, die Art und Weise schildert oder die Mittel charakterisiert, die eingesetzt wurden: »Die Mauer ist so baufällig, dass sie von allein zusammenfällt«.

Wirkungsvoll argumentieren heißt auch, Konnektoren richtig einzusetzen und jeweils zu entscheiden, ob zwei Aussagen kausal, konzessiv, zeitlich oder konditional verknüpft werden müssen. Konnektoren zu verwenden, haben Sie längst gelernt und Sie verwenden sie vermutlich intuitiv recht präzise. Allerdings zeigt die Erfahrung, dass viele Studienanfänger darin auch Unsicherheiten zeigen, vor allem wenn es um zwei ähnliche Konnektoren (wie kausal und konsekutiv) geht. Wenn dies auf Sie zutrifft, dann sollten Sie Ihre letzen Arbeiten durchgehen, und einmal alle Konnektoren einkringeln, ehe Sie sie den oben genannten Kategorien zuordnen. Nach meiner Erfahrung erfordert es nicht mehr als eine Stunde Zeit, sich einmal bewusst alle Konnektoren vor Augen zu führen, um sie dann im nächsten Text gezielter und präziser einsetzen zu können.

6 Über Gelesenes schreiben: Referieren

Ein großer Teil wissenschaftlicher Texte befasst sich mit dem, was andere gesagt bzw. geschrieben haben. Oft müssen Sie also nicht über saure Wiesen schreiben, sondern darüber was verschiedene Autoren über saure Wiesen gesagt haben. Diese zwei Schreibarten – die direkte, objektbezogene und die indirekte, berichtende – sollten Sie gut auseinander halten, auch wenn Sie sie in Texten oft vermischt finden.

Berichtende Darstellungen machen den Schreibenden mehr Mühe als die objektbezogene Darstellung. Die Aufgabe, die sich schon bei den ersten Arbeiten stellt ist die, einen diskursiven Text herzustellen, also die Aussagen verschiedener anderer Autoren in Ihrem Text miteinander zu verbinden. Sie selbst bekommen die Rolle einer Moderatorin oder eines Moderators dabei. Sie müssen den verbindenden Text dazu schreiben und den »Auftritt« der zitierten Autoren jeweils sprachlich

Überblick

Verben des Referierens

Forschungshandlungen	Wissen konstruieren	Diskursive Handlungen
• untersuchen	• von einer Frage ausgehen	• These aufstellen
• zeigen	• darstellen	• behaupten, postulieren
• demonstrieren	• vermuten	• widerlegen
• belegen	• begründen	• widersprechen
• vergleichen	• Modell bilden	• in die Diskussion bringen
• entdecken	• konzipieren	• berichten
• prüfen	• nennen	• auf jemand verweisen
• erforschen	• Hypothese aufstellen	• sich auf ... beziehen
• herausfinden		• sich abgrenzen
		• erwähnen
		• Meinung vertreten

In Anlehnung an: Hyland 2000

gestalten. Dafür haben Sie eine ganze Reihe von sprachlichen Möglichkeiten, die im Folgenden angesprochen werden.

Die Regeln des Referierens oder Berichtens zu verstehen ist deshalb besonders wichtig, weil Autoren durch das Referieren eine eigene Stimme erhalten, auch wenn Sie gar kein »ich« verwenden. Im Roman ist die Situation ähnlich. Auch dort gibt es eine »Erzählstimme«, die hörbar ist, ohne dass der Erzähler selbst in Erscheinung tritt. Aber es ist unzweifelhaft, dass die Erzählstimme, die den Text trägt, diesem Erzähler zuzuschreiben ist. Neben der Erzählerstimme werden auch andere Stimmen hörbar, nämlich die der Erzählfiguren, wie in den Dialogen oder in der indirekten Rede.

Die Situation im wissenschaftlichen Schreiben ist ganz ähnlich. Versuchen Sie, im folgenden Text von Heinz Hauffe (2001) die Erzählstimme zu identifizieren, indem Sie zunächst einmal die Aussagen unterstreichen, die vom Erzähler stammen.

> »Information ist Information, weder Materie noch Energie«, meint der Kybernetik-Pionier Norbert Wiener (1948, 192). Dadurch weckt er im ahnungslosen Normalverbraucher allerdings metaphysische Vorstellungen, die sich bei nüchterner Sprachanalyse nicht rechtfertigen lassen. Natürlich könnte man sich auf die umgangssprachliche (und schwammige) Bedeutung dieses Begriffs, auf »Nachricht« oder »Mitteilung« zurückziehen; zielführender ist es aber, wenn man sich die mathematische Definition von Claude Shannon (1948) vor Augen führt. Vereinfacht ausgedrückt, ist demnach Information *Verringerung von Unsicherheit* oder (gemessen in bit) die *Anzahl von Alternativentscheidungen*, die erforderlich ist, um einen Umstand oder Sachverhalt zu erraten [...].

Unschwer zu sehen ist, dass der erste, in Anführungszeichen gesetzte Teilsatz ein Zitat ist, also eine fremde Stimme, die in den Text einführt. Durch das »meint der Kybernetik-Pionier Norbert Wiener (1948, 192)« ist kenntlich gemacht, woher die Aussage stammt. Es wird auch sofort klar, dass dieser Zusatz von der erzählenden Person stammt, die den Text moderiert, dass sie also die Autorenstimme darstellt. Sie fährt im zweiten Satz fort, das zu erläutern, kommentieren und zu erweitern, was der Kybernetik-Pionier gesagt hat. Zwei Sätze lang hören wir den Autor, dann wird wieder eine fremde Stimme eingeführt, die von einem anderen Pionier stammt, Claude Shannon. Dessen Aussage wird allerdings nicht im Original Wortlaut, sondern in einer Zusammenfassung und Vereinfachung des Autors präsentiert. Hier wird die Rolle der Autoren als Vermittler zwischen den fremden Stimmen / Meinungen / Wissen und den Lesern ersichtlich. Der Autor moderiert eine Art mehrstimmiges Konzert und fügt die Aussagen der zitierten Autoren so zusammen, dass sie für die Leser ein nachvollziehbares, stimmiges Bild ergeben.

Das Referieren von Literatur geht oft in eine intensivere Auseinandersetzung mit den Texten über. Dazu ist es nötig, nicht allein die Inhalte, sondern auch die Sprachhandlungen und Intentionen der referierten Autoren wiederzugeben. An diesem Punkt geht die Textwiedergabe in eine Analyse der Ausgangstexte über. Im nachfolgenden Überblick finden Sie Ausdrücke, die geeignet sind, Sprechhandlungen fremder Autoren und deren Sprecherabsichten genauer zu benennen.

Im Detail

Sprechhandlungen, Sprecherintentionen und sprachliche Darstellungsmittel[1]
Die folgenden Ausdrücke können Ihnen dabei helfen, die Sprechakte von Autoren besser zu verstehen und wiederzugeben.

Gedankliche Operationen der referierten Autoren	Rekonstruktion von Argumentationen/Begründungen
• beruft sich auf etwas	• begründet etwas mit
• deutet etwa an	• belegt Meinung mit
• erörtert, kommentiert oder zeigt etwas	• beweist etwas
• führt in etwas ein	• führt einen Beleg an
• gibt Einblick in etwas	• führt es auf etwas zurück
• gibt Aufschluss über etwas	• kann demonstrieren, dass
• gibt ein Beispiel	• macht Gründe geltend
• gibt Überblick über etwas	• sieht Ursachen in
• knüpft an etwas an	• stützt sich auf
• lässt etwas einfließen	• weist nach, dass
• setzt sich mit etwas auseinander	• zeigt auf, dass
• veranschaulicht etwas	
• verdeutlicht etwas	

1 Eine ähnliche Liste kursiert seit Langem im Studiengang Übersetzen und Dolmetschen der ZHAW als Unterrichtsmaterial. Es war nicht mehr zu eruieren, wer der Urheber ist. Ich bitte um Nachricht, wenn jemand die genaue Quelle kennt.

→

Bezugnahme der referierten Autoren zu anderen: Zustimmung und Beipflichtung	Bezugnahme der referierten Autoren zu anderen: Ablehnung und Widerspruch
• akzeptiert etwas • befürwortet etwas • bejaht etwas • bestätigt etwas • billigt etwas • empfiehlt etwas • hält etwas für richtig • lässt etwas gelten • macht einen Vorschlag • pflichtet bei • plädiert für etwas • regt etwas an • schließt sich einer Meinung an • spricht sich für etwas aus • stimmt einer Meinung zu • teilt eine Ansicht • unterstützt etwas	• erhebt Einspruch gegen • beanstandet etwas • schließt etwas aus • bestreitet etwas • wendet etwas ein gegen • hält etwas entgegen • hält etwas für bedenklich • stellt etwas in Frage • missbilligt etwas • verneint etwas • verurteilt etwas • widerlegt etwas • spricht jemand etwas ab • widerspricht • verwahrt sich gegen • widersetzt sich • warnt vor etwas
Vor- und Rückverweise der referierten Autoren	**Hervorhebungen und Pointierungen der referierten Autoren**
• erinnert an etwas • greift auf etwas zurück • greift etwas wieder auf • greift vor • wie bereits gesagt / erwähnt • kommt auf etwas zurück • kündigt etwas an • nimmt etwas vorweg • rekapituliert etwas • ruft etwas in Erinnerung • stellt etwas in Aussicht • verweist auf etwas	• bekräftigt / betont etwas • hebt Bedeutung / Wichtigkeit von etwas hervor • insistiert auf • legt Gewicht / Wert auf etwas • macht aufmerksam auf • stellt / streicht etwas heraus • unterstreicht etwas • verleiht einer Meinung Nachdruck • wiederholt etwas • pointiert etwas

7 Dissens ausdrücken: Kritik

Wer wissenschaftliche Literatur referiert, wird des Öfteren von der Lust befallen werden, diese auch zu kritisieren. Das ist üblich in den Wissenschaften, auch wenn heute Kritik vor allem durch Weglassen geübt wird. Was nicht sinnvoll erscheint, wird einfach nicht zitiert. Was aber tun, wenn es um eine wichtige Position geht, die man nicht übergehen kann? Dann muss man schon einmal seine Meinung dazu sagen.

Steinhoff (2007) zeigt in seiner Auswertung studentischer Seminararbeiten, dass Studierende am Anfang sehr wenig Kritik üben, sehr viel weniger als Wissenschaftler in einem Korpus von vergleichbaren Texten. Es scheint also den meisten so zu gehen, dass sie am Anfang vorsichtig mit der gelesenen und zusammengetragenen Literatur umgehen und ihre Meinung zurückhalten. Auch wenn dies empfehlenswert ist, ist es kein Dogma. Sie dürfen kritisieren – vorausgesetzt, Sie tun dies offen und begründet.

Überblick

Ausdrücke der Missbilligung und des Kritisierens

Fehler oder Irrtümer entlarven	Etwas kritisieren
• bemäntelt oder beschönigt etwas	• halte es nicht für wissenschaftlich
• erweckt einen falschen Eindruck	• ist nicht begründet
• entstellt etwas	• für etwas findet sich kein Beleg
• führt in die Irre	• ist nicht konsistent
• missdeutet oder missversteht etwas	• ist in sich widersprüchlich
• irrt sich	• bleibt vage in
• verrechnet sich	• ist unvollständig
• über- / unterbewertet etwas	• gibt etwas verzerrt wieder
• über- / unterschätzt etwas	• ist methodisch unsauber
• verdreht, verfälscht, verheimlicht verschleiert, vertuscht etwas	• wirkt anekdotisch
• verkennt etwas	• ist nicht systematisch
• verwechselt etwas	• ein Schluss ist nicht logisch
	• es wird zu wenig Gewicht auf etwas gelegt

Was Steinhoff als besonders wichtig für wissenschaftliches Schreiben hervorhebt, ist die Verwendung von konzessiver Kritik. »Konzessiv« heißt dabei so viel wie »zugestehend« oder »einräumend« und der Grundgedanke besteht darin, dass Kritik dann in wissenschaftlichen Gemeinschaften verträglich ist, wenn sie einräumt, dass der oder die Kritisierte etwas Relevantes zum Thema beigetragen hat. Daran schließt sich die Kritik mit einem »aber« oder »dennoch« an. Generell gilt für den Umgang mit anderen Meinungen, dass man sie fair wiedergibt, ihre innere Logik rekonstruiert und ggf. auch ihren Entstehungskontext beschreibt, ehe man Einwände gegen sie erhebt.

8 Direkte und indirekte Selbstreferenz

In wissenschaftlichen Texten führt man sich nicht selbst als Autor ein. Autorennamen stehen über dem Text, im Text kommen sie nicht mehr vor, es sei denn als Selbstzitationen. Auch die Personalpronomen »ich« und »wir« werden wenig verwendet. Ist es in Schulaufsätzen noch geboten, dass man sich selbst mit einem »Ich« als Urheber von Meinungen, Ansichten und Geschmacksurteilen in den Text einbringt, so klingt das in wissenschaftlichen Texten plötzlich merkwürdig. Der Text verliert an Autorität und wirkt unwissenschaftlich. Zwar ist es eine Falschinformation, dass man das »Ich« nicht verwenden darf, aber sein Gebrauch ist doch durch einige subtile Konventionen reglementiert, die man kennen sollte. Steinhoff (2007) fand in einer großen Sammlung studentischer Texte, dass immerhin 40 % von ihnen ohne das Wort »ich« auskommen. Im Schnitt kommt es jedoch 3- bis 4-mal pro Arbeit vor.

Wie kommt diese Einschränkung des Ich-Gebrauchs zustande? Wissenschaftliche Texte dienen der Darstellung und Kommunikation von Wissen. Alles, was dieses Wissen überzeugend als wahr und wohl begründet erscheinen lässt, steigert die Autorität des Textes. In den Wissenschaften besitzt Autorität, was auf akzeptierten, logischen Argumenten beruht, stringent dargestellt ist und auf nachvollziehbaren, empirisch erhärteten Fakten basiert. Alles, was das Wissen als subjektive, persönliche Meinung erscheinen lässt, senkt dessen Autorität. Es ist also geboten, gute und nachvollziehbare Gründe anzugeben, warum Aussagen glaubwürdig sind. »Objektivität« bedeutet dabei auch Freiheit von persönlichen Urteilen.

Es gibt in manchen Fächern tatsächlich den klaren Hinweis, wenn nicht sogar die Vorschrift, dass man das »Ich« gar nicht verwenden soll. Die Rechtswissenschaften sind typischerweise sehr ich-scheu und einige naturwissenschaftliche bzw.

medizinische Fächer haben Textpraktiken etabliert, in denen das »Ich« möglichst vermieden werden soll. In der Regel aber findet man unter Wissenschaftlerinnen und Wissenschaftlern kein dogmatisches Verhältnis zum Ich-Gebrauch. Dass er reflektiert und nicht im Übermaß erfolgen soll, ist wohl die gängige Haltung.

Was für uns wichtig ist, ist die Tatsache, dass es ersatzweise Ausdrücke für »ich« und »wir« gibt. Man kann auch in indirekter Weise auf eigene Meinungen und Positionen verweisen, indem man sprachliche Mittel der »indirekten Selbstreferenz« verwendet.

Überblick

Direkte und indirekte Selbstreferenz

Status	Form	Beispiel
Direkte Selbstreferenz	Personal- und Possessivpronomen	Ich, mein, mir, mich, unser, uns m. E., u. E.
Indirekte Selbstreferenz	Selbstbenennung in der dritten Person	Der Verfasser, die Autorin
	Ersatzbezeichnungen	Frühere Forschung Eigene Untersuchungen Nach subjektiver Einschätzung ist Der vorliegende Artikel
	Deagentivierung	Wie das Kapitel zeigt Die Ergebnisse sagen Die Analyse ergibt Das Ergebnis unterstreicht
	Indefinitpronomen »man«	Man kann vermuten Man ist geneigt zu sagen Behält man im Auge, dass
	Indefinitpronomen »es« (oft mit Passivkonstruktion und Modalverb »lassen«)	Es lässt sich zeigen Es ergibt sich Es findet sich auf Seite Es zeigt sich schnell, dass
	Reine Passivkonstruktionen (oft mit Modalverb)	… könnte gezeigt werden … sollte geklärt werden

Der Kasten »Direkte und indirekte Selbstreferenz« gibt einen Überblick über die Möglichkeiten, die man hat, um ohne Verwendung des »Ich« auf eigene Positionen zu verweisen.
So kann man statt

(60) Ich werde meine Arbeit in vier Teile gliedern

auch die äquivalente Formulierung wählen:

(61) Die Arbeit wird in vier Teile gegliedert.

Zwar werden Passivkonstruktionen wie in (61) nicht von allen als schön empfunden, aber sie erfüllt ihren Zweck. Das eigentlich handelnde »Ich« ist eliminiert und die Information über die Struktur bleibt die gleiche. Ebenfalls möglich wäre die Aussage:

(62) Die Arbeit gliedert sich in vier Teile.

Auch hier ist die eigentlich gliedernde Instanz aus dem Satz eliminiert (die Autorin oder der Autor) und es entsteht der Eindruck, dass es die Arbeit selbst ist, die die Gliederung vornimmt. Diese Art von »Deagentivierung«, wie Pohlenz (1981) sie nennt, ist in den Wissenschaften gang und gäbe. Auch die Aussage »Die Analyse zeigt« ist eine solche Verkürzung, die für die eigentlich gebotene Aussage »in meiner Analyse zeige ich« steht. Lesende transformieren solche deagentivierten Sätze in ihre richtige Form, ohne sich an ihrer semantischen Ungenauigkeit (die Analyse hat doch keine Hände zum Zeigen!) zu stören.

In den Wissenschaften werden also viele Meinungen von Autoren in unpersönlich gehaltene Aussagen transformiert. Aus der Aussage

(63) Ich nehme an, dass soziale Intelligenz einer Normalverteilung folgt

kann also eine der beiden folgenden Aussagen werden:

(64) Man kann annehmen, dass soziale Intelligenz einer Normalverteilung folgt.
(65) Es ist anzunehmen, dass soziale Intelligenz einer Normalverteilung folgt.

Jedoch tritt hier noch etwas anderes zutage, was über eine rein sprachliche Retusche hinausgeht: Die Meinung wird nicht mehr bei der Autorin oder dem Autor lokalisiert, sondern sowohl »man« wie auch »es« verweisen darauf, dass die Meinung von einer Gruppe von Menschen vertreten wird. »Man« ist dabei etwas weiter verstanden (alle Menschen), während »es« eher enger (als Fachgemeinschaft, Disziplin) verstanden wird. Es hat also eine Verschiebung der Zuschreibung stattgefunden. Ihre eigene Meinung wird plötzlich die Meinung einer Fachgemeinschaft. Das verlangt meistens zusätzlich (wie in 64 und 65), dass Sie einen Beleg anführen, der Auskunft darüber gibt, wer außer Ihnen genau eine solche Annahme trifft. Sie verknüpfen damit Ihre eigene Meinung automatisch mit den Positionen von Mitgliedern Ihres Faches.

Die Mittel, die im Kasten »Direkte und indirekte Selbstreferenz« angeführt sind, sind zwar alle äquivalent, aber nicht unbedingt alle gleich gebräuchlich. Selbstbenennung in der dritten Person (der Autor, die Verfasserin) ist etwas antiquiert und sollte sparsam gehandhabt werden. Deagentivierungen sind wohl das günstigste Mittel, um das »Ich« zu umgehen. Das »es« wird meist dem »man« vorgezogen, das als zu weit empfunden wird. Reine Passivkonstruktionen sind oft eine Alternative.

Wo sind aber dann »ich« und »wir« noch angebracht? Generell kann man dann, wenn man beschreibt, was man in einer Arbeit darstellen will und wie man vorgeht, durchaus das »Ich« einsetzen. Steinhoff (2007, 180 ff.) nennt es das »Verfasser-Ich«. Auch das »Forscher-Ich« (»Ich habe meine Versuchspersonen in Fitnessstudios rekrutiert«) ist durchaus respektabel. Weniger geeignet scheint ihm hingegen das »Erzähler-Ich«, das Persönliches oder Privates in den Text einbringt (»Ich habe mich schon immer für den Zirkus interessiert, deshalb schreibe ich meine Seminararbeit über …«). Seien Sie mit dem Ich-Gebrauch aber sensibel gegenüber den Empfindlichkeiten bzw. Toleranzgrenzen in Ihrem Fach. Weitere Beispiele finden Sie im Kasten »Ich-Gebrauch in wissenschaftlichen Texten«.

> **Im Detail**
>
> **Ich-Gebrauch in wissenschaftlichen Texten**
>
> *Verfasser-Ich:* Dieses Ich charakterisiert eine Autorenrolle, die mit der Organisation des Textes, der Leserführung und den Hinweisen auf textorganisierende Vorgänge zu tun hat. Diese Verwendung des Ich gilt generell als unproblematisch und ist der unpersönlichen Formulierung vorzuziehen.
> *Beispiele:* »Ich werde mich zunächst der Frage widmen«, »Als nächstes gehe ich auf … ein …«, »Meine Fragestellung lautet …«
> *Forscher-Ich:* Dieses Ich charakterisiert eine Autorenrolle, die mit der Gestaltung wissenschaftlicher Positionen und Meinungen zu tun hat. Hier geht es um die Organisation, Darstellung und Diskussion von Wissen oder Positionen. Hier ist Vorsicht geboten. Die ersten beiden Beispiele sind gebräuchlich, die beiden letzten sollten Sie vermeiden, damit Sie eine Sache nur mit Ihrer eigenen Meinung begründen.
> *Beispiele:* »Ich definiere den Begriff wie folgt …«, »Ich stelle die These auf, dass …«, »Ich denke, dass es sich dabei um … handelt.«, »Ich glaube, dass …«
> *Erzähler-Ich (privates oder persönliches Ich):* Dieses Ich schlüpft in eine Erzähler-Rolle und nimmt auf persönliche Erfahrungen Bezug, verweist also auf Erlebtes oder Gedachtes. Diese Form sollte vermieden werden, außer in Anekdoten oder Darstellungen der persönlichen Motivation (wenn sie denn verlangt wird), da sie als zu subjektiv gilt.
> *Beispiele:* »Ich habe das Thema ausgewählt, weil ich schon mehrere Seminare dazu besucht habe.«, »Ich hatte gehofft, dass der Sachverhalt leicht zu erklären wäre …«, »Schon in meiner Schulzeit habe ich …«
>
> Nach: Torsten Steinhoff (2007, 180 ff.)

9 Heckenausdrücke und Verstärker

Wissenschaftlerinnen und Wissenschaftler drücken sich vorsichtig aus, um nicht zu sagen, sie drücken sich manchmal vor klaren Äußerungen. Sie sagen z. B. nicht:

> (66) Entwicklungsländer ziehen keine produktiven Auslandsinvestitionen an.

Obwohl diese Aussage durchaus korrekt wäre, würden die meisten Wissenschaftlerinnen und Wissenschaftler die Aussage etwa in der folgenden Art abschwächen:

(67) Entwicklungsländer *können in der Regel kaum* produktive Auslandsinvestitionen anziehen.

Hier sind gleich drei linguistische Vorsichtsmaßnahmen eingebaut: Erstens weist das »in der Regel« darauf hin, dass es auch Ausnahmen gibt, mit denen zu rechnen wäre. Zweitens ist das strikte »kein« durch ein schwächeres »kaum« ersetzt und drittens ist die kausale Formulierung »ziehen keine Auslandsinvestitionen an« in ein Vermögen umgewandelt und durch das Hilfsverb »können« abgeschwächt worden: »können kein Auslandsvermögen anziehen«. Diese Vorsichtsmaßnahmen nennt man »Heckenausdrücke« oder im Englischen »hedging«.

Lakoff (1973), der Heckenausdrücke erstmals untersucht hat, brachte sie mit einer schwammigen Logik (»fuzzy logic«) in Verbindung, die eine bewusste gewählte Unschärfe im Ausdruck darstellte und vor allem mit Problemen der Begriffsbildung zusammenhänge. Heute hat man sehr viel mehr Formen von Hedging untersucht und begründet sie eher mit dem Bedürfnis nach einer Präzisierung des Wahrheitsgehalts von Aussagen. Die Autoren der letzten Aussage sind sich bewusst, dass es Ausnahmen von der von ihnen postulierten Regel gibt: Es mag also Entwicklungsländer geben, die trotzdem Auslandsinvestitionen anziehen, wenn auch vielleicht nicht in relevantem Umfang. Durch die »gehedgten« Aussagen ist diesen Bedenken Rechnung getragen. Die Autoren signalisieren damit auch, dass sie sich bewusst sind, dass es in politischen Aussagen um Tendenzen und Wahrscheinlichkeiten geht, nicht um kausale Determinationen wie in den Naturwissenschaften.

Die Verwendung von Heckenausdrücken ist aber neben dem Wunsch nach Genauigkeit noch durch weitere Gründe motiviert. Wer eine Qualifikationsarbeit schreibt, ist bestrebt, möglichst wenig Angriffsfläche zu bieten. Eine uneingeschränkt generalisierte Aussage (»Entwicklungsländer können keine Auslandsinvestitionen anziehen«) kann schon durch ein einziges Gegenbeispiel widerlegt werden. Heckenausdrücke schützen also vor den kritischen Einwänden anderer. Ein weiterer Grund für Heckenausdrücke besteht darin, dass man sich in wissenschaftlichen Texten oft auf Adressaten beziehen muss, auf deren Meinung man Rücksicht nehmen muss.

(68) In der Rechtsprechung gilt es im Allgemeinen als ausgemacht, dass Verletzungen von Denkgesetzen bei der Begründung eines Urteils [...] geeignet sind, eine Revision jenes Urteils zu rechtfertigen.

Auch hier finden wir wieder drei Heckenausdrücke in einem einzigen Satz. Wir sehen sie, wenn wir einen »heckenfreien« Ausdruck dagegensetzen:

> (69) In der Rechtsprechung ist die Verletzung von Denkgesetzen bei der Begründung eines Urteils ein Grund für eine Revision jenes Urteils.

Dieser Ausdruck wird dreifach eingeschränkt. Erstens wird er nicht als Meinung des Autors, sondern als Meinung einer Gruppe deklariert: »gilt es als ausgemacht«. Zweitens räumt das »im Allgemeinen« ein, dass es besondere Fälle geben mag, in denen die Logik keine Rolle (mehr) spielt, z. B. wenn keine Revision mehr zulässig ist. Drittens ist der strikte Ausdruck »Grund für eine Revision« wieder durch die Beschreibung eines sozialen Vorgangs ersetzt: »sind geeignet, eine Revision zu rechtfertigen«. Der Autor dieses Textes will offensichtlich, dass die Lesenden als Meinungsträger einbezogen sind und, darüber hinaus, dass es sich bei den dargestellten Positionen nicht um seine persönliche Meinung, sondern um einen Konsens handelt, der in der Rechtspraxis zu finden ist.

Nicht alle Wissenschaften verlangen eine so komplexe Rhetorik wie die Rechtswissenschaften, aber Heckenausdrücke gibt es überall. Hyland (1998) unterscheidet mehrere Varianten von Hedges:

- *Leserbezogene Heckenausdrücke* (im Gegensatz zu inhaltsbezogenen): Sie berücksichtigen die Adressaten als mündige Diskurspartner mit eigenen Meinungen (»lässt sich ersehen«, »kann man annehmen«, »schlage ich vor«, »scheint es einen Konsens zu geben«).
- *Autorenbezogene Heckenausdrücke* (im Gegensatz zu genauigkeitsbezogenen): Hier wird das Urteil der Autorin oder des Autors selbst mit einem kleinen Fragezeichen versehen (»wenn ich das richtig sehe«, »soweit sich das von mir beurteilen lässt«, »vermutlich«).
- *Reliabilitätsbezogene Heckenausdrücke* (vs. eigenschaftsbezogene): Hier wird die Sicherheit der Aussage in Zweifel gezogen, wenn es um tendenzielle, probabilistische oder ungenau erfasste Sachverhalte geht (»scheint es«, »lässt sich vermuten«, »deutet sich an«, »zumindest«, »eher«, »mitunter«, »aber auch ziemlich«, »in großem Maße«, »möglicherweise«, »tendenziell«).
- *Eigenschaftsbezogene Heckenausdrücke* (vs. reliabilitätsbezogene): Sie schränken die Klarheit oder Eindeutigkeit eines Konzepts oder Sachverhalts ein (»eine Art von Vogel«, »ein möglicher Vorschlag«, »eine Schätzung des Umfangs«, »das vermutete Volumen«).

Eine andere Klassifikation von Hedges entlang der grammatischen Mittel schlägt Salager-Meyer (1995) vor (siehe Kasten »Überblick«).

> **Überblick**
>
> **Heckenausdrücke im Deutschen**
>
> | Benennung | Beispiele |
> |---|---|
> | Modale Hilfsverben | kann, könnte, sollte, möchte, darf, dürfte, mag |
> | Verben des Sprechaktes | scheinen, glauben, annehmen, schätzen, tendieren, angeben, vorschlagen, spekulieren |
> | Adjektivische Modalphrasen | möglich, wahrscheinlich, voraussichtlich, praktisch |
> | Adverbiale Modalphrasen | zumindest, mitunter, eher, quasi, wohl, anscheinend, vielleicht, möglicherweise, allenfalls |
> | Nominale Modalphrasen | Vorschlag, Möglichkeit, Meinung, Annahme, Schätzung, Vermutung, eine Art von, |
> | Approximatoren und Abtönungspartikel: | ungefähr, im Allgemeinen, irgendwie, kaum, etwas, eventuell, offenbar, ziemlich, vermutlich, wohl, unter Umständen, eigentlich, eher |
> | Einleitungsphrasen, die Zweifel ausdrücken | wie wir vermuten dürfen, soweit wir wissen, nach unserer Meinung, unseres Wissens nach |
> | Hypothetische Konstruktionen | falls, wenn, sofern, zumindest wenn, gesetzt den Fall |
> | Zusammengesetzte Heckenausdrücke | es scheint wahrscheinlich, man könnte annehmen, wohl kaum |
>
> In Anlehnung an: Salager-Meyer (1995).

Die Liste dieser Heckenausdrücke ist beileibe nicht vollständig. Heckenausdrücke sind keine einheitliche grammatische Kategorie und sie lassen sich auch funktional nicht ganz eindeutig bestimmen. Dennoch spielen sie in der Wissenschaftssprache eine große Rolle und helfen dabei, sich genau auszudrücken. Sie signalisieren Vorsicht bei Behauptungen und kommen am häufigsten in den interpretativen Teilen von wissenschaftlichen Arbeiten zum Einsatz, wenn es z. B. darum geht, Daten oder Ergebnisse zu diskutieren. Sie erlauben, wie Hyland (1998) bemerkt, Behauptungen mit dem nötigen Maß an Vorsicht, Anstand und Demut auszudrücken und den Status einer Aussage diplomatisch auszuhandeln, wenn auf die Arbeiten anderer verwiesen wird. Sie erlauben es darüber hinaus auch, hypothetische Aussagen zu formulieren, ohne sich auf eine bestimmte Position festzulegen, was ein gutes sprachliches Mittel des Reflektierens ist.

Neben sprachlichen Formen, die der Abschwächung von Aussagen dienen, finden wir auch Verstärker, auch »booster« genannt, die den Wahrheitsgehalt einer Aussage verstärken.

> (70) *Sicherlich* richtig ist, dass
> (71) Man kann *mit Bestimmtheit* sagen, dass
> (72) *Ohne Zweifel* kann man davon ausgehen, dass

Verstärker drücken aus, dass es keinen Zweifel gibt oder dass eine Position nicht verhandelbar ist. Die wichtigsten sprachlichen Formen sind:
- mit Sicherheit, sicherlich, ohne Zweifel, bestimmt, unausweichlich, tatsächlich, erwiesenermaßen, bekanntermaßen, durchaus
- genau, definitiv, exakt, auf den Punkt
- begründet, belegt, beweist, geprüft, ist ein Fakt, Tatsache.

10 Metasprachliche Leserführung

Als Letztes sei Ihnen vor Augen geführt, dass es in einem Text neben inhaltlichen Aussagen auch Aussagen über Aussagen gibt. Die normale Progression eines Textes wird durch eine Abfolge von Aussagen getroffen, die jedoch gelegentlich von Aussagen auf einer Meta-Ebene durchbrochen werden:

> (73) Wie im Folgenden gezeigt wird, …

Hier wird der Darstellungsfluss unterbrochen, um eine Vorankündigung auf das zu machen, was gleich gesagt werden wird.

> (74) Zugegebenermaßen ist das eine grobe Schätzung …

Ausdrücke wie »zugegebenermaßen«, »interessanterweise« drücken in einem Wort komplexe Einschätzungen der Autorin oder des Autors aus. Sie bringen eine persönliche Meinung (in sachlich verbrämter Form) ins Spiel, sind deshalb auch evaluative Statements und gehören zu den Meta-Aussagen.

(75) Wenn man sich eine solche Situation vor Augen führt, erkennt man ...

Eine solche Aussage lädt zu einem Gedankenexperiment ein, sagt also, was man mit dem Dargestellten tun soll, statt einfach über die Sache zu sprechen.

(76) Die bisherige Darstellung hat ergeben, dass ...

Hier wird eine Zusammenfassung vom bereits Gesagten gegeben. Es wird also gesagt, was gesagt wurde.

(77) Ich habe bewusst diesen Titel gewählt, denn ...

Hier wird eine Aussage über Motive der Autorin oder des Autors getroffen, nicht über die Sache selbst, also eine persönliche Begründung gegeben.

(78) Wie könnte eine Lösung dieses Problems aussehen?

Auch Fragen sind ein metadiskursives Mittel, mit dem die Lesenden direkt angesprochen werden (auch wenn es rhetorische Fragen sein mögen). Die Autorin oder der Autor tritt aus dem Darstellungszusammenhang heraus und initiiert eine Reflexion des Gesagten, bevor es weiter zur Sache geht.

(79) siehe auch ...

Hier erhalten die Lesenden einen Hinweis oder Befehl für das, was sie tun sollten, um zu weiterem Wissen aus anderen Quellen zu gelangen oder um über einen Querverweis das Gesagte mit anderen Teilen des gleichen Textes in Beziehung zu setzen.

Gemeinsam ist allen Aussagen, dass sie aus dem linearen Darstellungsmodus ausbrechen und jeweils über den Text sprechen. Dabei sprechen sie die Leserinnen und Leser oft direkt an (75, 78, 79), oder sie drücken eine Meinung oder Haltung der Autorin bzw. des Autors (74, 76, 77) aus.

Im Englischen werden diese Aussagen »metadiscourse« genannt und mittlerweile hat sich auch im Deutschen der Begriff »Metadiskurs« für sie eingebürgert (wiewohl der Begriff im Deutschen auch in anderen Bedeutungen verwendet wird). Alle Aussagen haben gemeinsam, dass sie zusätzliche Erläuterungen zum Text geben, die ihn für die Leserinnen und Leser besser verständlich machen, sei es durch Präzisierungen, Hervorhebung von Zusammenhängen, Pointierungen, Einschränkungen, Eingrenzungen. Wer mit Fuß- oder Endnotensystem arbeitet, hat die Möglichkeit, solche Aussagen aus dem Fließtext herauszuhalten und in eine Fußnote zu packen. Wer mit dem Kurzbelegverfahren arbeitet, muss sie in den Text selbst einbinden.

Die Funktionen von Metadiskurs für den Textaufbau kann man in folgenden Punkten zusammenfassen:
- Die Aufmerksamkeit der Leserinnen und Leser steuern.
- Eigene Einschätzungen in knapper (und meist etwas versteckter) Form einbringen.
- Bezüge zwischen verschiedenen Textteilen herstellen (Vorwärts- und Rückwärtsverweise, Zusammenfassungen).
- Übergänge zwischen Textteilen herstellen und die Funktion der augenblicklichen Textstelle markieren.
- Aussagen präzisieren, einschränken oder modifizieren (ähnlich wie mit Heckenausdrücken).

Metadiskursive Äußerungen sind naturgemäß am Anfang eines Textes gehäuft zu finden, wenn es darum geht, einen Text aufzugleisen und die Lesenden ins Boot zu holen. Es ist nicht unüblich, dass ein Text anfängt mit »Dieser Beitrag beschäftigt sich mit …« oder »In dieser Arbeit untersuche ich, wie Heckenausdrücke …«, statt direkt mit dem einen thematischen Satz anzufangen (»Heckenausdrücke sind sprachliche Mittel, die …«).

In Qualifikationsarbeiten findet sich Metadiskurs häufiger als in wissenschaftlichen Publikationen, was vermutlich mit dem Bedürfnis nach Explizieren von Aussagen zusammenhängt: Man will nicht nur sagen, was man für richtig hält, sondern auch sagen, wie eine Meinung zustande gekommen ist und sich begründen lässt.

11 Wissenschaftssprache

Die letzten Abschnitte haben gezeigt, dass Sprache in den Wissenschaften eng mit den Denk-, Arbeits- und Kommunikationsgewohnheiten in der Forschung verbunden ist. Wissenschaftssprache ist aber nicht nur funktional. Sie hat auch, wie jede Sprache, traditionale und konventionelle Seiten. Dazu gehören z.B. die **Sprachregister**. Sie sind Ausdrucksweisen, die wir bestimmten sozialen Situationen und Gruppierungen zuschreiben können. Alltagsregister verwenden z.B. Ausdrücke wie »einen Bock schießen«, »das ist der Hammer« oder »wie Schuppen von den Augen fallen«. Sie werden in wissenschaftlichen Texten vermieden. Es lassen sich leider keine klaren Regeln formulieren, welche Wendungen salonfähig sind und welche nicht, zumal es viele Metaphern gibt, die hart an der Grenze sind. Auch Sprichwörter wie »der Apfel fällt nicht weit vom Stamm« sind in den Wissenschaften zu vermeiden; Wissen soll nicht am Alltagsverständnis angebunden sein, auch nicht in der Einleitung, selbst dann, wenn es illustrativ für belegbare wissenschaftliche Erkenntnisse sein mag.

Auch Wissenschaftssprache ist idiomatisch. Die Wissenschaften haben eigene Ausdrücke entwickelt, die eine Art wissenschaftliches Register bilden oder eine **»allgemeine Wissenschaftssprache«**, wie Ehlich (1999) sagt. Er exemplifiziert dies an der Aussage »Eine Idee setzt sich durch«, die in einer Zeit entstanden ist, als eine neue Wissenschaftsauffassung aufkam, der zufolge wissenschaftliche Ideen in einem konkurrentiellen Prozess entstehen und sich gegeneinander behaupten müssen. Solche Vorstellungen bleiben in der Wissenschaftssprache als Deposita früherer Zeiten bestehen und werden jahrhundertelang weiter verwendet. In der deutschen Wissenschaftssprache finden wir sogar noch viele Deposita aus der Zeit, in der Latein die ausschließliche Wissenschaftssprache war. Von den gebräuchlichen Ausdrücken der allgemeinen Wissenschaftssprache seien erwähnt:
- Den roten Faden finden
- Ein Projekt in Angriff nehmen
- Eine These aufstellen
- Sich einer Frage widmen
- Den Fokus auf etwas richten
- Einen wissenschaftlichen Apparat anlegen
- Einer Behauptung skeptisch gegenüberstehen
- Einen Sachverhalt empirisch erhärten
- Einen Nachweis führen

- Den Einstieg in die Thematik finden
- Ein Gedankengebäude errichten.

Die meisten Benutzer dieser sprachlichen Formeln sind sich deren **Methaphysik** gar nicht bewusst. Sie sehen nur die wissenschaftliche Handlung, die »hinter« dem Idiom steckt.

Viele der genannten Ausdrucke sind Bilder oder Metaphern. Sie hatten ursprünglich eine konkrete Bedeutung, wie das »in Angriff nehmen«, das dem militärischen Sprachgebrauch entstammt oder der »rote Faden«, den die britische Marine in jedes Tau eingewirkt hatte, damit dessen Herkunft immer sichtbar bliebe (Goethe hat diese Metapher in die deutsche Sprache eingeführt). Metaphern wie »Dampf machen« oder »Druck machen« lassen durchaus noch das Zeitalter der Dampfmaschine erkennen.

Das Ideal der Wissenschaftssprache ist darauf ausgerichtet, Metaphern zu vermeiden, und stattdessen direkt das zu benennen, was mit der Metapher gemeint ist. Gegen dieses Gebot wird jedoch oft verstoßen. Sogar in der Begründung dieses Stilideals (vgl. Kretzenbacher 1989) wird eine Metapher verwendet, in der die Wissenschaftssprache mit einer Fensterscheibe verglichen wird, durch die man direkt auf den Gegenstand sehen kann, ohne dass die Sprache (resp. Glasscheibe) wahrgenommen wird. Entmetaphorisiert würde diese Aussage lauten, dass beim Lesen eines wissenschaftlichen Textes die Sprache selbst nicht wahrgenommen werden soll, d.h. keine Eigenqualität haben soll, sondern dass die Sprache den Anschein erwecken soll, dass der Gegenstand für sich selbst spricht.

Heute vertritt man dieses Ideal nicht mehr bzw. ist sich der Tatschache bewusst, dass jeder wissenschaftliche Gegenstand »sprachlich konstruiert« ist. Das Medium kann sich nicht »aus dem Staub machen«, wenn man etwas darstellt. Durch Sprache konstruieren wir Wirklichkeit und die sprachlichen Mittel sind auch die Grenzen unserer Darstellungsmöglichkeiten. Zu versuchen, wie die Metapher von der Fensterscheibe nahe legt, die Sprache unsichtbar zu machen, würde nur dazu verführen, die Rolle der Sprache in der Wissenskonstruktion zu verschleiern.

Wichtig

Hinweise für die stilistische Überarbeitung

- *Aufblähungen vermeiden:* »Wichtig« statt »von hoher Bedeutung«, »in« statt »auf der Ebene von«, »groß« statt »von beträchtlichem Ausmaß« usw.
- *Adjektive streichen, die nicht unbedingt nötig sind:* grobe Ungenauigkeit, gespenstische Ruhe, schillernde Persönlichkeiten sind so abgegriffene Ausdrücke, dass sie keinen Informationswert haben. Die Substantive sind ohne sie aussagekräftiger.
- *Adverbien prüfen:* Adverbien sind Zusätze zum Verb, die seine Bedeutung modifizieren: beinahe, fast, größtenteils, teilweise, mindestens, wahrscheinlich, ungefähr, ziemlich, völlig, äußerst, recht, noch. Prüfen Sie jedes Adverb danach, ob es wirklich eine Aussage präzisiert oder sie nicht eher verwässert.
- *Konjunktionen prüfen:* Sie verbinden Sätze und Satzteile logisch miteinander: weil, obwohl, zwar, obgleich, denn, übrigens, mithin, bevor, dass, als ob, außer dass, ohne zu usw. Sie können einen zweiten Satzteil unterordnen (als, weil, dass, obwohl) oder nebenordnen (aber, also, trotzdem). Prüfen Sie jede Konjunktion danach, ob sie jeweils die gewünschte logische Verbindung herstellt.
- *Zu lange und verschachtelte Sätze entflechten:* »Führte bereits die theoretische Entwicklung, die vor allem aus der Diskussion zwischen der Lerntheorie und der Linguistik erwuchs, zu einer ausgedehnten Aktivität in der psychologischen Grundlagenforschung, so eröffnete sich für die psycholinguistische Forschung auch in der Praxis ein Anwendungsfeld mit wichtigen Problemstellungen, und zwar ...« Sie merken, dass Sie bereits nach dem zweiten Halbsatz ausgestiegen sind, weil die Satzkonstruktion viel zu kompliziert ist. Zerlegen Sie solche Sätze in mehrere Teilsätze der Art: »Die theoretische Entwicklung führte zu ausgedehnter Grundlagenforschung, während die psycholinguistische Forschung zu ... führte.«
- *Abstraktes auflösen:* »Indem die jeweilige Kommunikation im Fach als Komplex inhaltlicher, sprachlich-formaler und funktional-kommunikativer Fähigkeiten und Verhaltensweisen verstanden wird, ergibt sich ...« Was wird als was verstanden? Wenn Sie drei abstrakte Begriffsmonstren wie »inhaltlich«, »sprachlich-formal« und »funktional-kommunikativ« verwenden müssen, dann sollten Sie sich auch den entsprechenden Platz im Text nehmen, um sie zu erläutern (also z. B. Spiegelstriche verwenden).
- *Förmliche Sprache vermeiden:* »Die Erreichung dieses Zwecks erfordert ein Vorgehen, das von großer Vorsicht geprägt sein sollte.« Das soll wohl heißen: »Wer das erreichen will, sollte vorsichtig vorgehen.«

Zusammenfassung

Das Kapitel soll ein wenig von dem Sprachwissen vermitteln, das im wissenschaftlichen Schreiben benötigt wird. Während des Schreibens sind Schreibende in der Regel damit ausgelastet über ihr Thema und die Entstehung ihres Textes nachzudenken, so dass sie keine Kapazität frei haben, um über Sprache nachzudenken. Sprachkompetenz muss automatisiert zur Verfügung stehen. Nach dem Schreiben und vor dem Schreiben allerdings, wenn gerade kein Zeitdruck vorhanden ist, wäre Zeit, sich ein paar Eigenschaften der Wissenschaftssprache bewusst zu machen. Dazu dient dieses Kapitel.

Es fängt sehr elementar an mit der Beschreibung einiger Grundvarianten sprachlicher Darstellungsformen und aktiviert dabei Ihr grammatisches Wissen. Es zeigt, wie man durch Tempuswahl, Adverbien, Hilfsverben, Adjektive und Konnektoren komplexe Sätze bilden kann. Besonders hervorgehoben werden Konjunktionen oder Konnektoren, die die Funktion haben, Aussagen sprachlich und logisch zu verknüpfen. Sie sind die Bindeglieder zwischen Aussagen.

Es werden dann einige funktionale Formen der Sprachverwendung beschrieben, die für die Wissenschaften besondere Bedeutung haben:
- Die Verwendung von Verben des Referierens und der Textwiedergabe, die Sie für das Zitieren brauchen.
- Der Ausdruck von Dissens oder Kritik, der in einer kritischen Wissenschaft immer nötig ist.
- Der Verweis auf sich selbst als Autorin oder Autor als direkte und indirekte Selbstreferenz.
- Die Verwendung von Heckenausdrücken, die dabei helfen, den Wahrheitsanspruch von Aussagen zu präzisieren.
- Der Einsatz von metasprachlichen Elementen zur Steuerung der Leserführung und Kommentierung des eigenen Textes.
- Der Umgang mit komplexeren wissenschaftssprachlichen Ausdrücken und Metaphern.

V Die eigene Kompetenzentwicklung planen

Einen Fehler, den man schon lange macht, beherrscht man perfekt.
Michael Richter

1 Wie entwickeln sich Schreib- und Lesekompetenz?
2 Die eigene Schreibstrategie verstehen
3 Anfangshemmungen überwinden, Routinen entwickeln
4 Gemeinsames Schreiben
5 Feedback geben und nehmen
6 Größere Schreibprojekte
7 Was tun, wenn es einmal nicht klappt?
8 Wo finde ich Rat?
9 Wie geht es nach dem Studium weiter?

Scheiben kann man lernen. Es geht langsam damit voran, aber, wenn man hinschaut und Lernen zulässt, auch stetig. Vergessen sollte man dabei nicht, dass das Schreiben mit vielen anderen fachlichen, sozialen, organisatorischen und kommunikativen Kompetenzen vernetzt ist. Sie müssen darauf achten, dass Ihre Schreibfähigkeit mit diesen anderen Kompetenzen Schritt hält. Was dabei zu beachten ist, sagt Ihnen dieses Kapitel.

V Die eigene Kompetenzentwicklung planen

1 Wie entwickeln sich Schreib- und Lesekompetenz?

Wenn Sie lernen wollen, kompetent mit Sprache in Wissenschaft und Beruf umzugehen, müssen Sie über den Tag hinaus denken. Textkompetenz – im Englischen »literacy« genannt – ist nicht einfach Erwerb einiger Teilkompetenzen, die sich dann zu perfekter Handlungsfähigkeit verbinden, sondern integraler Teil Ihrer intellektuellen und fachlichen Entwicklung. Lesen und Schreiben trainieren Selbständigkeit im Umgang mit Wissen, sie verhelfen Ihnen zur Entwicklung eigener Expertise und verlangen von Ihnen, eigene Standpunkte zu vertreten wie auch die anderer zu erkennen. Sie erfordern und ermöglichen die Entwicklung einer Autorenidentität und rüsten Sie gleichzeitig mit den Fähigkeiten aus, die nötig sind, um mit anderen Mitgliedern Ihrer Zunft zu kommunizieren. Textkompetenz und Intellekt entwickeln sich also im Gleichschritt. Der Intellekt braucht das Sprachvermögen, um sich artikulieren zu können und Sprachvermögen ohne Intellekt wird, wenn es sich denn auszudrücken wagt, schnell zu Geschwätzigkeit.

Am Anfang Ihrer Bildungskarriere sehen Sie vielleicht das Mündliche als das wichtigere Mittel der Kommunikation an, da es primär ist und seine Adressaten auf direktem Weg erreicht. Die Schrift erscheint anfangs langsamer, umständlicher, auch unpräziser und weniger reaktiv als die mündliche Mitteilung. Darin aber liegt eine Täuschung, die manchmal von einem entfremdeten Schreibunterricht in der Schule herrührt. Dort ist das Schreiben tatsächlich oft etwas, das mit der eigenen Person wenig zu tun hat. Man muss über Dinge schreiben, die einen nicht interessieren, man schreibt, ohne kommunizieren zu wollen und man erhält nie eine Antwort. Schreiben ist dort aus den intellektuellen und kommunikativen Bezügen herausgerissen, in denen Texte sonst stehen. Da sich der Deutschunterricht an den Schulen wandelt, kann es sein, dass Sie andere Erfahrungen mitbringen.

Die Hochschule tut zunächst nichts, um diese Fehleinstellung zu korrigieren. Auch die Textgenres des Studiums erscheinen unkommunikativ. Ihre Seminararbeiten werden nur von einer Person gelesen, niemand sonst, und es gibt keine Antworten oder Reaktionen auf sie. Immerhin bauen diese Arbeiten jetzt, im Gegensatz zu den Schulaufsätzen, auf Ihrem fachlichen Interesse auf. Sie haben etwas mit Ihrer beruflichen Zukunft zu tun und ermöglichen Ihnen, sich in einem Teilgebiet zu spezialisieren. Auch lernen Sie dabei, auf die Texte anderer Bezug zu nehmen. Das Schreiben bringt Sie in Kontakt mit den Vordenkern und Forschern Ihrer Zunft und Sie haben in ihren eigenen Texten ein Interaktionsfeld, in dem Sie sich risikolos an ihnen messen und Ihren eigenen Intellekt testen können.

Was viele an der Hochschule als Problem empfinden, ist die Begrenzung des wissenschaftlichen Schreibens auf unpersönliche Texte, die nicht erlauben, sich selbst authentisch auszudrücken. Man muss die Codes der Wissenschaft reproduzieren, statt Gelegenheit zu erhalten, einen eigenen Stil und eigene Ausdrucksmittel zu finden. Das ist etwas, was es schwer macht, das Schreiben mit der eigenen intellektuellen Entwicklung kurz zu schließen. Erst wenn man die Normen beherrscht und die Regeln des wissenschaftlichen Schreibens versteht, findet man heraus, dass innerhalb dieses Regelwerks durchaus Platz für Individualität, eigene Akzente und – versteckt – auch persönliche Mitteilungen ist.

Schreiben und Lesen lernen, das sollten die letzten Abschnitte zeigen, ist nichts, was man allein mit Technik bewältigen kann, wohl aber etwas, das Technik erfordert, wenn man ohne Blessuren über die vielen kleineren und größeren Schreibkrisen hinwegkommen will. Damit das gelingt, müssen Sie jeweils eine Reihe von Teilkompetenzen erwerben und fachliche, sprachliche, mediale und soziale Fähigkeiten koordinieren, um zu einem brauchbaren Produkt zu gelangen.

Die großen Domänen des Schreibens

V Die eigene Kompetenzentwicklung planen

Besondere Probleme bereitet uns beim Schreibenlernen die Domänen- und Genrespezifik des Schreibens. Domänen sind die großen Felder des Schreibens wie Wissenschaft, Journalismus, Technik, Literatur (siehe Abb. S. 153). Sie sind zentrale Felder menschlicher Kultur, in denen das Schreiben jeweils unterschiedlichen Aufgaben untergeordnet ist und anderen Traditionen folgt. Die Domänen sind durch eigene kulturelle Einrichtungen, Fachgesellschaften, Ausbildungen und Berufe geprägt. Jede Domäne hat ihre eigenen Genres, deren Beherrschung ihren Mitgliedern abverlangt wird. Deshalb ist Schreibkompetenz nur bedingt von einer Domäne auf eine andere übertragbar. Was im journalistischen Schreiben eine Tugend ist, kann im wissenschaftlichen oder technischen Schreiben eine ernste Sünde sein. Ein Genre wie die Bedienungsanleitung, die für das technische Schreiben von zentraler Bedeutung ist, findet im schulischen oder literarischen Schreiben wenig Anklang. Und was an einer Science-Fiction-Geschichte zu begeistern vermag, wird in den Technikwissenschaften eher Entsetzen hervorrufen. Zwar gibt es einige Teilkompetenzen des Schreibens wie die Beherrschung des Schreibprozesses oder der Besitz eines großen Wortschatzes, die in allen Domänen nützlich sind. Über Erfolg oder Misserfolg aber entscheidet letztlich das domänenspezifische Genreverständnis, das eng an einzelne Textarten wie der Seminararbeit, Kurzgeschichte, dem Geschäftsbrief, Motivationsschreiben, technischen Bericht oder Aufsatz angelehnt ist.

Probleme beim Schreiben treten deshalb oft beim Genrewechsel auf, wenn Schreibende statt einer Seminararbeit plötzlich eine Rezension oder statt eines Forschungsartikels einen Erzählbericht schreiben müssen und sich die Charakteristika des neuen Genres nicht bewusst gemacht haben. Noch größer werden die Unterschiede, wenn man die Domäne wechselt und man statt eines wissenschaftlichen einen journalistischen Text zu schreiben versucht und mit den Textnormen des Journalismus konfrontiert ist. Obwohl man jeden Tag journalistische Texte liest, ist es schwer, spontan einen journalistischen Text herzustellen. Zwar erkennt man am eigenen Text schnell, dass er *nicht* journalistisch klingt, sehr viel schwerer ist es hingegen zu sehen, was man anders machen muss, damit der Text die gewünschte Qualität erhält. Es geht also um aktives Genrewissen und um die Routinen, die zu ihrer Herstellung nötig sind.

Die Entwicklung von wissenschaftlicher Schreibkompetenz läuft über mehrere Stadien, die man grob folgendermaßen charakterisieren kann:

Stufe 1: Konfrontation, Verwirrung und Adaptation: Der erste Schritt zum Schreiben an der Hochschule ist für viele ein eher schockartiges Erlebnis, da unvermittelt eine Leistung verlangt wird, die so unverständlich ist wie das Paarungsritual der afrika-

1 Wie entwickeln sich Schreib- und Lesekompetenz?

nischen Riesenheuschrecke. Nach wie vor wird zu wenig kommuniziert, was die gewünschten Qualitäten dieser Art des Schreibens sind und worin die Aufgabe beim Verfassen einer Seminararbeit besteht. Sie lernen zwar relativ schnell, dass es identifizierbare Regeln und Verfahrenshinweise gibt, aber auch nach zwei oder drei Arbeiten können Sie sich noch nicht entspannen, da sie zwar Teilkompetenzen beherrschen, aber den Blick fürs Ganze noch nicht haben. Jede Arbeit bleibt eine Herausforderung für Sie, für deren Lösung sich keine sicheren Wege abzeichnen.

Stufe 2: Routinisierung und Spezialisierung: Immerhin tritt mit der dritten oder vierten Arbeit so etwas wie Zuversicht ein, dass die Aufgabe, die mit jeder Arbeit verbunden ist, prinzipiell zu bewältigen ist. Sie beginnen, die Genremerkmale und Sprachverwendungsarten Ihrer Disziplin so weit zu beherrschen, dass Sie mit den Konventionen, Darstellungsmitteln und Herstellungsprozeduren vertraut sind. Sie exerzieren dies mit mehreren Texten durch, ertasten die Grenzen des Genres und fangen vielleicht auch an zu experimentieren. Das Lesen von Fachliteratur lässt Sie spüren, was die Autorität wissenschaftlicher Texte ausmacht. Sie schauen sich dort ab, was Sie für die eigenen Texte brauchen können. Die Fähigkeit, selbst Texte mit solcher Autorität herzustellen, geht naturgemäß langsamer vonstatten, aber Sie können sie immerhin als Ziel ins Visier nehmen. Sicherheit ergibt sich vorwiegend aus den Routinen des Zitierens, Exzerpieren, Recherchierens und Gliederns.

Stufe 3: Relativierung, Diversifizierung und Distanzierung: In einer dritten Stufe treten verschiedene neue Lernprozesse auf, die alle damit zu tun haben, dass Sie die vorherigen Lernprozesse relativieren. Sie lernen, dass es innerhalb Ihrer Domäne unterschiedliche Textgenres und Strömungen gibt, die teils gegensätzliche Merkmale haben. Sie merken, dass es auch unterschiedliche Auffassungen davon gibt, was gute Texte sind. Sie fangen an, den Sinn der Normen zu hinterfragen, die Sie zu erfüllen haben. Sie beginnen, nach deren Hintergrund und nach Alternativen zu fragen. Sie werden gewahr, dass Ihre im Studium gewonnenen Kompetenzen nicht einfach auf berufliche und private Kontexte zu übertragen sind und dass dort andere Gesetze herrschen. Sie suchen nach neuen Optionen für eine über die Wissenschaften hinausreichende fachliche Kommunikation.

Stufe 4: Diskursive Mobilität, Meta-Kompetenzen und kommunikative Orientierung: Sie lernen, dass Gesetze sich wandeln und flexibel gehandhabt werden müssen. Sie verstehen, dass Genres historisch entstanden sind und sich ändern, dass der Wechsel, der Umgang mit unterschiedlichen Normen die Regel und nicht die Ausnahme ist. Sie verstehen, wie wichtig es ist, Risiken einzugehen, um die Aufmerksamkeit der Leser zu gewinnen. Sie verstehen, dass hinter den Textgenres kommunikative oder berufliche Aufgaben stehen, die zu bewältigen sind. Behält man sie im Blick, kann man mit Normen flexibler umgehen und sie gezielter auf ihren kommunikativen Zweck hin ausrichten.

Die skizzierte Entwicklung, das werden Sie bemerkt haben, deckt einen größeren Zeitraum ab als nur das Studium. Letztlich umfasst sie die ganze biographische Entwicklung. Sie ist durch die Bewegung gekennzeichnet, die Sie zunächst in die Wissenschaften hineinzieht, Ihnen dann aber auch wieder den Weg in andere Domänen öffnet. Sie werden nie aufhören, in Bezug auf Sprache und Texte dazu zu lernen, so wenig etwa, wie man eine Fremdsprache oder ein Musikinstrument ein für alle Mal beherrschen kann. Der Eintritt in den Beruf macht neue Lernprozesse nötig. Wenn Sie ein Schadensgutachten, einen Unterrichtsentwurf, eine Anklageschrift, einen Geschäftsvorschlag oder einen Werbetext zum ersten Mal schreiben müssen, dann stehen Sie oft wieder genau so vor einem Rätsel wie bei der ersten Seminararbeit.

Erschwert wird die Entwicklung durch die Verknappung der Studienzeit in den Bologna-Studiengängen. Drei Jahre eines Bachelor-Studiums sind ein Zeitraum, der gerade ausreicht, um die wichtigsten Regeln und Verfahrensweisen zu lernen, der aber zu kurz ist, um sich kritisch mit dem Schreiben und den wissenschaftlichen Textgewohnheiten auseinander zu setzen. Ein Masterstudium gibt da schon mehr Gelegenheit dazu, da hier mit der Masterarbeit ein größeres Schreibprojekt im Vordergrund steht. Dafür bieten viele Bachelor-Studiengänge mehr Hilfestellung für das Schreiben an, als das früher der Fall war. Es mag sein, dass darin eine Kompensation für die verknappte Zeit liegt.

2   Die eigene Schreibstrategie verstehen

Wie Schreibende mit den vielfältigen Aufgaben, die beim Schreiben anfallen, umgehen, ist Sache ihrer Schreibstrategien. Strategien unterscheiden sich vor allem danach, wie Schreibende ihre Texte überarbeiten, wie sie planen und wie sie das Schreiben dazu nutzen, Neues zu entdecken. Es gibt recht stabile Typen von Schreibern, die sich auch im Computerzeitalter nicht wesentlich verändert haben. Ein Blick auf Schreibtypen lohnt sich. Hier ist eine Einteilung von Wyllie (1993):

Top-down Schreiber: Wyllie nennt sie »Aquarellmaler«, da beim Aquarellieren jeder Pinselstrich, der auf Papier kommt, auch bleibt. Man muss also ein Bild im Kopf haben von dem, was man malen möchte, und jeden Pinselstrich auf Anhieb an den richtigen Ort setzen. So gibt es auch Schreibende, die alles im Kopf vorauszudenken versuchen und dann den Text in einem Wurf mit wenig Überarbeiten aufs Papier bringen. Sie präparieren also den Text vorab im Kopf, ehe sie anfangen zu schreiben. Dieser Stil wurde früher prämiert, da es ohne Computer ein großer Vorteil war wenn man sich das mühevolle Überarbeiten, das immer ein Neuschreiben des Textes war, ersparen konnte.

Externe Planer: Ein zweiter Typus, den Wyllie »Architekten« nennt, ist ebenfalls stark am Planen orientiert. Sie planen aber nicht im Kopf voraus, wie die Aquarellmaler, sondern gewissermaßen auf dem Reißbrett, deshalb die Bezeichnung »Architekten«. Sie entwerfen differenzierte Gliederungen, die alles enthalten, was im Text vorkommen soll. Sie schreiben meist sequentiell, überarbeiten aber deutlich mehr als die Aquarellmaler.

Maurer: Wyllie bezeichnet diesen Typus von Schreibern so, weil sie wie die Maurer eine Mauer hochziehen, verputzen sie und schauen dann, was als Nächstes zu machen ist. Schreibende gehen so vor, dass sie einen Absatz oder Abschnitt schreiben, ihn so lange überarbeiten, bis jedes Wort sitzt und dann zum nächsten Textteil übergehen. Diesen polieren sie ebenfalls so lange, bis alles stimmt. Maurer haben das Bedürfnis, fertige Zwischenergebnisse zu haben, damit sie schon etwas abhaken können. Sie sind halb Planer und halb Entdecker und gehen eher selten sequentiell vor.

Planende Entdecker: Wyllie nennt sie »Zeichner«, weil sie erst einen groben Plan machen, dann anfangen, ihn auszuarbeiten. Was ihnen nicht gefällt, wird wegradiert. Auch die gesamte Form des Textes passen sie ständig an die Ergebnisse der lokalen Arbeit an. Sie sind mehr Entdecker als Planer. Sie gehen manchmal sequentiell, meist aber sprunghaft vor.

Spontane Entdecker: Sie sind schließlich die reinen Entdecker. Wyllie nennt sie »Ölmaler«, weil sie wie diese irgendwo anfangen und kleine, lokale Einheiten gestalten. Alles, was ihnen nicht gefällt, übermalen sie. Beim Schreiben lässt sich dieser Typus durch den Text treiben und folgt spontanen Ideen. Ölmaler sind eher sprunghaft und vertrauen darauf, dass sich aus der Arbeit am Detail schließlich eine tragfähige Gesamtstruktur ergibt.

Nun können Sie überlegen, welchem Typ Sie angehören. Oder wozu Sie im Grunde Ihres Herzens tendieren. Die meisten Schreibenden heute sind etwas flexibler als diese Typenzuordnung nahe legt, da sie sich unterschiedlichen Aufgaben anzupassen gelernt haben. Die meisten Schreibenden haben aber eine Grundgleichung, die ihnen am besten entspricht.

Was wichtig ist: Jeder Typ entspricht einem anderen Denkstil. Alles Schreiben ist immer ein Gemisch aus abstraktem Denken (wozu auch die rationale Planung gehört) und kreativem Gestalten von Sprache. Wir müssen diese beiden Elemente immer in irgendeiner Weise zu einer Arbeitsroutine verbinden und hier gibt es eindeutige Präferenzen, worin man eher Sicherheit findet. Das zu kennen, ist vor allem dann nützlich, wenn das Schreiben schwierig wird. Dann sollte man sich auf das besinnen, was einem am vertrautesten ist.

Natürlich verlangen unterschiedliche Schreibprojekte auch unterschiedliche Schreibpläne. Wissenschaftliches Schreiben lässt sich nicht anders als mit dem Modus der »Architekten« gestalten, denn Planung ist dabei ein Muss. Zu reflektieren, welchem Schreibtypus Sie angehören, ist also deshalb wichtig, weil Sie dann flexibler mit diesen Strategien umgehen können. Größere Schreibprojekte wie Bachelor- oder Masterarbeiten müssen genau geplant werden. Dort ist weder die Strategie der Aquarellmaler verwendbar noch die reine Ölmalerei. Sie können aber auch in solchen Projekten wenigstens teilweise Ihre eigene Strategie einsetzen, wenn Sie an einzelnen Kapiteln arbeiten oder einzelne Textteile herstellen.

3 Anfangshemmungen überwinden, Routinen entwickeln

Am Anfang des Studiums haben viele Studierende Probleme damit, ihre Gedanken in eine wissenschaftsgemäße Sprache zu bringen. Typischerweise pendeln sie zwischen zwei Polen hin und her. Wenn sie versuchen, ihre Gedanken in eigenen Worten auszudrücken, klingt das unwissenschaftlich. Sie treffen die fachsprachliche Ausdrucksweise ihrer Wissenschaft noch nicht auf Anhieb. Aus Frust darüber kopieren sie die Ausdrucksweise der Bücher, die sie lesen und fallen damit ins andere Extrem. Sie übernehmen Textversatzstücke und produzieren dann Texte, die nichts mehr mit ihren eigenen Gedanken und ihrer eigenen Ausdrucksweise zu tun haben.

Ursachen dieses Problems sind die Ungeübtheit in wissenschaftlichem Stil und auch eine Unkenntnis darüber, wie Wissenschaftssprache beschaffen ist.

Der Weg zu mehr Gewandtheit im Schreiben besteht darin, den Mut zu finden, sich zunächst in seiner eigenen Sprache auszudrücken und dann die eigenen Texte durch Überarbeiten langsam in eine wissenschaftsübliche Form zu bringen. Sie werden feststellen, dass sich die Ausdrucksweisen relativ schnell lernen lassen. Nur dürfen Sie anfangs nicht erwarten, dass Sie druckreife Wissenschaftsprosa produzieren. Dass das nicht perfekt geht am Anfang, müssen Sie aushalten lernen. Denken Sie daran, dass jede Arbeit, die Sie im Studium schreiben auch nur eine Vorbereitung für die nächste Arbeit ist. »Nach dem Text ist vor dem Text« würden die Fußballerinnen und Fußballer unter Ihnen sagen.

Der Sinn des wissenschaftlichen Schreibens liegt in erster Linie darin, dass Sie in der Wissensgewinnung selbständig werden. Sie sollen darin zeigen, dass Sie wissen, wo das Wissen in Ihrer Disziplin veröffentlich ist, wie Sie es finden, wie Sie es verarbeiten und wiedergeben. In zweiter Linie soll das wissenschaftliche Schreiben zeigen, dass Sie wissen, wie man als Mitglied einer Disziplin zu den anderen Mitgliedern spricht. Sie sollen also Konventionen einhalten, die sich in den Wissenschaften allgemein bzw. in Ihrem Fach herausgebildet haben. Denken Sie daran, dass Konventionen nicht einfach Gängelbänder sind, die Sie einschränken sollen, sondern dass sie alle in irgendeiner Form dazu geschaffen wurden, um die Wissenskommunikation effektiv, genau und zielgerichtet zu gestalten. Manchmal sind die Ursprünge dieser Konventionen jedoch nicht mehr ganz klar und durch die neuen Medien haben manche auch ihre Funktion verloren.

Die Kompetenzentwicklung in einem Handlungsfeld wie dem Schreiben verläuft auf mehreren Schienen parallel. Durch Routinisierung von Teilhandlungen erhalten Sie die Möglichkeit, sich zunehmend um weitere Dimensionen des Schreibens zu kümmern, um Dimensionen also, die Sie am Anfang noch gar nicht wahrnehmen. Hier noch einmal die wichtigsten, teilweise nacheinander, teilweise parallel erfolgenden Routinisierungsformen:

Routinen in der formalen Gestaltung von Seminararbeiten: Äußere Formen sind relativ schnell zu lernen, vorausgesetzt man sträubt sich nicht gegen die Art von Formalismus, die sich darin ausdrückt. Denken Sie daran, dass es tatsächlich weniger auf die Form selbst ankommt als darauf, dass Sie mit einer guten Form signalisieren, dass Sie wissen, wie wichtig eine akzeptierte, standardisierte Form für die Wissenskommunikation ist. Alle Wissenschaften hassen Achtlosigkeit im Umgang mit Sprache und Textkonventionen. Diese Regeln zu berücksichtigen, werden Sie vermutlich als Erstes lernen.

Routinen im Umgang mit fremder Literatur, im Zitieren und Verweisen: Das Zitieren erscheint anfangs wie eine willkürliche Fußfessel für die Schreibenden, die die Textherstellung verlangsamt. Denken Sie daran, dass das Zitieren vermutlich die wichtigste Textkonvention der Wissenschaft überhaupt ist, oder sogar noch mehr, dass sich im Zitieren der fundamentalste Wandel der Wissenschaftsgeschichte ausdrückt: dass Wissen nicht ein individuelles Gut ist, sondern dass Wissen kumulativ als Leistung einer Gemeinschaft entsteht. Ihre Rolle als Studentin oder Student hat sich dadurch fundamental gewandelt: Sie werden nicht von Ihrem Professor mit Wissen gefüttert, sondern müssen / dürfen sich selbst als Teil einer Wissensgemeinschaft verstehen. Dies gegeben, werden Sie schnell die Konventionen des Zitierens und Verweisens routinemäßig anwenden.

Routinen im Auffinden und Verarbeiten von Literatur: Sie werden bald lernen, dass wissenschaftliches Wissen sich ständig wandelt und dass es daher immer zweischneidig ist, sich Wissen auf Vorrat anzulegen. Wissen aufzufinden, wenn es gebraucht wird, ist das, was Sie im Studium lernen müssen. Die Arbeit in der Bibliothek und der Umgang mit den Fachpublikationen ist daher vermutlich der dritte Routinisierungsschritt.

Routinen in der Verwendung der Wissenschaftssprache: Dinge in eigenen Worten auszudrücken und sie so auszudrücken, dass sie den wissenschaftlichen Gepflogenheiten entsprechen, ist eine Leistung, die sich etwas langsamer einstellt als die vorgenannten, und zwar deshalb langsamer, weil es sich dabei um eine offene und kreative Aufgabe handelt. Offen, weil man lebenslang dazulernen muss. Kreativ, weil es ein Konstruktionsprozess ist, der immer mehrere Lösungen ermöglicht, zwischen denen Sie wählen müssen.

Routinen in der Verwendung von Fachbegriffen: Die Fachbegrifflichkeit zu lernen ist etwas, das teils automatisch geschieht, so wie man in jeder Gruppe, der man angehört, die Sprachverwendungsweisen übernimmt. Sie können diesen Prozess aber auch fördern, indem Sie sich private Glossare anlegen und damit alle neu auftauchenden Begriffe für sich verständlich machen.

Routinen darin, einen Text kommunikativ und verständlich zu gestalten: Wenn man viele Konventionen zu beachten hat, dann geraten die Adressaten oft aus dem Blick. Sie wollen nicht nur einen Text haben, der allen formalen Anforderungen genügt, sondern auch einen, der lesbar und vielleicht sogar spannend ist. Es ist sicherlich eine gute Wahl, wenn Sie diese Aufgabe anfangs etwas zurückstellen und sich auf die Konventionen konzentrieren. Einen Text gut lesbar zu machen, verlangt manchmal, bestimmte Konventionen beiseite zu schieben und Risiken bei der Darstellung einzugehen. Wo diese Risiken gerechtfertigt sind, das finden Sie erst nach und nach heraus.

Routinen darin, eine konsistente Autorenrolle zu finden: Sich selbst als Autorin oder Autor zu definieren, ist nach meinen Erfahrungen die komplexeste Aufgabe, bei der man als letztes Routinen entwickelt. Eine eigene »Stimme« zu haben, die den Text »bestimmt«, gelingt einmal und misslingt beim nächsten Mal. Hier sind Wechselwirkungen zwischen Thema, Wissen, Disziplin und Kompetenzen am Werk, die sich erst nach und nach erschließen. Ich glaube, dass sich stabile Routinen erst sehr spät in einer wissenschaftlichen oder beruflichen Karriere einstellen.

4 Gemeinsames Schreiben

Was tun, wenn Schreiben im Team angesagt ist? Manchmal gibt es die Vorgabe, in Paaren oder Gruppen zu arbeiten, manchmal suchen Sie sich selbst Partner. Was immer Sie über gemeinsames Schreiben denken, eines ist sicher: Um Schreiben zu lernen, ist kooperatives Schreiben ideal. Zwar muss man mehr Zeit aufwenden, aber der Zwang, alle Planungsschritte versprachlichen und alles in Worte fassen zu müssen, bildet Planungs- und Prozesskompetenz aus. Unabhängig davon, ob Ihnen Schreiben allein oder im Team lieber ist, sollten Sie also anfangs darauf achten, dass Sie ein paar Schreibprojekte mit anderen durchführen können.

Um begrifflich etwas klar zu stellen: Schreiben ist immer *kollaborativ,* denn alles Schreiben baut auf früher Gesagtem und Geschriebenem auf. Nicht immer ist Schreiben hingegen kooperativ. Nur wenn Sie tatsächlich gemeinsam mit anderen einen Text herstellen müssen, spricht man von »Kooperation«. Kooperatives Schreiben ist also eine Teilmenge des kollaborativen Schreibens und meint Schreiben am gleichen Text.

Nichts entwickelt sich, wenn man nicht darüber redet. Kollaboratives Schreiben ist wichtig, um das Schreiben als Form der Kommunikation verstehen zu lernen und um über eigene Texte reden zu lernen. Beim Schreiben selbst ist vor allem zu beachten, dass kooperatives Schreiben andere Schreibstrategien erfordert als individuelles Schreiben. Bei kleineren Aufgaben, z. B. einem Protokoll oder einem Diskussionsbeitrag, wo keine umfangreiche Recherche nötig ist, können Sie einen

Wechsel an gemeinsamer und individueller Schreibarbeit vornehmen, etwa nach folgendem Muster:

Für die Planungsphase sollten Sie mehr Zeit veranschlagen und bis zum Abschluss der Planungsphase sollten Sie alle Dinge gemeinsam und parallel tun. Alle müssen sich im Plan wieder finden, der schlussendlich als Arbeitsgrundlage akzeptiert wird. Diese Planung muss schriftlich als Exposé oder Disposition festgehalten werden.

Im gemeinsam akzeptierten Exposé sollte auch festgehalten werden, wer für welche Arbeitsschritte, für welche Textversionen ist und für welche Textqualitäten die Verantwortung trägt. Die Arbeitsaufteilung kann nach drei Kriterien erfolgen:

- Inhaltliche Aufteilung: Wenn komplexere Sachverhalte dargestellt werden müssen, kann man die Arbeit nach Themen (oder Kapiteln, wenn diese Themen zuzuordnen sind) aufteilen.
- Methodische Aufteilung: Wenn komplexere Daten zu erheben sind, kann man die methodischen Arbeitsschritte untereinander aufteilen.
- Aufteilung nach Textqualitäten: So kann ein Partner die Verantwortung für die Stimmigkeit der Struktur, der zweite für die Stimmigkeit von Sprache und Begriffen, der dritte für die Exaktheit der Literaturverweise übernehmen.

Auch Koordinationsaufgaben können geteilt werden. Wenn A die Planungsphase koordiniert, B die Materialgewinnung, dann kann C sich auf die Überarbeitungsphase konzentrieren, während D das Layout, Endkontrolle und Abgabe übernimmt.

In größeren Schreibprojekten kann man jemand wählen, der sich auf das Projektmanagement konzentriert. Dazu gehören:

- Planungsgrundlagen schaffen
- Terminplanung überwachen
- Interne Abstimmungen herbeiführen
- Beschlusskontrolle durchführen (wer hat welche Aufgaben erledigt?)
- Sitzungen einberufen
- E-Mail Koordination
- Gegenüber Anleiter als Sprecher auftreten

Die Projektkoordination zu übernehmen, ist eine Spezialisierung, die im Auftrag der Gruppe übernommen wird, nicht eine Funktion, in der jemand den anderen sagt, was sie tun müssen. Es werden lediglich Aufgaben an ein Mitglied delegiert. Auch in geleiteten Gruppen müssen alle Schritte von allen getragen werden und entsprechende Abstimmungen durchgeführt werden. In Gruppen von 3–5 Mitglie-

Überblick

Kooperatives Schreiben

Phase der Textherstellung	Gemeinsam zu leisten	Arbeitsteilig zu leisten
Planungsphase	• Gemeinsames Verständnis des Projekts • Basislektüre müssen alle lesen • Konzept (Exposé oder Disposition) muss einstimmig verabschiedet werden	Mögliche Arbeitsteilung beim Verfassen eines Konzepts: • A schreibt Entwurf für Konzept • B überarbeitet das Konzept • C bringt es in die endgültige Fassung.
Materialgewinnung, Datenerhebung	Trotz Arbeitsteilung muss klar sein, dass wissenschaftliche Arbeiten nicht »additiv« geschrieben werden können. Regelmäßiger Austausch und Abstimmung sind nötig. Gliederung muss gemeinsam erstellt und kontinuierlich erweitert werden.	Mögliche Arbeitsteilung bei Datenerhebung: • A konstruiert Interview-Leitfaden • B rekrutiert Interviewpartner • C übernimmt die Transkription • Die Durchführung und Interpretation der Interviews wird aufgeteilt.
Rohtext herstellen	Gemeinsam formulieren ist zeitaufwändig und nur bei kurzen Texten empfehlenswert.	Mögliche Arbeitsteilung: • Aufteilung nach Inhalten • Aufteilung nach Kapiteln

→

← **Überblick**

Phase der Textherstellung	Gemeinsam zu leisten	Arbeitsteilig zu leisten
Überarbeitungsphase	Jede Version muss besprochen werden, um Fragen zu klären und ggf. gemeinsam Entscheidungen zu treffen.	Arbeitsteilung nach Überarbeitungsphasen: • Inhaltliche Überarbeitung • Sprachliche Überarbeitung • Prüfung der Literaturverweise und des Literaturverzeichnisses • Korrekturlesen
Fertigstellung, Formatierung, Abgabe	Alle müssen ihr Einverständnis zur Abgabe geben und den Text für fertig erklären.	Mögliche Arbeitsteilung: • Layout und Gestaltung • Formatierung • Endkontrolle • Kopieren und binden bzw. elektronische Abgabeversion herstellen • Text einreichen

dern ist es durchaus möglich, ohne Projektkoordination zu arbeiten, vorausgesetzt, es ist genügend Zeit vorhanden und alle Teilnehmer sind motiviert. Muss eine Arbeit unter Stress und hohem Zeitdruck geschrieben werden, dann kann die Wahl eines Leiters oder einer Leiterin notwendig sein.

5 Feedback geben und nehmen

Feedback ist die wichtigste Voraussetzung dafür, beim Schreiben dazuzulernen. Der Blick von außen auf einen Text, den Sie gerade geschrieben haben, hilft Ihnen, Ihre Textblindheit zu überwinden und zu verstehen, was Sie tatsächlich gesagt haben. Es ist für ungeübte Schreiber immer so, dass das, was sie glauben gesagt zu haben, sich nicht ganz mit dem deckt, was tatsächlich auf dem Papier steht. Erst der neutrale Blick einer zweiten Person kann hier Sicherheit geben.

Feedback zu geben und zu nehmen hat einige Voraussetzungen, die einzuhalten nötig ist, um unproduktive oder verletzende Erfahrungen zu vermeiden. Feedback ist nicht das Gleiche wie Kritik. Feedback ist eine Auseinandersetzung über einen Text, bei der man (als Feedback-Geber) sagt, was man gelesen und verstanden hat. Dabei kann man sowohl Stärken als auch Schwächen des Textes ansprechen. Man sollte dies aber so tun, dass es für den Feedback-Nehmer nicht verletzend ist. Genau das ist das Problem mit der Kritik: Sie hilft zwar beim Text weiter, beschädigt aber die Beziehung.

Um dies zu verstehen, müssen Sie sich vergegenwärtigen, dass alle Menschen verletzlich sind, wenn sie einen gerade erst geschriebenen Text anderen zeigen. Sie sind unsicher und ängstlich, ob sie nicht völligen Blödsinn geschrieben haben, haben aber manchmal auch die Hoffnung, dass sie doch ganz besondere Gedanken ausgedrückt haben. Diese Gegensätzlichkeit in der Einschätzung schafft die Verletzlichkeit.

Schaffen Sie klare Voraussetzungen für das Feedback, am besten auf Gegenseitigkeit, so dass Sie sich gegenseitig Rückmeldung geben. Geben Sie sich Hinweise darauf, was für Fragen Sie bei der Textherstellung hatten und konzentrieren Sie das Feedback auf diese Fragen. Wenn Sie Feedback geben, benennen Sie anfangs immer einige positive Aspekte des Textes. Tun Sie das auch, wenn Sie sich gut kennen und glauben, dass Sie Ihre Wertschätzung der anderen Person nicht immer wieder explizit ausdrücken müssen.

Wenn Sie Feedback geben, benutzen Sie bitte eine subjektive Sprache, die zeigt, dass Sie Ihre eigene Sicht ausdrücken, nicht eine unverrückbare Wahrheit. Feedback soll Sie ins Gespräch über einen Text bringen und dieses Gespräch kommt nur zustande, wenn Sie Platz für eine andere Sichtweise lassen. Vermeiden Sie Kritik, aber sagen Sie, wenn Ihnen etwas nicht gefällt oder wenn in Ihren Ohren etwas nicht gut klingt. Weisen Sie auf Regeln hin, wenn Ihnen eine Regel verletzt zu sein scheint. Machen Sie Vorschläge für alternative Formulierungen, das ist immer eine willkommene Hilfe. Denken Sie aber daran, dass die Feedback nehmende Person das Recht auf eine andere Sicht hat und lassen Sie ihr die Freiheit, Ihre Ratschläge anzunehmen oder nicht. Wichtig am Feedback ist der Austausch unterschiedlicher Sichtweisen auf den Text. Vertrauen Sie darauf, dass die Feedback nehmende Person anschließend einen Weg finden wird, ihren Text zu verbessern.

Feedback kann man in unterschiedlichen Phasen der Textproduktion geben. In jeder Phase braucht man andere Hinweise. Die wichtigsten Phasen sind:

> **Wichtig**
>
> **Die wichtigsten Regeln, die für Feedback einzuhalten sind**
>
> - Klaren Rahmen und klare Vereinbarung schaffen
> - Kürzere Textstelle wählen, in der sich bestimmte Probleme zeigen
> - Anliegen der Feedback suchenden Person berücksichtigen
> - Stadium der Textproduktion berücksichtigen (Entwurf, Rohtext, Manuskript)
> - Positives voranstellen oder das Textanliegen würdigen (nie vergessen!)
> - »Higher order concerns« gehen vor
> - Subjektive Sprache verwenden
> - Genaue Textstellen benennen
> - Rolle des Feedback-Gebers präzisieren (naiver Leser, Fachkollegin etc.)
> - Feedback-Nehmer sollte keine defensive Haltung einnehmen und sich nicht verteidigen

Feedback auf einen Plan oder Exposé: Hier steht die Rückmeldung auf den Plan im Vordergrund: Ist das Vorhaben realistisch, sind Fragestellung, Vorgehensweise, Methode etc. dem Projekt angemessen? Ist es hinreichend eingegrenzt?

Feedback auf Material: Oft hat man Material generiert, wie Interviews oder Fragebogendaten und weiß nicht recht, was sie bedeuten. Hier kann ein Feedback auf die Verwendbarkeit des Materials wichtig sein, vor allem in Hinsicht auf das weitere methodische Vorgehen.

Feedback auf einen Rohtext: Wenn man den Text zum ersten Mal fertig hat, möchte man oft gerne wissen, ob das so zusammenpasst. In diesem Stadium ist Feedback allerdings sehr vorsichtig einzuholen, da sich in einem Rohtext viele ungenaue Formulierungen befinden, an denen Lesende sich stoßen. Es ist besser, in dieser Phase Feedback nur auf die Gliederung einzuholen und ggf. eine Einleitung zum besseren Verständnis beizulegen.

Feedback auf ein fertiges Manuskript: Wenn man mit der inhaltlichen Gestaltung des Textes fertig ist und den Text, so weit man es eben selbst kann, überarbeitet hat, dann ist Feedback eine besonders wichtige Angelegenheit. Gehen Sie sicher, wenn Sie Feedback in diesem Stadium einholen, dass noch Zeit zum Überarbeiten ist. Wenn nicht, sollte das Feedback auf das Notwendigste begrenzt werden. Wenn noch Zeit ist, dann kann das Feedback alle relevanten Themen des Textes, Inhalt, Struktur oder Sprache ansprechen. Denken Sie daran, dass ein ganzes Manuskript zu lesen ein wirklicher Liebesdienst ist, den nur wenige für Sie tun werden. Portionieren Sie das Feedback ggf. und lassen Sie mehrere Leute kürzere Passagen lesen.

Korrekturlesen: Die Schlusskorrektur ist eine Sache, bei der man immer eine andere Person einspannen sollte. Wer es sich leisten kann, nimmt für eine Master- oder Doktorarbeit auch schon einmal professionelle Hilfe dafür in Anspruch. In kürzeren Arbeiten können Sie die Schlusskorrektur einfach auf Gegenseitigkeit leisten. Denken Sie daran, dass Sie beim Korrekturlesen auch eine gewisse Verantwortung für den Text übernehmen, zumindest was dessen sprachliche Qualität betrifft.

6   Die Abstimmung mit der Dozentin / dem Dozenten

Wissenschaftliches Schreiben vollzieht sich in aller Regel in Abstimmung mit einer anleitenden Person. Diese Person hat immer eine doppelte Aufgabe. Sie muss Ihnen einerseits dabei helfen, Ihren Text zu schreiben, muss ihn am Ende aber auch bewerten und benoten. Während sie beim ersten Teil der Aufgabe in aller Regel hilfreich ist, kann sie im zweiten Teil streng werden. Es ist wichtig, diese Doppelrolle zu verstehen, denn sie hat natürlich auch auf Ihrer Seite eine Entsprechung: Sie müssen mit einer Seminararbeit etwas lernen, aber auch zeigen, was Sie leisten können. Beides geschieht gleichzeitig und die Prüfung ist nicht wie sonst vom Lernvorgang abgesetzt.

Diese Doppelfunktion des Schreibens macht es sinnvoll, ein paar Gedanken daran zu verwenden, wie Sie mit den Anleitern umgehen und welche Fragen Sie im Seminar, welche in der Sprechstunde stellen. Im Seminar, also noch bevor Sie sich einzuarbeiten beginnen, sollten Sie folgende Fragen stellen:
- Welchen Spielraum habe ich bei der Eingrenzung des Themas?
- Wie wird die Arbeit beurteilt? Was ist dem Dozenten oder der Dozentin besonders wichtig? Welche Kriterien sind nachrangig?
- Welche mündliche Präsentation wird im Seminar verlangt? In welchem Verhältnis steht sie zur schriftlichen Ausarbeitung?
- Was ist günstiger als Ausgangspunkt für die Arbeit: eine Fragestellung, eine These, eine Hypothese oder eine Zielformulierung?
- In welcher Form soll die Arbeit abgegeben werden (Papier, elektronisch)?
- Welche Vorgaben für das Zitieren gibt es?

- Ist ein Kurzbelegverfahren oder Fußnotensystem besser?
- Was ist Mindest- und was Maximallänge?

Mit diesen Informationen können Sie zu planen beginnen und sich in das Thema einarbeiten. Wenn Sie Ihr Thema eingegrenzt haben, dann ist es Zeit, sich noch einmal in die Sprechstunde zu begeben und noch ein paar Dinge abzustimmen.

> **Tipp**
>
> **Das Sprechstundengespräch**
>
> Eine gute Vorbereitung auf die Sprechstunde hilft, Sicherheit für das Schreibprojekt zu finden. Folgende Fragen können sinnvoll sein:
> - Ist meine Fragestellung (These, Hypothese, Zielformulierung) verwendbar?
> - Ist der Umfang der Literatur angemessen?
> - Welche Literatur ist (un)verzichtbar?
> - Welche neuere Veröffentlichung wäre ein guter Ausgangspunkt für die Recherche?
> - Hat Dozent/in selbst zu dem Thema publiziert?
> - Ist der methodische Weg gangbar? Was ist dabei zu beachten?
> - Ist mein Projekt vom Arbeitsaufwand her realistisch geplant?
> - Wo sollte ich gegebenenfalls Abstriche machen?
> - Worauf legt der Dozent besonderen Wert?

Die Ausrichtung einer Arbeit mit dem Lehrenden abzustimmen, ist nicht in jeder Disziplin üblich. Ich empfehle es Ihnen trotzdem, und zwar vor allem deshalb, damit Sie den Glauben daran verlieren, es gäbe die eine richtige Form für eine Seminararbeit. Das ist nicht der Fall. Es gibt natürlich genretypische Merkmale, aber jeder Professor interpretiert sie etwas anders. Für die Seminararbeit gilt, was für fast alle beruflichen Texte gilt: Man muss sich absprechen. Man muss herausfinden, wie sie an einem bestimmten Ort interpretiert werden. Wenn Sie mehrere Arbeiten schreiben, vielleicht sogar in mehreren Fächern, werden Sie feststellen, wie groß die Variation zwischen den Dozierenden ist.

Natürlich sind Lehrende auch dazu da, damit Sie die vielen kleinen Fragen, die beim Schreiben auftauchen und für die Sie in diesem Buch keine Antworten gefunden haben, stellen können. Machen Sie auch dazu eine Liste. Zeigen Sie dem Professor, dass Sie gut präpariert sind und dass Sie Ihre Fragen nicht aus Bequemlichkeit stellen, sondern weil Sie trotz Recherche keine passende Lösung gefunden haben.

Wenn Ihnen das Gespräch nicht geheuer ist, dann kündigen Sie sich per E-Mail an und schicken Sie schon einmal die Liste der Fragen vorweg an sie oder ihn.

Eine wirkungsvolle Art, sich von Zweifeln zu befreien, besteht darin, der Betreuerin oder dem Betreuer der Arbeit einige Probeseiten und ein Inhaltsverzeichnis zu schicken oder mitzubringen. Ein Inhaltsverzeichnis verlangen die meisten von sich aus, damit sie den Fortschritt der Arbeit beurteilen können. Auf eine Textprobe können Sie Rückmeldung dafür erhalten, ob Ihre Art zu zitieren und fremde Texte einzubeziehen den Gepflogenheiten des Fachs entspricht. Bleiben Sie aber bei einer Maximalzahl von zwei Seiten und sagen Sie dazu, was für Zweifel Sie haben.

7 Größere Schreibprojekte

Schreibprojekte nehmen im Laufe des Studiums an Umfang zu. Doktorarbeiten und Habilitationen sind die Spitzenreiter. Mit ihnen verbringt man mehrere Jahre. Dabei ist nicht nur ein gutes Projektmanagement, sondern auch ein geschickter Umgang mit den Fallstricken nötig. Wie für jedes größere Unterfangen ist auch für das Schreiben ein geschicktes Projektmanagement nötig. Beim Projektmanagement müssen Sie sich vor allem selbst managen. Das macht die Sache einfacher und schwieriger zugleich, denn Sie sind Manager und Gemanagter, Auftrag-

> **Tipp**
>
> **Schreiben als Projektmanagement**
>
> - Klare **Zieldefinition** (Umfang, Qualitätskriterien, Textart, Publikationsform)
> - Etwa ein Viertel der Zeit für die **Planung** einkalkulieren
> - Ein **Exposé** als Abschluss der Planung schriftlich vorlegen und mit Anleiter abstimmen
> - Arbeit in **Teilhandlungen** zerlegen und Zeitplan mit **Meilensteinen** herstellen
> - **Ressourcen** sichern: Wo bekomme ich Hilfe für sprachliche, inhaltliche und methodische Probleme?
> - Aktives **Krisenmanagement** betreiben: Was tue ich, wenn ich anfange zu trödeln, wenn ich an einem Punkt hängen bleibe, wenn ich entmutigt bin?
> - Regelmäßige **Fortschrittsberichte** verfassen und mit Anleiter besprechen
> - **Belohnung** beim Erreichen von Teilzielen festlegen
> - Im Zeitplan die **Urlaubszeiten** von Anfang an eintragen und Erholungszeiten auch wirklich einhalten.

geber und Auftragnehmer zugleich. Nicht immer füllt man beide Rollen gleich gut aus. Manche managen gerne, übernehmen aber nicht gerne Aufträge. Andere führen zwar die Aufträge gerne aus, steuern die Arbeit aber nicht gerne und bleiben zu passiv.

In größeren Schreibprojekten ist also die Kommunikation mit sich selbst in verschiedenen Rollen besonders wichtig. Sie müssen gleichzeitig Planer, Antreiber, Ausführender, Controller, Qualitätsmanager, Freizeitbeauftragter und Mutmacher sein. Nicht alle diese inneren Rollen haben wir gleich gut besetzt. Deshalb bleiben wir manchmal hängen und finden den nächsten Schritt oder den Schritt aus der Lethargie nicht.

Mir scheint es bei langen Projekten, wie sie Doktorarbeit oder Habilitation darstellen, unumgänglich, sich mit einer Gruppe von Kolleginnen in der gleichen Lage zusammen zu tun, um die unzureichende innere Kommunikation durch äußere Kommunikation zu ersetzen. Heute werden immer mehr strukturierte Doktorandenprogramme eingerichtet, in denen genau diese Absicht verwirklicht wird.

8   Was tun, wenn es einmal nicht klappt?

Dass eine Arbeit misslingt oder gar nicht fertig wird, ist immer möglich. Zu wenig Zeit, zu wenig genau nachgefragt, die falsche Literatur erwischt, einen falschen Plan verfolgt, unterwegs stecken geblieben usw., kann jeweils schnell dazu führen, dass etwas misslingt. Misserfolge sind frustrierend genug. Was sie nach meiner Erfahrung aber erst zu einem wirklichen Problem macht, ist nicht der Misserfolg selbst, sondern das Versäumnis herauszufinden, was schief ging. Anders gesagt: Wenn schon mal etwas schief geht, dann sollte man wenigstens etwas daraus lernen. Der einzige Fehler, den Sie also begehen können, ist der, dann nicht zu Ihrem Professor in die Sprechstunde zu gehen und nicht herauszufinden, was Sie hätten besser machen sollen. Gehen Sie offen mit Schreibproblemen um und sprechen Sie auch mit Ihren Mitstudierenden, denn diese kämpfen wie Sie mit dem Schreiben. Erkundigen Sie sich, ob es spezialisierte Schreibberatung an Ihrer Hochschule gibt.

Wenn Sie sich auf die Suche nach den Ursachen machen, können Sie zu unterschiedlichen Erkenntnissen kommen. Die einfachste davon wäre, dass es an einem Mangel an Verständnis der Aufgabe gelegen hat. Dann wäre die Konsequenz ausreichend, die nächste Arbeit besser vorzubereiten und abzustimmen. Aber nur selten ist es so einfach. Meist kommt noch mehr hinzu, mit dem Sie sich befassen müssen. Hier sind die wichtigsten Punkte, auf die Sie stoßen können:

Zu blauäugig vorgegangen: In der Schule haben viele die Erfahrung gemacht, dass man mit den Aufsätzen irgendwie doch noch hinkommt. Man wartet so lange, bis der Druck unerträglich wird, und setzt sich dann an den Computer. Diese Verfahrensweise geht an der Hochschule nicht mehr und wer es dennoch probiert, hat selten Glück. Die Vorgehensweisen sind einfach eine ganze Dimension komplexer und die Themen wollen etwas tiefer ergründet werden als das in Aufsätzen der Fall war. Blauäugigkeit lässt sich beheben, vor allem indem sie sich das, was in Kapitel 2 über die Arbeitsschritte gesagt wurde vor Augen führen und entsprechend geplant vorgehen.

Text zu wenig überarbeitet: Ein Fehler, der am Studienanfang häufig gemacht wird, ist der, den eigenen Text zu wenig zu überarbeiten. Jeder Text muss durchgeknetet werden, damit er stimmig ist. Am Studienanfang höre ich von vielen, dass sie das Überarbeiten hassen. Warum? Weil man dabei das, was man mühsam formuliert hat, wieder auseinander reißen muss, weil man sich mit den Mängeln des eigenen Denkens konfrontieren muss, weil man sich scheut, genau hinzuschauen, was man nun eigentlich produziert hat und den Text möglichst schnell vom Tisch haben will. Wenn das für Sie stimmt, dann müssen Sie sich umprogrammieren. Sie müssen sich selbst davon überzeugen, dass erst beim Überarbeiten ein Text seine Qualität bekommt und dass Sie erst nach mehrmaligem Überarbeiten wirklich wissen, was Sie in Ihrem Text sagen wollen. Lernen Sie also, das Überarbeiten dazu zu nutzen, Ihren Text nach und nach immer besser zu machen.

Den Stil wissenschaftlicher Arbeiten nicht getroffen: Die besonderen Ausdrucksformen, die in wissenschaftlichen Texten verlangt werden, erschließen sich nicht von allein. Zu glauben, es reicht in einer Seminararbeit, wenn man sagt, was man denkt, ist leider oft zu wenig. Texte müssen an das vorhandene Fachwissen anknüpfen, ihre Aussagen begründen, eine präzise Sprache verwenden und alle verwendete Literatur in Form von Zitaten und Verweisen anführen. Am Studienanfang gehen nicht wenige Studierende davon aus, auch in Seminararbeiten gelte es, wie in journalistischen Texten, das Thema interessant und sprachlich gewandt darzustellen. Damit aber geraten sie auf eine falsche Bahn, denn Wissenschaftler empfinden einen solchen Stil als essayistisch, sprachverliebt, zu subjektiv und so weiter. Hier müssen Sie also die Sprachgewohnheiten Ihres Faches studieren und die entsprechenden Darstellungskonventionen herausfinden.

Kein Feedback für Texte eingeholt: Viele arbeiten an ihrer ersten Seminararbeit allein. Sie versäumen es, sich mit anderen abzusprechen, haben niemand, der ihnen Feedback gibt oder ihre Arbeit Korrektur liest. Wenn Sie zu dieser Gruppe gehören, dann sollten Sie einen ganz ernsthaften Schritt dazu unternehmen, sich eine Gruppe zuzulegen, mit der Sie gemeinsam Texte besprechen und sich gegenseitig Rückmeldung geben können. Motivieren Sie sich selbst zu diesem Schritt, da Ihnen alles Fachwissen nichts nützt, wenn Sie es nicht kommunizieren können. Trainieren Sie die Schriftkommunikation bewusst als Schlüsselkompetenz.

Keine Lust auf Sprache: Es gibt einen intellektuellen Typus, der schon den Deutschunterricht nicht mochte ebenso wenig wie das Lernen von Fremdsprachen, dafür aber vielleicht die Mathematik schätzte oder die technischen Fächer. Wie bei allem, was man nicht gerne tut, versucht man, möglichst wenig Zeit dafür aufzuwenden. Das resultiert in einem Mangel an Ausdrucksfähigkeit in der Schrift, oder schlicht in Ungeübtheit. Wenn dann dazu kommt, dass Sie viele Texte lesen müssen, aber keine selbst schreiben, dann geht eine unangenehme Schere auf zwischen rezeptiven und produktiven Fähigkeiten. Sie erkennen an Ihren eigenen Texten schnell, was nicht gut ist, haben aber die produktiven Kompetenzen nicht, um den Text gut zu machen. Überwinden Sie Ihre Abneigung!

Zu wenig Übung mit dem Formulieren: Wer keine Lust auf Sprache hat, aber auch, wer weniger formale Schulbildung hat, tut sich schwer damit, Denken und Sprache in Deckung zu bringen. Zwischen dem geschriebenen Text und dem, was wir sagen wollen besteht in der Regel eine Kluft. Wenn Sie dieses Problem bei sich entdecken, sollten Sie beginnen, sich ein Schreibjournal zuzulegen, also ein wissenschaftliches Tagebuch, in dem Sie über alles schreiben, was Ihnen im Studium wichtig ist. Tragen Sie dieses Buch immer mit sich herum und nutzen Sie die Leerzeiten in Bus und Bahn, in der Mensa und beim Frühstück dazu, all das, was Sie Neues erlebt haben, zu verschriftlichen. Sie werden schon nach einigen Monaten deutliche Fortschritte erleben.

Zu perfektionistisch: Neben denen, die der Sprache zu wenig Wert beimessen, gibt es auch diejenigen, die sie zu wichtig nehmen. Sie verbringen zu viel Zeit mit ihren Texten und können sich nicht vom Text trennen, sondern überarbeiten ihn immer und immer weiter. Zum Schreiben gehört auch, das richtige Abbruchkriterium zu finden. Auch wissenschaftliche Texte sind nur Gebrauchstexte und keine Jahrhundertwerke. Sie verlangen ein bestimmtes Maß an Genauigkeit, aber auch nicht mehr. Das richtige Maß ist hier manchmal nicht leicht zu finden. Auch hier ist Kommunikation mit anderen der beste Weg, Ihre Maßstäbe richtig setzen zu lernen. Bitten Sie einen unbefangenen Leser, zwei oder drei Seiten Ihres Textes nach problematischen Formulierungen und Fehlern durchzusehen. Lassen Sie sich schildern, wie Ihr Probeleser den Text einschätzt und vertrauen Sie auf sein Urteil.

9   Wo finde ich Rat?

Sie haben in diesem Band schon mehrfach gelesen, dass Kommunikation mit anderen wichtigster Garant dafür ist, dass Sie Ihre Texte zu einem guten Ende bringen und dass Sie an Schreibkompetenz zulegen können. Was aber tun, wenn es auch mit Gesprächen nicht weiter geht, oder wenn Ihnen die Gespräche so unangenehm sind, dass Sie sie nicht führen möchten? Dann kann professionelle Hilfe angebracht sein. Es gibt Fälle, in denen sich die üblichen Schreibprobleme so unglücklich mit persönlichen Problemen überlagern und mischen, dass man sie selbst nicht mehr lösen kann.

Die erste Anlaufstelle für Schreibprobleme ist das Schreibzentrum an Ihrer Hochschule. Zwar haben noch längst nicht alle Hochschulen eine solche Einrichtung, aber immer mehr. Schreibzentren können Sie ohne lange Wartezeit aufsuchen. Dort werden neben individueller Beratung auch Schreibkurse angeboten, in denen man sich alles Wichtige noch einmal vor Augen führen kann und Impulse zur Optimierung bekommt.

Die zweite Anlaufstelle ist die Studienberatungsstelle Ihrer Hochschule. Dort sitzen Leute, die für alle Studienprobleme zuständig sind, auch psychologische. Meist gibt es auch jemand, der sich mit Schreibproblemen auskennt. Fragen Sie also schon bei der Anmeldung nach, wer in Frage kommt.

Die dritte Anlaufstelle ist die Fachberatung. In jedem Studiengang gibt es Leute, die man bei fachlichen Problemen ansprechen kann. Sie sind vielleicht nicht besonders psychologisch ausgebildet, aber sie kennen die Situation im Fach, sind mit den Textgewohnheiten vertraut und können Sie mit kollegialem Rat versorgen.

Die vierte Anlaufstelle halten Sie gerade in der Hand. Wenn Sie dieses Buch lesen, weil Sie Fragen an das Schreiben haben, dann sollten Sie es nicht nur lesen, sondern zwei Handlungen im Anschluss daran machen. Die erste besteht darin, sich einen schriftlichen Plan zu machen, wie Sie den Schreibproblemen zu Leibe rücken wollen. Die zweite besteht darin, sich jemand zu suchen, der entweder in der gleichen Lage ist oder bereit ist, mit Ihnen die erarbeiteten Vorschläge zu diskutieren. Nur wenn Sie Ihre Ideen kommunizieren und die Meinungen anderer dazu hören, wird sich etwas Konstruktives daraus entwickeln. Fast alle Schreibprobleme haben auch Wurzeln in Kommunikationsproblemen und die lösen Sie nur zusammen mit anderen.

10 Wie geht es nach dem Studium weiter?

Berufliches Schreiben erfordert von Ihnen einige Umstellungen und Neuanpassungen. Sie können damit rechnen, dass Sie ähnliche Umstellungsschwierigkeiten haben wie im Übergang von der Schule zur Hochschule. Wenn Sie sich allerdings mit dem Schreiben eingehender beschäftigt haben, wird dies für Sie eine zu bewältigende Herausforderung, kein unüberwindbares Problem, vor dem Sie Angst haben müssten.

Berufliches Schreiben ist ein Feld, das mindestens genau so groß und heterogen ist wie das wissenschaftliche Schreiben. Alles Schreiben im Beruf ist in Arbeitszusammenhänge eingebettet und Texte erfüllen dort genau abgezirkelte Funktionen in der beruflichen Kommunikation. Es ist wichtig, diese Zusammenhänge zu kennen, ehe man schreibt. Die wichtigsten beruflichen Felder des Schreibens und ihre Besonderheiten sind nachfolgend zusammengefasst:

Journalismus: war bis vor Kurzem ein Feld, in dem man sich das Schreiben selbst beibrachte. Heute gibt es gute berufsbegleitende Aus- und Weiterbildungen und Darstellungen für jedes einzelne Genre. Nachrichten, Berichte, Kommentare, Reportagen, Features und Glossen sind die wichtigsten Genres, die man lernen muss. Online-Journalismus hat mittlerweile ein ähnliches Gewicht wie der Journalismus im Printbereich und verlangt andere Produktions- und Vertextungsstrategien.

Organisationskommunikation: richtet sich sowohl an die Mitarbeiter als auch an Kunden, Öffentlichkeit und Kooperationspartner. O-Kommunikation ist heute ein spezialisierter Beruf mit eigenen Studiengängen und Weiterbildungen. Da Firmenkommunikation heute primär über Inter- und Intranet gestaltet wird, gehört das Schreiben fürs Web und die entsprechenden technischen Fertigkeiten dazu. Die traditionellen Kunden- und Mitarbeiterzeitungen haben zwar noch nicht ausgedient, werden aber zunehmend über das Netz verbreitet. Strategische Überlegungen zur Betriebskommunikation und konzeptionelles Denken samt entsprechenden Darstellungen gehören auch zu diesem Beruf.

Marketing und Werbung: Eine andere Spezialisierung ist das Schreiben für Verkauf und Marketing. Das kann in einer professionellen Werbeagentur sein, es kann aber auch im Rahmen eines Betriebs stattfinden. Schreiben fürs Marketing erfordert, den Kundennutzen in den Vordergrund zu stellen und Produktinformation verfügbar zu machen.

Weiterbildung und Schule: Schreiben in Bildungsberufen und Schule ist vielfältiger als angenommen wird. Lehrer müssen, wie Lehnen (2008) zeigt, Zeugnisbeurteilungen, Notenbegründungen, Klausurkommentare, Abiturvorschläge, Gutachten, Berichte, Förderpläne, Hausaufgabenkommentare schreiben. Sie gehören zu den beurteilenden Texten, mit denen Lernprozesse begleitet werden. Für die Unterrichtsgestaltung werden Arbeitsblätter, Unterrichtskonzeptionen, Aufgabenstellungen, PowerPoint-Präsentationen und Stundenauswertungen geschrieben. Für die Kommunikation mit den Eltern, Kollegen und Institutionen werden u. a. Elternbriefe, Anfragen, Anträge, Aktennotizen, Konferenzprotokolle, Entwicklungsberichte und Tischvorlagen geschrieben. Wenig Hilfe bekommen Lehrerinnen und Lehrer für diese Aufgaben und sind weitgehend darauf angewiesen, selbst herauszufinden, wie das jeweilige Genre funktioniert. In der Weiterbildung sind noch mehr konzeptionelle Arbeiten für Kursgestaltung, Finanzierungsanträge und Unterrichtsmaterialien zu erledigen.

Management: Konzeptionelles Schreiben, Memos, Anträge, Protokolle, Berichte sind die wichtigsten Genres, die im Management zu bewältigen sind. Am häufigsten allerdings dürfte die PowerPoint-Präsentation sein, also das Schreiben fürs Reden, mit dem man Konzepte, Vorschläge, Rechercheergebnisse etc. kondensiert für ein Publikum darstellt. Für Führungskräfte stellen sich beim Schreiben, wie Perrin (2008) darstellt, vor allem die Aufgaben Analysieren und Entscheiden, sich und andere informieren, verpflichten und kontrollieren, erahnen und entwerfen, erfassen und überzeugen, verbinden und integrieren, zu deren Unterstützung es auch schon die entsprechende Software gibt.

Medizinische Berufe: Arzt-, Patienten- und Krankenberichte sowie Verlaufsdokumentationen sind die wichtigsten Genres dieses Berufsfeldes. Der Zwang zur Dokumentation wird immer größer und viele Informationen, die bisher im Gespräch weiter gegeben wurden, müssen heute schriftlich dokumentiert werden, so dass die nachfolgenden Schichten oder die komplementären Berufsfelder informiert sind und die Behandlungen weiterführen können.

Was immer Sie für neue Anforderungen vorfinden, Sie sollten nach dem Muster »schauen, fragen, erkunden« vorgehen. Alle drei Schritte bewahren Sie davor, blind in ein Schreibabenteuer hinein zu laufen. »Schauen« heißt zunächst, sich umzusehen, wie das Textgenre aussieht, das Sie bewältigen sollen. Suchen Sie nach Mustern und Vorbildern, versuchen Sie herauszufinden, welche Informationen der Text transportieren muss, welche die kommunikative Aufgabe ist, die mit seiner Hilfe gelöst wird und ob es Standardstrukturen gibt.

»Fragen« heißt, sich bei den Kollegen schlau zu machen, wie Texte »funktionieren«. Erwarten Sie nicht, dass es fertige Anleitungen gibt oder dass jemand Ihnen genau sagen kann, wie man die Texte herstellt. Auch die alten Hasen können zwar die Texte schreiben, tun sich aber schwer damit, zu sagen, wie sie beschaffen sind. Was Sie aber erfahren können ist, was von den Texten abhängt. Welche Entscheidungen werden getroffen, wo und wie lange werden sie aufbewahrt und welche rechtlichen Konsequenzen können sie haben?

»Erkunden« schließlich heißt, sich umzusehen, ob es professionelle Ratgeber für Ihre Domäne und Ihr Textgenre gibt. Es ist immer hilfreich, wenn Sie von Praktikern oder von Linguisten erfahren können, wie Ihre Texte aufgebaut sind, welche Strukturen sie haben und welche sprachlichen Mittel eingesetzt werden. Da das Schreiben in letzter Zeit sehr intensiv untersucht wird, gibt es auch immer mehr Darstellungen zum beruflichen Schreiben.

Zusammenfassung

Die Hochschule ist, davon geht dieses Kapitel aus, eine verschriftlichte Institution, wie Konrad Ehlich sagt. Die Schrift dominiert über das Mündliche und akademisches Lernen bedeutet, die Codes des schriftlichen Ausdrucks nach und nach zu entziffern und anwenden zu lernen. In welchen Schritten die Entwicklung des Schreibvermögens vor sich geht, wird dargestellt, ebenso wie die Probleme, die sich dabei ergeben können. Gezeigt wird auch, dass Schreibstrategien sehr individuell geprägt sind und Sie erhalten Gelegenheit, Ihren eigenen Schreibtyp herauszufinden.

Was besonders zur Entwicklung von Schreibkompetenz beiträgt, sind kollaborative und kooperative Schreibprojekte. Zusammenarbeit zwingt dazu, Dinge auszusprechen und zu reflektieren, die man sonst mit sich allein austrägt. Allerdings gibt es auch mehr Reibungsverlust, so dass gemeinsames Schreiben besonders gut geplant und gesteuert werden muss. Ergänzend dazu wird dargestellt, was Feedback ist und was man beachten muss, damit Feedback konstruktiv ist. Auch die Abstimmung mit denen, die Texte anleiten oder mit denen, die sie in Auftrag gegeben haben, wird angesprochen.

Schließlich werden einige Überlegungen angestellt, was man tun kann, wenn es einmal nicht klappt und ein Text nicht fertig wird oder schlecht benotet wird. Auch dies kann ein Anlass sein, etwas dazu zu lernen, aber auch, sich professionelle Hilfe zu organisieren, falls nötig.

Literaturhinweise

American Psychological Association (2007). Publication Manual of the American Psychological Association. Washington, DC: APA

Bazerman, Charles (1988). Shaping written knowledge: The genre and activity of experimental article in science. Madison, WI: University of Wisconsin Press

Brun, Georg / Hirsch Hadorn, Gertrude (2009): Textanalyse in den Wissenschaften. Eine methodische Einführung. Zürich: Vdf (= UTB 3139)

Burger, Harald (2003). Phraseologie. Eine Einführung am Beispiel des Deutschen (2. Aufl.). Berlin: Erich Schmied Verlag

Frank, Andrea / Haacke, Stefanie / Lahm, Swantje (2007). Schlüsselkompetenzen: Schreiben in Studium und Beruf. Stuttgart: Metzler

Fthenakis, Wassilios E. (1999). Engagierte Vaterschaft. Die sanfte Revolution in der Familie. Herausgegeben von der LBS-Initiative Junge Familie. Opladen: Leske + Budrich

Hauffe, Heinz (2001). Informationswissenschaftliche Perspektiven zur Qualität von Wissensbeständen, Informationen und Quellen. In: Hug, Theo (Hrsg.), Wie kommt die Wissenschaft zu Wissen? Band 1: Einführung in das wissenschaftliche Arbeiten. Hohengehren: Schneider Verlag, 119–126

Hyland, K. (1998). Hedging in scientific research articles. Amsterdam: John Benjamins

Hyland, Ken (2000). Disciplinary discourses. Social interactions in academic writing. London: Harlow u. a.

Jakobs, Eva-Maria (2005). Writing at work. In: Jakobs, Eva-Maria / Lehnen, Kathrin / Schindler, Kirsten (Hrsg.), Schreiben am Arbeitsplatz. Wiesbaden: Verlag für Sozialwissenschaften, 13–20

Jakobs, Eva-Maria (2006). Texte im Berufsalltag: Schreiben, um verstanden zu werden? In: Hardarik Blühdorn, Eva Breindl und Ulrich H. Wassner (Hrsg.), Text – Verstehen. Grammatik und darüber hinaus. Berlin: Walter de Gruyter, 310–326

Kleinginna, Paul R./ Kleinginna, Anne M. (1981). A categorized list of emotion definitions, with suggestions for a consensual definition. Motivation and Emotion 5, 345–371

Krug, Steve (2005). Don't Make Me Think!: A Common Sense Approach to Web Usability. Indianapolis: New Riders

Kruse, Otto (2007). Keine Angst vor dem leeren Blatt. Ohne Schreibblockaden durchs Studium. Frankfurt: Campus (11., vollständig überarbeitete Auflage)

Kuhn, Thomas S. (1973). Die Struktur wissenschaftlicher Revolutionen. Frankfurt am Main: Suhrkamp

Lakoff, G. (1973). Hedges. A study in meaning criteria and the logic of fuzzy concepts. Journal of Philosophical Logic, 2, 458–508

Lehren, Kathrin (2008). Kommunikation im Lehrerberuf. Schreib- und medienspezifische Anforderungen. In: Eva-Maria Jakobs, Kathrin Lehnen (Hrsg.), Berufliches Schreiben. Ausbildung, Training, Coaching. Frankfurt am Main: Peter Lang, 83–102

Leuniger, Helen (1993). Reden ist Schweigen, Silber ist Gold. Gesammelte Versprecher. Zürich: Ammann

McLuhan, Marshall (1967). The medium is the massage: An inventory of effects (with Quentin Fiore, produced by Jerome Agel). Random House

Miller, Carolyn (1984). Genre as social action. Quarterly Journal of Speech, 70, 151–167

Perrin, Daniel (2008). Schreiben und Führen. Domänenspezifische Schreibkompetenz für Manager / Leader. In: Eva-Maria Jakobs, Kathrin Lehnen (Hrsg.), Berufliches Schreiben. Ausbildung, Training, Coaching. Frankfurt am Main: Peter Lang, 123–140

Pohlenz, (1981). Über die Jargonisierung von Wissenschaftssprache und wider die Deagentivierung. In: Bungarten, Theo (Hrsg.), Wissenschaftssprache. Beiträge zur Methodologie, theoretischen Fundierung und Deskription. München: Wilhelm Fink, 85–110

Robinson, Francis Pleasant (1970). Effective study (4th ed.). New York: Harper & Row

Salager-Meyer, Françoise (1995). I think that perhaps you should: A study of hedges in written scientific discourse. In: Miller, Tom (Hrsg.): Functional approaches to written text: Classroom applications. Washington, DC: United States Information Agency, 105–118

Toulmin, Stephen (1975). Der Gebrauch von Argumenten. Kronberg: Scriptor-Verlag

Weinrich, Harald (1994). Sprache und Wissenschaft. In: Kretzenbacher, Heinz / Weinrich, Harald (Hrsg.), Linguistik der Wissenschaftssprache. Berlin: Walter de Gruyter, 3–13

Weinrich, Harald (1971). Tempus. Besprochene und erzählte Welt. Stuttgart: Kohlhammer (2. Aufl.)

Wyllie, Ali (2000). »On the road to discovery: A study of the composing strategies of native and non-native academic writers using the word processor«. In: Elspeth Broady (Hrsg.), Second Language Writing in a Computer Environment. London: CILT Publications, 95–116

Sachregister

A
Abschlussarbeit 22
Adjektiv 125, 133
Adressaten 6, 16, 41, 59, 62, 63, 95, 96, 104, 105, 106, 110, 158, 166
Adverb 132, 155
allgemeine Wissenschaftssprache 153
Anthologie 49
Arbeitsgedächtnis 30
Argument 100, 101, 102, 103, 104
Argumentieren 7, 99, 102, 103
Aufmerksamkeitssteuerung 34
autobiographisches Schreiben 16
Autor 4, 23, 24, 28, 30, 35, 38, 39, 41, 42, 44, 46, 49, 53, 74, 89, 96, 107, 108, 109, 110, 111, 114, 116, 138, 139, 167
Autorenrolle 6, 16, 43, 95, 96, 108, 109, 110, 111, 113, 146, 167

B
Begriff 38, 66, 67, 75, 97, 98, 99, 113, 133, 146
Beleg 101, 103, 139, 141
Bericht 42, 53, 160
Beschreibung 91, 118, 125
Bibliographie 69, 76
Bologna-Reform 118
Brainstorming 16, 62

D
Darstellungskonventionen 57, 58, 63, 177
Definieren 96, 97
Definition 15, 72, 97, 98, 99, 113, 115, 138
Diskurs 35, 112, 121
Diskurs- oder Wissensgemeinschaft 121
Disziplin 6, 38, 39, 42, 64, 65, 82, 83, 87, 92, 93, 95, 97, 99, 106, 107, 108, 109, 110, 112, 119, 121, 161, 165, 167, 174
Domäne 14

E
epistemisches Schreiben 61
Essay 66, 71, 73, 77, 104, 111

Exposé 74, 77, 78, 90, 168, 169, 172, 175
Exzerpieren 47

F
Facharbeit 5, 55, 58, 64, 65, 94
Fachdatenbank 82, 83
Fachsprache 38, 65, 74
Feedback 5, 6, 55, 60, 62, 68, 69, 70, 88, 90, 106, 157, 170, 171, 172, 173, 178, 182
Festschrift 50
Formulieren 59, 60, 79, 178
Forschungsartikel 51, 57, 72, 75, 76, 85
Fragestellung 5, 7, 51, 55, 62, 63, 67, 70, 72, 73, 74, 75, 77, 79, 80, 81, 86, 87, 89, 111, 146, 172, 173, 174

G
Gegenargument 73, 103, 104, 111
Glossar 37

H
Habitus 14
Handout 73, 74
Hausarbeit 14, 65, 71
Heckenausdrücke 146
Hilfsverb 125
Hyperlinks 29
Hypertexte 52

I
Imperativ 127
IMRAD-Schema 39
Indikativ 125, 126
Inhaltswiedergabe 42, 43
Interaktivität 19, 28
Interdisziplinarität 65
Interkulturalität 109

J
Journalismus 14, 56, 160, 180

K
Klausur 77
Kohärenz 84
Kohäsion 84
kollaboratives Schreiben 167
Kommunikation 8, 9, 18, 28, 35, 39, 45, 57, 109, 155, 158, 161, 167, 176, 179, 180, 181, 186

Kompetenzentwicklung 6, 157, 165
Komplexitätsaufbau 84
Konjunktiv 45, 126
Konvention 104, 121
Korrekturlesen 69, 71, 89, 170, 173
Kritik 6, 45, 69, 141, 171
Kritikgebot 43, 58
kulturelles Gedächtnis 18

L
Laborberichte 57
Layout 4, 62, 63, 69, 71, 121, 168, 170
Lehrbuch 50
Lerndokumentation 56
Leseleistung 5, 11, 14, 27
Leseplanung 20, 27, 34
Leseprobleme 5, 11, 27
Leserführung 150
Lesesozialisation 14
Lesetechniken 12
Lesetradition 14
Lese- und Schreibkompetenz 8, 9
Lese- und Schreibstrategien 8
Literalität 11, 15, 16
Literaturbericht 71, 76, 93, 94
Literaturverzeichnis 63, 67, 69, 70, 72, 73, 74, 113, 114, 116, 117, 118, 119

M
Management 181
Manuskriptgestaltung 7, 120
Marketing 181
Medienkompetenz 17
metakognitive Kompetenz 21
Metapher 154
Methaphysik 154
Monographie 49, 50

O
Organisationskommunikation 180

P
Paradigma 24
Perfektionismus 83
Plagiat 24
Planung 5, 30, 31, 33, 55, 61, 62, 68, 77, 78, 90, 164, 168, 175
Portfolio 75
Poster 76

Praktikumsbericht 77
Primär- und Sekundärquelle 113
Printmedien 17, 18, 26, 51
Projektmanagement 168, 175

R
Recherche 21, 82, 83, 167, 174
Referieren 6, 45, 137, 138, 139
Rezeptionstiefe 24
Rohfassung 67, 89

S
Sammelband 49, 117
Satzbau 89, 134
Schachtelsatz 155
Schlussregel 101, 102, 103
Schreibplan 67, 70
Schreibprojekt 64, 74, 89, 162, 174
Selbstmotivierung 27, 31
Selbstreferenz 142
Selbstsozialisation 14
Seminararbeit 5, 7, 22, 38, 55, 64, 65, 66, 67, 69, 70, 71, 72, 75, 76, 80, 81, 86, 92, 94, 160, 161, 162, 173, 174, 177, 178
Sprachregister 132, 153
Sprechakte 44
Sprecherintentionen 44
Sprechstunde 173, 174, 176

T
Tagungsband 49
Tempus 6, 127, 128, 134, 186
Textgenres 14
Textkompetenz 158
Textkonventionen 8, 63, 121, 165
Textnorm 58, 65, 160
Textsysteme 23
Textverständnis 28, 32, 37
Theorie 86, 91, 92, 94, 100
These 38, 44, 72, 73, 85, 103, 104, 111, 137, 146, 153, 173, 174
Thesenpapier 22, 73

U
Überarbeitung 62, 68, 155, 170
Überlieferungsgeschichte 41

V
Verb 124, 125, 126, 134, 155
Verstärker 146
Verweis 113, 114, 115, 116

W
Weiterbildung 181
Wikipedia 21, 52, 81, 83, 97
Wirkungsgeschichte 41
Wissenschaftssprache 43, 114, 130, 153, 154, 164, 166, 186
Wissensdarstellung 9, 48, 49, 121
Wissenskonstruktion 9
Wissensvernetzung 30

Z
Zeitschriftenartikel 51
Zitieren 40, 63, 65, 112, 113, 118, 166, 173
Zusammenfassen 5, 11, 30, 40, 53, 70

UVK:Weiterlesen

Lothar Bunn
Erfolgreich Klausuren schreiben
2013, 156 Seiten
ISBN 978-3-8252-3853-7

»Erfolgreich Klausuren schreiben« bietet Studierenden der Geistes- und Sozialwissenschaften einen praktischen Leitfaden zum prüfungsorientierten Lernen und effizienten Schreibverhalten während der Klausur.

Studierenden- und Dozentenbefragungen ergaben, dass Klausuranforderungen meist nur unbewusst erfasst werden. Lothar Bunn untersuchte erstmals die kognitiven, textlichen und methodischen Anforderungen. Er zeigt anhand zahlreicher konkreter Beispiele, wie Klausuren erfolgreich vorbereitet und gemeistert werden können.
Im Mittelpunkt des Buchs steht die Analyse authentischer Aufgabenstellungen unterschiedlicher Fächer. Lothar Bunn gibt daraus ableitend praktische Tipps zum Lern- und Studierverhalten. MC-Klausuren und Beurteilungskriterien sind eigene Kapitel gewidmet.

Christiane Beinke, Melanie Brinkschulte,
Lothar Bunn, Stefan Thürmer
Die Seminararbeit
Schreiben für den Leser
2., völlig überarbeitete Auflage
2011, 232 Seiten
ISBN 978-3-8252-8470-1

Gegenstand des Lehrbuchs ist das Erstellen einer Seminararbeit in den Geistes- und Sozialwissenschaften. An den Ergebnissen der Schreibprozessforschung orientiert und auf der Basis langjähriger Unterrichtspraxis wurde ein Konzept entwickelt, bei dem das Schreiben in Einzeltätigkeiten untergliedert wird, wie z.B. Einleiten, Gliedern, Argumentieren, Überarbeiten.

Alle Kapitel enthalten
- theoretische Erläuterungen
- authentische Beispiele aus Seminararbeiten
- exemplarische Analysen der Bestandteile einer Seminararbeit
- tabellarische Übersichten wichtiger Merkmale des Textaufbaus
- leicht nachvollziehbare Darstellungen zentraler Elemente von Seminararbeiten

Klicken + Blättern

Leseproben und Inhaltsverzeichnisse unter

www.uvk.de

Erhältlich auch in Ihrer Buchhandlung.

Bloß kein Stress!

Barbara Krautz,
Heike Schiebeck, Jörg Schülke
Stressfrei studieren ohne Burnout
184 Seiten, broschiert
ISBN 978-3-8252-3907-7

Auf Studierenden lastet ein hoher Druck: Eigene Wünsche erfüllen, die Eltern nicht enttäuschen und nebenbei Prüfungen im Akkord bestehen. All das kostet Kraft und kann bei zu großer Belastung in ein Burnout führen.

Die Autoren sensibilisieren für das Krankheitsbild und die Phasen eines Burnouts. Zugleich vermitteln sie Techniken und Strategien, die Studierenden beim stressfreien Studium helfen. Ein Fragebogen gibt Auskunft über die eigene Burnout-Gefährdung und hilft, sich selbst besser einzuschätzen. Neben Übungen und zahlreichen Tipps sind wichtige Anlaufstellen, wie beispielsweise psychologische Beratungsstellen und psychosomatische Ambulanzen, im Serviceteil des Buches zu finden.

Dieser Ratgeber richtet sich an Studierende aller Disziplinen.

www.uvk-lucius.de/stressfreistudieren

Übung macht den Meister

Jens Starke-Wuschko
Präsentieren im Studium
1. Auflage
2014, 125 Seiten
ISBN 978-3-8252-4215-2

Präsentationen vor Dozenten und Kommilitonen gehören für Studierende zum Alltag. Viele werden aber schon beim Gedanken an das Halten eines Vortrags nervös. Doch erfolgreiches und souveränes Präsentieren kann man lernen und üben.

Jens Starke-Wuschko erläutert verständlich und einfach umsetzbar, wie die Leser ihre Präsentationen wirksam verbessern können. Er bietet Studierenden eine Art »Werkzeugkasten« des Präsentierens an. In der Vorbereitung kann sich so jeder das persönlich passende Werkzeug herausnehmen: Passend zur Botschaft. Passend zum Publikum. Passend zum individuellen Auftritt.

Zu praktisch jedem Werkzeug, das dieses Buch vorstellt, hat der Autor Videobeispiele aus dem Internet anschaulich erläutert.

www.uvk-lucius.de /praesentieren